OLAF GEORG KLEIN

ZEIT ALS LEBENSKUNST

OLAF GEORG KLEIN

ZEIT ALS LEBENSKUNST

Verlag Klaus Wagenbach Berlin

INHALT

Zeit ist die Substanz, aus der ich bestehe.
Zeit ist ein Fluss, der mich dahinträgt, aber ich bin der Fluss.
Sie ist ein Tiger, der mich verschlingt, aber ich bin der Tiger.
Sie ist ein Feuer, das mich verzehrt, aber ich bin das Feuer.

Jorge Luis Borges

Der Weise hat, weil er jederzeit und überall sich selbst gehört, immer Zeit. Er liefert sich äußeren Geschäften immer nur auf eine begrenzte Zeit aus.

Seneca

VORWORT

Ist Zeit wirklich knapp? Es ist doch nichts gerechter verteilt als die Zeit: Jeder Tag hat für jeden Menschen vierundzwanzig Stunden, ohne Ausnahme. Dennoch vergeht die Zeit – heute – für die meisten Leute fast immer zu schnell. Und warum ist das so?

Andere Kulturen und Jahrhunderte sind mit der Zeit offensichtlich anders umgegangen als wir und haben sie auch vollkommen anders empfunden. Wenn wir unsere Zeitvorstellungen mit anderen vergleichen, ergeben sich eine ganze Reihe von Fragen: Ist die Zeit wirklich eindimensional und linear – oder eher zyklisch? Ist sie objektiv oder subjektiv? Hat die Zeit unterschiedliche Qualitäten, oder ist sie immer gleich? ›Vergeht‹ die Zeit, oder ›entsteht‹ sie immer wieder neu? Ist die Gegenwart immer gleich lang? Oder vielleicht nichts von alledem?

Antworten auf diese Fragen zu finden, heißt einen Blick darauf werfen, in welcher Tradition wir stehen, welche Zeitkonzepte uns beeinflusst haben und welche uns immer noch prägen. Es gilt, die verborgenen historischen, gesellschaftlichen und religiös verankerten ›inneren Antreiber‹ aufzudecken und dabei auch die philosophischen, kulturvergleichenden und psychologischen Ebenen zu betrachten. Zu nennen wären in diesem Zusammenhang die Verwechslung von Geschwindigkeit und Intensität, die Angst, etwas zu versäumen, die falsche Gleichsetzung von Zeit und Geld, das widersprüchliche Denken und Reden über die Zeit und vieles andere mehr. Hinter Zeitfragen stehen – wie wir sehen werden – immer auch Fragen nach Freiheit und Achtsamkeit, nach unbewussten Idealen, nach Endlichkeit und Zeitlosigkeit.

Viele der Ideen und Anregungen in diesem Buch sind in der konkreten Arbeit mit Menschen entstanden, die ›Probleme‹ mit der Zeit hatten – vielfach in Coachingsituationen. Dabei fiel auf, wie stark ›Zeitprobleme‹ in unserer Gesellschaft auf allen Ebenen zunehmen und wie weit wir noch immer von einer entspannteren Haltung gegenüber der Zeit entfernt sind. Außerdem wurde deutlich, dass die Zeitprobleme gerade nicht in einer individuellen ›Unfähigkeit‹ im Umgang mit der Zeit ihren Ursprung haben, sondern mit kulturell bedingten Grundüberzeugungen zusammenhängen.

In diesem Buch werden einige der häufigsten ›Zeitfallen‹ und Missverständnisse über die Zeit dargestellt, und es wird beschrieben, wie sich diese im Sprechen, Denken, Fühlen und Handeln auswirken. Es werden Möglichkeiten aufgezeigt, Zeitprobleme grundsätzlich anders anzugehen, indem wir die unbewussten und einengenden Vorstellungen von der Zeit selbst verändern – denn mit dem sogenannten ›Zeitmanagement‹ ist ihnen meistens nicht beizukommen. Zwar sind wir alle von der uns umgebenden ›Zeitkultur‹ geprägt, aber unabhängig davon können wir über die eigene Zeitkultur reflektieren, zu ihr auf Distanz gehen und eine eigene ›Zeitsouveränität‹ entwickeln.

Bei der Entstehung des Buches haben mich viele Menschen unterstützt, ermutigt, begleitet und nicht zuletzt auch herausgefordert – unmöglich, sie alle zu erwähnen. Dennoch seien einige von ihnen namentlich genannt: Christine Düwel, Benjamin Müller, Felix Buche, Michael Froese, Dietrich Henckel, Martin Glomm, Elisabeth Roosens, Christiane Dietrich, Katharina Sieckmann, Helmut Hallier, Ruth Becker, Barbara Wenner und Marco Th. Bosshard. Nicht zuletzt danke ich aber auch den Coachingklienten, die mich durch ihre Fragen, ihre Probleme und durch ihr Vertrauen angespornt haben, im Zusammenhang mit der Zeit immer wieder neue Wege zu erkunden.

DIE ZEIT VERSTEHEN

KEINE ZEIT HABEN

Wie wir über die Zeit sprechen

»Ich habe keine Zeit!« – ein Standardsatz. Aber wer das sagt, macht in dieser Zeit einfach etwas anderes. Das weiß unser Gegenüber, und wir wissen es auch. Es ist eine Floskel. Doch solche und ähnliche Sätze wirken wie eine Selbsthypnose: Im Ergebnis fühlen wir uns tatsächlich so, als hätten wir keine Zeit für das, was uns wichtig ist, was wir wollen oder wünschen.

Eine gute Möglichkeit, sich selbst auf die Spur zu kommen, ist, statt »Zeit« einmal »Leben« zu sagen und zu beobachten, was dann passiert. Unsere Wahrnehmung verändert sich augenblicklich: »Ich habe kein Leben?« »Ich leide unter Lebensknappheit?« »Ich habe Lebensprobleme?« Es wird deutlich, wie unser Denken und Sprechen über die Zeit uns dazu verführt, auf einer bestimmten Ebene zu bleiben und die dahinterliegenden Probleme nicht zu erfassen. Wenn wir sagen: »Ich habe keine Zeit«, scheint das etwas zu sein, was außerhalb unserer Verantwortung liegt. Wenn wir sagen: »Ich habe kein Leben«, sprechen wir von uns.

An dem Satz *»Ich habe keine Zeit.«* fällt noch etwas anderes auf. Er enthält eine bestimmte Vorstellung von der Zeit. Die Frage ist aber, ob wir Zeit wirklich *haben* oder *nicht haben* können und was wir emotional mit dieser Vorstellung verbinden. Wo oder wie *haben* wir denn unsere Zeit? Im Terminkalender oder im Computer?

Mit der Vorstellung des Zeithabens gehen außerdem eine Reihe von unbewussten Auffassungen einher: zum Beispiel Zeit zu *verlieren,* zu *gewinnen,* zu *finden* oder zu *sparen.* Auch hier verdeckt unser Denken und Sprechen die Realität. Haben wir wirklich Zeit ›verloren‹, wenn wir eine Stunde gewartet haben? Wir haben trotzdem gelebt. Die entscheidende Frage ist, *wie* wir diese Zeit gestaltet haben. Es gibt in diesem Sinne keine wirklich ›verlorene‹ Zeit. Ebenso wenig kann Zeit ›gewonnen‹ werden, indem wir irgendwelche Tricks oder Methoden anwenden. Wir haben, egal was wir tun, am Ende des Tages keine Minute mehr zur Verfügung als sonst. Und Zeit *finden* können wir auch nicht. Wir müssen stattdessen etwas anderes sein lassen.

Trotzdem wird in unserer abendländischen Kultur[1] seit über einhundert Jahren ständig versucht, Zeit zu sparen. Dass dieses Zeitverständnis nicht so selbstverständlich ist, wie es uns heute vorkommt, zeigt schon ein kurzer Blick auf die Romantiker. Zeit zu sparen oder zu gewinnen wäre ihnen nicht in den Sinn gekommen. Wozu sollte das dienen? Doch wohl nicht dem erfüllten Augenblick, dem Eintauchen in den Strom des Werdens und Vergehens, der Nähe zur Unendlichkeit, wie er in zahllosen Texten und Bildern dieser Zeit zum Ausdruck kommt.

Heute jedoch beteiligen sich die meisten ganz selbstverständlich an diesem Gesellschaftsspiel des Zeitsparens. Auffälligerweise sind ›Zeitsparer‹ jedoch sehr gehetzte Leute, und außerdem kann niemand über den Verbleib von ›Zeitersparnissen‹ wirklich Auskunft geben. »Hätten Sie beispielsweise […] schon vor zwanzig Jahren angefangen, täglich nur eine einzige Stunde einzusparen, dann besäßen Sie jetzt ein Guthaben von sechsundzwanzigmillionenzweihundertundachtzigtausend Sekunden«[2], lässt Michael Ende in seinem Buch *Momo* den Agenten XYQ/384/b sagen, und jedes Kind lacht und weiß, dass das nicht stimmt.

Es bleibt die Frage, warum wir Tag für Tag über die Zeit sprechen, als sei sie ein bestimmter Gegenstand, den man irgendwie haben, verlieren, gewinnen, vertrödeln, finden oder sparen könnte. Offensichtlich funktionieren diese Vorstellungen von der Zeit nicht, denn das zugrundeliegende Zeitmodell stimmt nicht mit der Realität überein. Die Zeit ist kein Objekt, kein Ding, keine Sache, mit der wir umgehen können wie mit beliebigen Gegenständen. Deswegen kann das, was eigentlich mit ›Sparen‹ gemeint ist, nie eintreten. In dem Moment, wo Zeit ›gespart‹ wurde, ist sie auch schon wieder weg. Darum sind alle Bemühungen, Zeit zu ›sparen‹, wie das Rückwärtslaufen in einem Zug, der in die falsche Richtung fährt. Also müssen wir uns nach Zeitkonzepten und Zeitmodellen umsehen, die besser funktionieren. Dieser andere Umgang mit der eigenen Lebenszeit beginnt mit einem anderen Sprechen und Denken über die Zeit. Denn wir *haben* die Zeit nicht in irgendeiner Form, sondern wir leben – metaphorisch gesprochen – eher ›in‹ der Zeit und ›mit‹ der Zeit. Die Zeit ist ein unabtrennbarer Teil unserer Existenz.

Wir behandeln die Zeit aber in unserer Sprache nicht nur wie ein Objekt, mit dem wir tun und lassen können, was wir wollen. Aus einer anderen Perspektive sprechen wir über die Zeit so, als sei sie ein selbständig handelndes Subjekt: Dann ›macht‹ die Zeit plötzlich etwas mit uns, macht uns alt und krank oder was auch immer. Aber wie kann die Zeit einerseits selbstherrlich und andererseits so vollkommen zu beherrschen sein? Offensichtlich schließt beides einander aus. Und damit nicht genug, sprechen wir über die Zeit in anderen Zusammenhängen oft wie über einen außerhalb von uns ›ablaufenden Prozess‹. Die Vorstellung ist dann eher, dass die Zeit wie ein Strom dahinfließe. Wir sagen zum Beispiel, »die Zeit kommt und geht« oder »die Zeit vergeht« oder »die Zeit macht nicht halt«. Interessanterweise steht auch das im Gegensatz zu unserer Vorstellung über die Zeit als einem Ding. Dennoch wechseln wir im täglichen Leben zwischen allen drei einander ausschließenden Auffassungen – Zeit als *Objekt* unserer Handhabung, Zeit als *Subjekt*, das etwas mit uns macht, und Zeit als ein selbständig ablaufender *Prozess* – ziemlich beliebig hin und her. Auch das ist ein Indiz dafür, dass unser Sprechen und Denken und damit unsere internen Modelle, die wir uns von der Zeit gemacht haben, nicht mit der Wirklichkeit übereinstimmen, zumindest jedenfalls nicht schlüssig sind.

Auch mit unserem Sprechen über die Zeit als einem Prozess (der sich linear in die Zukunft bewegt) gehen bestimmte Konsequenzen einher. Zum Beispiel die Vorstellung, der einzelne Mensch oder die Gesellschaft als Ganzes könne diesen Prozess der ›ablaufenden‹ Zeit beeinflussen. So soll die Zeit zum Beispiel einmal *beschleunigt* oder ein anderes Mal *verlangsamt* werden. Doch auch das ist nicht möglich. Das Einzige, was beeinflusst oder verändert werden kann, ist das eigene Verhalten, Denken und Fühlen *in* der Zeit.

Die Zeit ist also weder ein handelndes Subjekt noch ein Ding und auch kein Prozess. Sie ist vor allem nichts, was *außerhalb* des Menschen geschieht. Auf der einen Seite der Mensch, auf der anderen die Zeit, mit der irgendetwas gemacht werden kann oder die irgendetwas mit uns Menschen macht. Dieser Irrtum über das Verhältnis von Mensch und Zeit ist vergleichbar dem Irrtum bei der Gegenüberstellung von Mensch und Natur.

Wir sind ja als Menschen offensichtlich selbst ein Teil der Natur. Wir unterliegen allen ihren Gesetzmäßigkeiten: Entstehen, Wachsen, Reifen und Vergehen. Wir bleiben bei aller Anstrengung eingebettet in die Natur und sind gerade nicht ihr Gegenüber und schon gar nicht ihr Schöpfer. Ebenso verhält es sich mit der Zeit. Sie ist ebenfalls kein unabhängiges ›Gegenüber‹ des Menschen. Sie ist nichts vom Menschen Abgetrenntes oder Abzutrennendes, sie ist nicht zu haben und nicht zu manipulieren. Der Mensch ist, metaphorisch gesprochen, selbst ein *Teil der Zeit.*

Was ist die Zeit aber dann?

Diese Frage haben sich nicht nur Philosophen, Dichter und Theologen des jüdisch-christlichen Kulturkreises in den letzten 2500 Jahren gestellt. Wir können uns dabei an den Prediger Salomo erinnern, mit seinem berühmten »Alles hat seine Zeit«[3], oder an Heraklit denken, der sagte: »Wir steigen in denselben Fluß und doch nicht in denselben; wir sind es und wir sind es nicht.«[4] Schließlich können wir uns auch den berühmten Ausspruch Augustins vergegenwärtigen: »Was also ist die Zeit? So lange mich niemand danach fragt, ist mir's, als wüßte ich's; doch fragt man mich und soll ich es erklären, so weiß ich's nicht.«[5]

Wenn hier dennoch eine Antwort gewagt wird, dann darf sie nicht hinter das zurückfallen, was Norbert Elias in seinem Werk *Über die Zeit* präzise formuliert hat. Er schreibt dort: »Der Ausdruck ›Zeit‹ verweist also auf dieses ›In-Beziehung-Setzen‹ von Positionen oder Abschnitten zweier oder mehrerer kontinuierlich bewegter Geschehensabläufe. Die Geschehensabläufe selbst sind wahrnehmbar. Die Beziehung stellt eine Verarbeitung von Wahrnehmungen durch wissende Menschen dar.«[6]

Das bedeutet zweierlei: Erstens ist die Zeit in dem Sinne, wie wir über sie zu denken und zu sprechen gelernt haben, gar nicht vorhanden. Genaugenommen existiert sie nicht als eine eigenständige Realität (und schon gar nicht als ein von Kant formuliertes a priori). Zweitens heißt das, dass ›Zeit‹ nur vorhanden ist, weil Menschen existieren und Menschen unterschiedliche Bewegungen (und damit Veränderungen, die völlig unabhängig voneinander ablaufen) miteinander vergleichen. Anders gesagt: Die Zeit ist eine *Erfindung* des Menschen.

Diese Erkenntnis, dass die Zeit eine Konstruktion, ein ›mentales Modell‹[7] ist, lässt sich anhand der unvoreingenommenen Alltagserfahrung leicht überprüfen. Real oder wirklich existent sind ›Geschehensabläufe‹: Ob das die Schwingungen eines Cäsiumatoms sind oder der Verfall eines Hauses, das Altern eines Menschen oder das

Sterben eines Waldes. Bewegung und Veränderung ist von uns wahrnehmbar, Zeit nicht. Erst wenn Menschen beginnen, diese ständig wahrnehmbaren Veränderungen miteinander zu vergleichen und in ein bestimmtes Verhältnis zueinander zu setzen, entsteht das, was wir unbefangen und verdinglicht ›Zeit‹ nennen.

J.T. Fraser kommt in seinem Buch *Die Zeit* mit anderen Worten zu ähnlichen Schlussfolgerungen wie Elias. Er schreibt, »daß jede Zeitmessung mindestens zwei Uhren (Bewegungen) und eine Theorie oder eine Überzeugung braucht, die das, was abgelesen wird, verknüpft.«[8] All das hat eine Reihe von Konsequenzen: Wenn wir darauf zurückkommen, wie wir im täglichen Leben über die Zeit sprechen, dann wäre es sprachlich exakter zu sagen: »die Dinge ändern sich« statt »die Zeiten ändern sich«. Oder zu sagen: »das Leben vergeht« statt »die Zeit vergeht«.

An der Zeit liegt es also nicht, wenn wir gehetzt oder gestresst sind. Mit der Zeit ist es wie beim Zaubern: Der Zauberer lenkt ab, und während die Zuschauer woanders hinsehen, steckt er das weiße Kaninchen in den Hut, das er später wie aus dem Nichts erscheinen lässt. Wenn wir auf das ›Vergehen‹ der Zeit schauen und beobachten, wie schnell oder langsam etwas im Vergleich zu irgendetwas anderem ist, gerät uns genau das aus dem Blick, worauf es eigentlich ankommt: die *Lebensqualität* im gegenwärtigen Moment.

Insofern geht es in diesem Buch nicht um physikalische Annahmen über die Zeit oder um die historische Entwicklung der Zeitmessung (die immer eine Bewegungsmessung ist), sondern um unsere Selbstwahrnehmung. Es werden die individuellen und kulturellen *Modelle* über die Zeit betrachtet, um zu anderen Einsichten und, wenn nötig, auch zu einem anderem Verhalten im Umgang mit der Zeit zu kommen.

Die Verwechslung von Zeit und Zeitmodellen

Ob etwas wahr, richtig, sinnvoll oder wirklich ist, entscheidet sich vor allem daran, ob es funktioniert oder nicht. Die Zeit wie ein Ding zu behandeln oder wie einen eigenständigen Prozess zu definieren, funktioniert – wie wir gesehen haben – eben gerade nicht. Auch andere Kulturen haben ihre eigenen Vorstellungen von der Zeit entwickelt – Vorstellungen, die unseren vollkommen oder in Teilen widersprechen. Interessanterweise kann keines dieser Zeitmodelle die Zeit wirklich beschreiben – allerdings kann man von anderen Zeitkulturen sehr viel über die eigenen Irrtümer oder Konstruktionsbesonderheiten in Bezug auf die Zeit lernen.

Der Hauptirrtum gegenüber allen vorhandenen Zeitmodellen besteht darin, dass wir normalerweise annehmen, wir würden wirklich über ›die‹ Zeit sprechen, wenn wir über die Zeit sprechen; dabei sprechen wir immer nur über ein ganz bestimmtes Modell von Zeit. Sehen wir uns ein paar Beispiele näher an, um deutlicher zu werden.

Die Physik arbeitet mit einem Zeitmodell, bei dem die Zeit *keine* Richtung hat.[9] Das ist insofern sehr bemerkenswert, weil dieses Modell in einem eklatanten Widerspruch zu dem weitverbreiteten Zeitmodell der jüdisch-christlichen Kultur steht. Erst mit den jüdisch-christlichen Religionsvorstellungen und mit der Idee eines Ziels der Geschichte[10] entwickelte sich überhaupt ein lineares Zeitmodell – die Vorstellung von der Zeit als einer geraden und in die Zukunft gerichteten Linie.

Jahrtausendelang hatten die Menschen die Vorstellung, dass die Zeit ganz selbstverständlich im Kreis geht. Da auf jeden Abend wieder der Morgen folgt, da die Jahreszeiten einander abwechseln, Sonnenjahr und Mondzyklen sich wiederholen, der Zyklus der Frau immer wiederkehrt, der ewige Kreislauf von Geburt und Tod zum Leben gehört und selbst Demokratie, Oligarchie und Diktatur sich abwechseln, lag nichts ferner, als sich die Zeit wie einen Zeitstrahl vorzustellen, der auf irgendein imaginäres Ziel zuläuft.

In anderen Kulturen hingegen gibt es überhaupt keine ›objektive‹ Zeitmessung. Eine Jahreszahl wie zum Beispiel das Jahr 2007, die für alle, die sich nach diesem Kalender richten, gleich wäre und an der man sich verbindlich auszurichten hätte, hat dort keine Realität. Es gibt in gewissen indianischen Kulturen, etwa bei den Hopi, immer nur die subjektive Zeit des einzelnen Menschen, und die Zeit ist dort nichts anderes als eine Mischung oder eine Summe aus unendlich vielen kleinen Individualzeiten. Wenn also eine Siebzehnjährige und eine siebzigjährige Frau sich treffen, sind in dem Moment nur zwei Zeiten ›real‹: siebzehn Jahre und siebzig Jahre. Eine übergeordnete, ›objektive‹, vereinheitlichende Zeit existiert nicht, ist gar nicht denkbar oder vorstellbar. Die »Zeitvorstellungen sind immer an konkrete Situationen und an bestimmte Personen gebunden.«[11] Ist das nun wahr oder unwahr? Auf jeden Fall ist es anders.

Jedes Zeitmodell (das physikalische, das jüdisch-christliche, das indianische, das hinduistische et cetera) ist also immer ein mögliches, aber zugleich ziemlich willkürliches. Dennoch hält jede Kultur üblicherweise das eigene Zeitmodell mit all seinen Widersprüchen für richtig, die Zeitmodelle anderer Kulturen dagegen – je nachdem – für merkwürdig, unlogisch, falsch oder unangemessen. Aber Modelle sind eben nur Modelle – Konstruktionen – und nicht die Realität.

Allerdings können wir uns nicht *unbewusst* nach bestimmten Zeitmodellen richten und dann auf einer *bewussten* Ebene versuchen, gegen die sich daraus ergebenden Konsequenzen anzugehen, ohne diese Zeitmodelle selbst zu hinterfragen. Wenn die Zeit in unserem jüdisch-christlichen Modell eine gerade Linie ist, die sich von der Vergangenheit kommend zielgerichtet auf die Zukunft zubewegt, dann bewegen wir uns, bildlich gesprochen, mit der Zeit mit. Oder wir laufen sogar mit der Zeit ›um die Wette‹, unter dem Motto: »Wer ist schneller?« Innerhalb eines solchen Modells von Zeit ist es durchaus sinnvoll, sich zu beeilen. Wer sich beeilt, erreicht das Ziel wahrscheinlich eher. Es sollten auch möglichst wenig Pausen gemacht werden, und außerdem ist es ratsam, darauf zu achten, nicht von anderen überholt zu werden, weil die sonst schneller am ›Ziel‹ sind. Das sind nur ein paar der Konsequenzen, die mit dem linearen Zeitmodell offensichtlich einhergehen, und entsprechend schwer fällt es dem Einzelnen, zu verlangsamen oder innezuhalten – weil dem eine merkwürdige (kulturell und mental bedingte) innere ›Getriebenheit‹ entgegensteht.

Wenn Menschen hingegen eher zyklische oder kreisförmige Zeitvorstellungen haben, gehen damit auch andere Konsequenzen, Gedanken und Verhaltensweisen einher. Es gibt dann kein imaginäres Ziel mehr, das irgendwo in der fernen Zukunft liegt. Es gibt nur einen großen Kreislauf, der immer wieder an seinen Ausgangspunkt zurückkehrt. In diesem Modell gibt es kein ›Vorne‹ und kein ›Hinten‹. Daher ist es für den Einzelnen auch nicht sinnvoll, sich zu beeilen. Niemand muss besorgt sein, von irgendwem überholt zu werden. Angemessener ist es plötzlich, den jeweiligen Augenblick wahrzunehmen, zu genießen und wirklich im ›Jetzt‹ zu leben, statt sich für eine imaginäre Zukunft abzuhetzen. Der Weg ist auf einmal wirklich das Ziel.

Die Zeit ›geht‹ natürlich weder im Kreis, noch geht sie geradlinig auf ein Ziel zu. Wichtig ist, dass wir verstehen, wie wir in selbstgeschaffenen, gelernten oder antrainierten Modellen über die Zeit sprechen und denken und wie diese Modelle auf unsere Wahrnehmung und unser Fühlen, auf unser Verhalten und unsere Entscheidungen durchschlagen. Aber egal, welcher Vorstellung von Zeit wir nun anhängen: Wir sind diesen Zeitmodellen und ihren Konsequenzen nur so lange ausgeliefert, wie wir sie nicht als erkennbare und wandelbare Zeitmodelle verstehen, sondern als objektive Gegebenheiten betrachten, mit denen wir uns zwangsläufig zu arrangieren hätten.

ZEIT UND ENDLICHKEIT

Wer bereut schon auf dem Sterbebett, nicht mehr Stunden im Büro verbracht zu haben[12] …

Wenn wir über die Zeit nachdenken oder unseren Umgang mit der Zeit verändern wollen, müssen wir nicht nur die unbewussten Zeitmodelle betrachten, die wir uns für diese Welt gemacht haben, sondern auch die, die wir vom Jenseits oder von der Ewigkeit haben. Diese Vorstellungen beeinflussen ebenfalls unsere momentane Zeitwahrnehmung und unsere Zeitgestaltung in einem nicht zu unterschätzenden Maße. Auffällig ist dabei, dass es gerade in unserer von scheinbarer ›Zeitknappheit‹ geplagten Kultur kaum ein größeres Tabu gibt, als über den Tod und das Sterben zu sprechen.

Auch hier kommen mit dem linearen Zeitverständnis auf der einen Seite und dem kreisförmig-zyklischen Denken über die Zeit auf der anderen Seite zwei entgegengesetzte Prinzipien ins Spiel. Vor unserer Geburt und nach unserem Tod sind wir nicht auf dieser Erde. Für das kreisförmig-zyklische Denken eine Selbstverständlichkeit, weil schließlich alles, was entsteht, wieder vergeht. Für die lineare Zeitvorstellung dagegen eine eigentlich nicht zu überwindende Herausforderung: Bei dieser – in eine imaginäre Zukunft – gerichteten Bewegung der Zeit kann doch der individuelle Tod immer nur als eine Art ›Betriebsunfall‹ auf dem Weg angesehen werden. Genau deswegen wird der Tod einerseits so energisch aus dem täglichen Leben verdrängt, andererseits dient er als dunkle Drohung am Horizont – und wird instrumentalisiert, um ständig mehr Beschleunigung zu provozieren.

Aber die tiefe Wahrnehmung und Akzeptanz des Todes könnte auch zu einer Kraft werden, sich der Zumutung einer Unterdrückung – die heute eleganter ›Zeitstress‹ genannt wird – besser und energischer zu entziehen. Um es mit Herbert Marcuse auszudrücken: »Der Tod kann zum Wahrzeichen der Freiheit werden. Die Unvermeidlichkeit des Todes widerlegt nicht die Möglichkeit der Befreiung.«[13] Im Gegenteil, die Erinnerung an diese Tatsache kann den inneren Widerstand stärken. Wer also den Umgang mit Zeit und Leben wirklich verändern möchte, kommt nicht umhin, auch vom Ende des Lebens her zu denken, um die gängigen Zeitmodelle und Zeitvorstellungen auf ihre Gültigkeit hin zu überprüfen. Erst die existentielle Erfahrung der Begrenztheit des Lebens lässt uns die Zeit, die wir auf der Erde durchleben, als ein solch herausragendes Thema erscheinen. Diese Begrenztheit des Lebens sollte jedoch nicht länger ein Schreckensbild sein und als Anlass für unbedachte Beschleunigung dienen, sondern dazu anspornen, die Frage nach dem rechten Leben und Sterben grundsätzlicher zu stellen. Insofern ist heute die Kritik an unbewussten Zeitmodellen auch immer eine Form von Gesellschaftskritik.

Verlorene Ewigkeit

In der abendländischen christlichen Kultur gingen die Menschen noch bis zur Aufklärung ganz selbstverständlich davon aus, dass mit dem Ende des Lebens nicht alles zu Ende sei. Diese christlich geprägten Vorstellungen von einem ewigen individuellen Weiterleben – zumindest der Seele – nach dem Tod, in einem Jenseits, folgten linearen Zeitvorstellungen. In der Vergangenheit lag, biblisch gesprochen, die Vertreibung aus dem Paradies, in der Zukunft hingegen das sogenannte ›Reich Gottes‹, aufgespalten in Himmel und Hölle – zumindest nach der katholischen Tradition.

In unserer säkularisierten Welt sind solche Vorstellungen heute jedoch kaum noch präsent. Inwieweit sogar schon vor der Aufklärung die protestantische Ethik selbst zu einer Voraussetzung der Entwicklung des Kapitalismus geworden ist, der sich später von seinem religiösen Fundament gelöst hat, lässt sich ausführlich bei Max Weber nachlesen.[14] Bemerkenswert ist, dass diese mit der protestantischen Arbeitsethik und innerweltlichen Askese einhergehende »Rationalisierung des alltäglichen Lebens [...] weder in der buddhistischen, der taoistischen noch der hinduistischen Religion enthalten ist.«[15] Im Gegensatz zu den christlich geprägten Traditionen haben der Buddhismus und der Hinduismus sowohl ein kreisförmig-zyklisches Zeitmodell von dem Leben auf der Erde wie auch eine entsprechend kreisförmige Jenseitsvorstellung entwickelt. Diese Vorstellungen gehen davon aus, dass man nach dem Tode wiedergeboren wird und in den Kreislauf des Werdens und Vergehens zurückgelangt. (Es sei denn, man erreicht das Nirwana, was allerdings nur wenigen gelingt.)

Den östlichen Religionen und der westlich-christlichen Auffassung gemeinsam ist jedoch die Vorstellung, dass mit dem irdischen Tod des Menschen das individuelle Leben nicht endgültig zu Ende ist.[16]

Im Zusammenhang mit unserer Zeitgestaltung auf der Erde macht es allerdings einen großen Unterschied, ob wir davon ausgehen, in irgendeiner Form ›ewig‹ zu leben, oder ob wir annehmen, dass mit unserem Tod alles vorbei ist. Wie wenig kulturprägend die christlichen Vorstellungen inzwischen geworden sind, lässt sich nicht zuletzt daran erkennen, wie selten der Tod – selbst von dezidierten Christen – als ein freudiges Ereignis empfunden wird. Wenn wir also die Vorstellung hätten, dass das Leben nach dem Tod in irgendeiner Form weitergeht, würden sich daraus für unser Leben und für unsere Zeitgestaltung mindestens zwei verschiedene Konsequenzen ergeben.

Die positive Konsequenz wäre: Wir könnten die Dinge sehr viel langsamer angehen. Mit dem, was wir unbegrenzt hätten, müssten wir nicht geizen. Diese Vorstellung hat etwas Tröstendes und, wenn sie ernst genommen wird, auch etwas Verlangsamendes. Ähnlich ergeht es denen, die den Vorstellungen östlicher Religionen nahestehen. Wer wiedergeboren wird, sollte in diesem Leben positive Dinge tun, weil diese einen Einfluss auf die Art der Wiedergeburt ausüben, Geschwindigkeit und Hektik hingegen sind völlig überflüssig.

Die negative Konsequenz ist dagegen eher folgende: Wenn wir ewig weiterexistieren oder wiedergeboren werden, könnten wir uns zu sehr auf das Jenseits oder auf das nächste Leben vertrösten lassen. Wir könnten der Gegenwart und dem Leben gegenüber nachlässig werden.

Interessanterweise wirkt jedoch auch die ständige *Fixierung auf die Zukunft*, in Verbindung mit der Verdrängung des Todes, im täglichen Leben ganz ähnlich: nämlich wie eine entschärfte und vollkommen säkularisierte Jenseitshoffnung, wobei immer der jeweils vorhandene Augenblick zugunsten der zukünftigen Erwartung geringgeschätzt oder versäumt wird (siehe dazu das Kapitel »Was genau ist die Gegenwart?«).

Für die meisten Menschen ist heute allerdings, trotz christlichen Glaubens oder östlicher Religionen, mit dem Ende des Lebens auf der Erde alles vorbei. Der Tod wird als endgültig aufgefasst und deswegen besonders gefürchtet. Umso stärker, je länger und intensiver jemand der säkularisierten Jenseitshoffnung ›Zukunft‹ aufgesessen ist. Dabei hat die Vorstellung von der Endlichkeit des Menschen und des individuellen Lebens ebenfalls nicht nur eine negative, sondern auch eine sehr positive Seite.

Positiv, weil für denjenigen, der existentiell erfahren hat, dass er nicht ewig lebt, der jeweilige Augenblick des Lebens unendlich bedeutsam wird. Horst Eberhard Richter schreibt über Menschen, die an einer tödlichen Krankheit leiden und gelernt haben, ihr Sterben zu akzeptieren: »Plötzlich können sie die ihnen verbleibende Zeit ganz anders nutzen. Sie können tiefer kommunizieren und ihre Gegenwart viel reicher erfahren und gestalten, als sie das je vermocht hatten. Und so kann für sie die kurze ihnen noch verbleibende Zeitstrecke vom Gehalt her sehr lang werden.«[17]

Dieselbe zeitliche Erfahrung können wir im Prinzip immer machen. Sie ist keineswegs nur an existentiell bedrohliche Lebenssituationen gebunden. Es führen verschiedene andere Wege dorthin: über die genaue Beobachtung, über die Reflexion oder über die Meditation. Es bedarf allerdings einer großen Aufmerksamkeit, um den quasi ideologischen Verblendungszusammenhang, der mit vielen heutigen Zeitvorstellungen einhergeht, wirklich aufzudecken.

Sogar die griechischen Götter beneideten die Menschen um die positiven Konsequenzen ihrer Sterblichkeit. Vor allem, weil die Menschen so leidenschaftlich liebten, während sich die Götter des Olymp eine Ewigkeit Zeit lassen konnten mit der Liebe. Ihre Leidenschaften waren entsprechend nur sehr mäßig. Das heißt, die Begrenzung des Lebens ist auch eine Chance und befördert die Einmaligkeit, die Tiefe und die Intensität des Lebens.

Aus der Wahrnehmung der Begrenztheit und Endlichkeit des eigenen Lebens folgt aber als negative Konsequenz noch etwas ganz anderes: Das Leben erscheint auf einmal sehr kurz – zumindest, wenn es unbewusst mit der Ewigkeit verglichen wird. Bildlich gesprochen, bedeutet das: Wofür wir früher eine Ewigkeit Zeit hatten, das müssen wir jetzt – wenn alles gut geht – in achtzig Jahren erleben, erreichen oder erledigen. Und genau an dieser Stelle wird der Tod immer wieder in den Dienst einer unreflektierten Beschleunigung gestellt.

In einem endlichen Zeitraum unendlich viel erleben?

Es gelingt den meisten Menschen unseres Kulturkreises heute also nicht mehr, an ein ewiges Leben im Jenseits oder an eine Wiedergeburt zu glauben. Aber der Schmerz um den Verlust dieser Dimension wirkt im Einzelnen unterschwellig weiter: in den fortgesetzten Versuchen, einen als begrenzt wahrgenommenen Lebenszeitrahmen doch zu entgrenzen und unendlich viel in ihm zu erleben oder zu erreichen.

Der Ausweg wird einmal darin gesucht, den Zeitraum des Lebens zu verlängern. Durch Ausschaltung aller Krankheiten und möglichen Unfallursachen, durch Gentechnologie oder lebensverlängernde Maßnahmen soll schließlich doch ›eines Tages‹ eine Unsterblichkeit des Menschen erreicht werden.

Natürlich wird das unbewusste zeitliche Dilemma, ›in einem endlichen Zeitraum unendlich viel erleben zu wollen‹, durch eine Lebensverlängerung nicht einmal ansatzweise aufgelöst. Bei all diesen Maßnahmen kommen – im besten Fall – zwanzig ›gewonnene‹ Jahre heraus. Aber hundert Jahre leben statt achtzig? Das ist im Vergleich zur verlorengegangenen Ewigkeit noch immer ziemlich wenig. Trotzdem wird in dieser Gesellschaft unglaublich viel Kraft und Energie darauf verwendet, das Dilemma auf diese Weise aufzulösen. Wenn wir jedoch den Aufwand ansehen und das erreichte Ergebnis mit der unbewusst gesuchten Ewigkeit vergleichen, wird schnell klar, dass dieser Weg eine Sackgasse ist.

Ganz zu schweigen davon, dass bei dieser zahlenmäßigen Betrachtung die *Qualität* des Lebens – die ja auch immer eine Qualität der gelebten Zeit ist – aus dem Blick gerät. Interessant ist an dieser Stelle, welche Qualitäten der Zeit (genauer gesagt, der Zeitwahrnehmung und der Zeitempfindung) zum Beispiel im Industriekapitalismus im Vergleich zum Vorkapitalismus vorherrschend waren. Günter Scharf schreibt in seinem Aufsatz *Zeit und Kapitalismus*: »Die Zeit im Industriekapitalismus wird mit Adjektiven wie ›quantifiziert‹, ›entsinnlicht‹, ›objektiviert‹, ›gemessen‹, ›verräumlicht‹, ›linear‹ und ›abstrakt‹ gekennzeichnet, die Zeit in vorkapitalistischen Produktionsweisen dagegen als ›qualifiziert‹, ›sinnstiftend‹, ›natürlich‹, ›aufgabenorientiert‹, ›gelebt‹ und ›zyklisch‹ charakterisiert. Ein Nexus zwischen Zeitform und Gesellschaftsform scheint somit evident.«[18]

Das heißt aber für uns auch, dass sich Zeitauffassungen immer wieder – einmal schleichend, ein andermal ganz grundsätzlich – verändern.

Ob wir heute wieder an der Schwelle zu einer anderen Zeitwahrnehmung und Zeitgestaltung stehen, ist noch ungewiss. Einige Zeitforscher, wie zum Beispiel Karlheinz A. Geißler, sehen diesen Übergang schon gekommen. Er schreibt über die Zeit in der Postmoderne: »Die Hoffnungen der Moderne, durch die Beschleunigung der Beschleunigung endlich der Zeitnot zu entkommen, hat sich als trügerisch herausgestellt. Die Zeit durch immer präzisere Kalkulation schließlich beherrschen zu können, diese zentrale Denk- und Handlungsfigur der Moderne, ist nicht mehr unumstritten.«[19] Aber ganz so weit sind wir wohl doch noch nicht. Denn in der täglichen Lebenspraxis des Individuums und der Gesellschaft wird die Zeit weiterhin als quantifiziert, abstrakt und beherrschbar wahrgenommen und zugleich versucht, sie durch Beschleunigung zu überlisten.

Dabei fallen auf der individuellen Ebene neben dem Ansatz der zeitlichen Verlängerung des Lebens noch zwei andere, ebenfalls weitgehend unbewusste Reaktionen auf, dem Dilemma der verlorenen Ewigkeit zu begegnen. Es wird versucht, die Dinge schneller zu machen und, wann immer es geht, möglichst viele Sachen parallel zu tun.

Wenn wir durch diese beiden Strategien unabsehbar viel in einem endlichen Leben erleben könnten, dann würde sich zwar noch immer keine Ewigkeit, aber zumindest eine Art ›Unendlichkeit‹ herstellen lassen, so jedenfalls die Hoffnung. Schauen wir uns die Auswirkungen im Einzelnen an.

Mehrere Dinge gleichzeitig tun und alles schneller machen

Die begrenzte Lebenszeit soll oder muss also mehrfach und intensiver ›ausgenutzt‹ oder ›bewirtschaftet‹ werden, nicht nur um dem Verdikt der protestantischen Ethik Genüge zu tun – der »in der Pflichterfüllung der protestantischen Ethik implizierte Zeitbegriff ist im Wesentlichen negativ bestimmt: es darf keine Zeit vergeudet werden«[20] –, sondern auch, damit die verlorene Ewigkeit kompensiert werden kann. Wenn wir nicht nur eine Sache in derselben Zeit verrichten, sondern mehrere parallel, könnten wir ja in jedem Moment ein Vielfaches erleben. Rein mathematisch und rein quantitativ stimmt das sogar: Wer gleichzeitig telefoniert, E-Mails liest, isst,

Musik hört und dem Kollegen nebenbei noch ein paar Handzeichen gibt, hat scheinbar fünfmal so viel erlebt oder geschafft, als wenn er alle diese Dinge nacheinander getan hätte. Da sich die ökonomistischen Zeitvorstellungen des Industriekapitalismus nicht nur auf die Produktion beschränken, sondern das gesamte soziale Leben prägen, kann das Ganze in der Freizeit ungebrochen fortgesetzt werden: zugleich essen, reden, fernsehen, Musik hören und so weiter. Wer dieses Ziel, fünf Dinge parallel zu tun, konsequent von der Geburt bis zum Tod durchhalten würde, käme rein rechnerisch auf eine Erlebnisdichte von fünf mal achtzig Jahren und hätte demnach so viele Aktivitäten, Erlebnisse oder Prozesse untergebracht wie jemand, der vierhundert Jahre lang immer eins nach dem anderen tun würde. Allerdings geht die Steigerung der Anzahl der Erlebnisse und Eindrücke auf der anderen Seite einher mit einem enormen Verlust an Bedeutung, Tiefe und Intensität jeder einzelnen Begebenheit.

Zu dieser unbewusst betriebenen ›Entgrenzung‹ durch *Mehrfachtätigkeiten* kommt noch die heute dominierende Vorstellung der Entgrenzung durch *Geschwindigkeit*. Wenn jede einzelne Aktivität deutlich schneller absolviert wird, dann braucht man für das, was früher vielleicht zehn Stunden gedauert hat, jetzt nur noch eine Stunde. Wer zehn Stunden zu Fuß geht, legt bestenfalls eine Strecke von fünfzig Kilometern zurück. Mit Hilfe eines Autos ist das in einer Stunde leicht zu schaffen. Telefonieren geht auch viel schneller als bei jemandem vorbeizugehen oder vorbeizufahren. Dabei wird ausgeblendet, dass eine Wanderung eine andere existentielle Erfahrung ist als eine Autofahrt und eine persönliche Begegnung etwas anderes als ein Telefonat. Dennoch gilt auch hier auf rein quantitativer und mathematischer Ebene: Wer konsequent ist und achtzig Jahre lang fünf Sachen auf einmal macht, mit der zehnfachen Geschwindigkeit, der könnte eine Anzahl von Situationen und Prozessen durchleben, für die jemand mit normaler Geschwindigkeit und ohne parallele Tätigkeiten viertausend Jahre gebraucht hätte.

Es geht hier nicht darum, diese vergeblichen Versuche durch Übertreibung lächerlich zu machen. Es gilt aber, gewahr zu werden, wie die Verdrängung und die gleichzeitige Drohung des Todes vor dem Hintergrund der verlorengegangenen Ewigkeit auf die Wahrnehmung und Gestaltung unserer Zeit unterschwellig einwirkt. Erst dann wird deutlich, dass Mehrfachtätigkeiten und zwanghafte

Beschleunigung im individuellen und gesellschaftlichen Leben nicht ein Zufall oder eine Laune sind. Dahinter steht ein massives und zugleich in weiten Teilen unbewusstes Dilemma. Mit guten Vorsätzen oder dem sogenannten ›Zeitmanagement‹, das die effektive ›Bewirtschaftung‹ der Zeit zum Prinzip erhoben hat, können wir dem nicht beikommen. Die Zeit »ist unersetzlich, sie ist unwiederbringlich verloren, wenn wir sie falsch oder gar nicht nutzen«[21] – das schreibt der Geschäftsführer von Time/system International, Klaus-Jochen Schaeffer, dem Zeitmanager Lothar J. Seiwert ins Vorwort. Aber was ist *falsch* oder *nicht genutzte* Zeit? Innehalten und Nachdenken? Muße und Müßiggang? Geschehenlassen und Genießen?

Verlangsamen innerhalb einer Kultur der Beschleunigung?

Das ›Unendlich-viel-Erleben in einem endlichen Leben‹ ist eines der wichtigsten unbewussten Zeitmodelle, auf dem in der abendländischen Kultur viele psychische, kulturelle, gesellschaftliche und ökonomische Beschleunigungsprozesse basieren. Umgekehrt färbt auch die Wachstumsideologie ökonomistischer Denk- und Handlungsweisen auf die individuellen Zeitkonzepte ab. Solange jedoch unbewusste Grundprinzipien der Beschleunigung weiterwirken, sind auch verschiedene Versuche und Formen der bewussten Verlangsamung von vornherein zum Scheitern verurteilt. Eine willentliche Entschleunigung bei gleichzeitigem unbewussten inneren Antrieb zur Beschleunigung ist so, als würde jemand Vollgas geben und zugleich die Handbremse anziehen. (Das würde ein Auto schnell ruinieren, und bei Menschen führt ein solches Vorgehen normalerweise dazu, dass sich die inneren Spannungen erhöhen, ohne dass das Problem wirklich gelöst wird.)

Natürlich wird heute selbst in Zeitmanagementkursen, in denen früher die bedingungslose Beschleunigung gepredigt wurde, den Teilnehmern manchmal nahegelegt: »Planen Sie doch einfach mal Zeiten ein, in denen Sie nichts tun.« Das ist für sich genommen zwar löblich, innerhalb einer Kultur der Beschleunigung jedoch ziemlich absurd und führt auf der individuellen Ebene folgerichtig zum Scheitern. Eine Stunde nichts zu tun, bedeutet ja, nicht nur diese eine Stunde, sondern ein Vielfaches davon zu versäumen, nämlich all das, was in dieser einen Stunde mit erhöhter Geschwindigkeit und mit Doppeltätigkeiten hätte ›erledigt‹ werden können. Auch der Ratschlag: »Machen Sie die Dinge doch einfach mal langsamer« kann so nicht wirklich greifen. Zwar sind immer mehr Menschen mit diesem auf Beschleunigung und Mehrfachnutzung der Zeit angelegten Zeitmodell unzufrieden, doch mit Tipps und Tricks auf der Ebene des guten Willens, ohne die dahinterliegenden existentiellen und kulturellen Zusammenhänge aufzudecken, lässt sich da wenig verändern.

ZEITKNAPPHEIT UND VERSÄUMNISANGST

Zur falschen Zeit am falschen Ort

Wir werden älter als frühere Generationen, wir arbeiten kürzer, und wir haben noch dazu unzählige Maschinen, die uns die Arbeit abnehmen. Dennoch hat die sogenannte ›Zeitknappheit‹ in den letzten Jahrzehnten ständig zugenommen.

Dieses Phänomen lässt sich nicht nur mit der verlorengegangenen Perspektive der Ewigkeit erklären. Es hängt auch mit der veränderten Wahrnehmung des Raumes zusammen. Dabei spielen die Medien, die Kommunikationsmittel und die Möglichkeiten, mit Hilfe moderner Transportmittel andere Orte auf dieser Welt schnell zu erreichen, eine wesentliche Rolle. Die *Versäumnisangst* als eine psychologische Kategorie soll in diesem Kapitel vor allem im Zusammenhang mit dem Verhältnis von Zeit und Raum untersucht werden.

Derweil wir uns an einem bestimmten Ort befinden, passieren auch anderswo interessante Dinge. Das war schon immer so – aber im Gegensatz zu früheren Generationen erfahren wir heute ziemlich genau, was dort passiert, wenn wir wollen, sogar in Echtzeit. Zu der Verkürzung der zeitlichen Lebensperspektive (als verlorengegangene Ewigkeit) kommt also eine enorme Vergrößerung der Anzahl der Möglichkeiten, über die wir gewollt oder ungewollt informiert werden. Wir haben durch zahllose technische Geräte die Reichweite unserer – uns normalerweise sehr beschränkenden – Sinnesorgane enorm gesteigert. Wir können sehen und hören, was in der nächsten Stadt, in der Region, im Staat, auf dem Kontinent, ja auf der ganzen Welt passiert ist, gerade in diesem Moment geschieht oder gleich geschehen wird. Die Kommunikationstechniken machen den Menschen bewusst, »dass es andere Orte auf der Welt gibt, wo sie sein könnten, zusammen mit anderen Männern oder mit anderen Frauen, in anderen Zusammenkünften, bei anderen Konferenzen oder Ausstellungen, auf anderen Wanderwegen, sie könnten andere Bücher lesen in anderen Mondnächten.«[22]

Aber es bleibt ja nicht bei der Information. Dazu kommt, dass wir mit Hilfe moderner Verkehrsmittel viele Angebote, die früher aufgrund der räumlichen Distanz unerreichbar waren, relativ leicht wahrnehmen können. Bezogen auf unser Zeitempfinden bedeutet das, dass wir nicht nur in der einen konkreten Ortszeit leben, sondern, vermittelt über die Kommunikationsmedien, scheinbar gleichzeitig in bestimmten *Parallelzeiten* an *Parallelorten*. Diese auf die räumliche Dimension bezogene Versäumnisangst ist von daher um ein Vielfaches größer als in früheren Generationen und verstärkt ihrerseits wieder die zeitliche Versäumnisangst.

Dabei ist es eigentlich schon aufwendig genug, am eigenen Ort jeden Tag aufs Neue zu entscheiden, wer, was, wann, wo mit wem jeweils tut oder tun möchte. Es gilt schon hier zu planen: nach Interesse und Neigung, nach Dringlichkeit oder Einmaligkeit zu sortieren, abzuwägen und zu einer Entscheidung zu kommen, die dann auch noch mit anderen abgestimmt werden muss.

Versäumnisangst kann also grundsätzlich verstanden werden als die permanente innere Sorge, zur *falschen* Zeit am *falschen* Ort zu sein und daher natürlich auch das Falsche zu tun. Dass es sich dabei, eingebettet in ein technologisches und gesellschaftliches Umfeld, dennoch um ein psychologisches Problem handelt, ist unschwer zu erkennen, auch wenn den Betroffenen selbst der Stress oft wie von außen aufgezwungen vorkommt. Aber »Zeit an sich ist nicht knapp. Der Eindruck der Zeitknappheit entsteht erst aus der Überforderung des Erlebens durch Erwartungen. Erlebnisse und Handlungen brauchen ihre Zeit und lassen sich daher in einer gegebenen Zeitstrecke nur begrenzt unterbringen. Zeithorizont und Erwartungsstruktur müssen daher in Einklang gebracht werden.«[23] Was Luhmann hier fordert, ist allerdings ein individueller und ein kultureller Prozess, der vor dem veränderten technologischen Hintergrund jeden Einzelnen vor einige Herausforderungen stellt.

Versäumnisangst und Versäumnisterror

Versäumnisangst ist also zuerst ein innerer Impuls, eine zwanghafte Sorge oder eine latente Befürchtung, die aufgrund der vielen äußeren Möglichkeiten, der erreichbaren Orte und der Begrenztheit des eigenen Lebens ausgelöst werden kann. Diese individuelle Versäumnisangst wird wiederum, wie viele Ängste, von der Werbung und den Medien gezielt instrumentalisiert. Angebote werden uns so präsentiert, als würden wir etwas Wesentliches in unserem Leben versäumen, wenn wir dieses oder jenes nicht besuchen, lesen oder wahrnehmen. Wenn wir aber versuchen, eben jenes zu erreichen, werden uns schon auf dem Weg dahin zehn andere Angebote präsentiert. Das äußere Gegenstück zu der individuellen Versäumnisangst ist ein von außen geschürter *Versäumnisterror*. Durch ihn wird uns direkt oder indirekt suggeriert, mit der ständig steigenden Anzahl der Möglichkeiten könnten, müssten oder sollten wir individuell mehr von diesen Möglichkeiten wahrnehmen. Ein Spiel, bei dem wir, solange wir auf dieser Ebene mitspielen, ständig verlieren.

Eine Sache zu tun, heißt einfach immer, sich gegen alle anderen Möglichkeiten dieser Welt, die man potentiell in der gleichen Zeit tun könnte, zu entscheiden. Aber diese ›ungetanen‹ Dinge, diese ›versäumten‹ Gelegenheiten und ›verpassten‹ Möglichkeiten halten ihrerseits unsere innere Versäumnisangst am Leben, mit der der Versäumnisterror als ihr äußeres Gegenüber so gut spielen kann.

Aber das ist noch nicht alles. Wir haben uns entschieden, an diesem Abend zu der ›besten‹ Party oder zu dem ›interessantesten‹ Empfang in dieser Stadt zu gehen. Aber auch dort stehen wir immer nur an einer Stelle und in einer Gruppe. Irgendwann bemerken wir vielleicht, dass alle ›wichtigen‹ Leute ganz woanders stehen und dass da hinten in der einen Ecke andauernd gelacht wird, während hier, wo wir gerade stehen, nur Probleme gewälzt werden. Aber auch die umgekehrte Konstellation ist denkbar. Wir stehen in der Ecke, in der gelacht wird, und finden die Leute extrem albern, während wir gerade bemerken, dass da drüben, am anderen Ende des Raumes, die wirklich ernsthaften Gespräche geführt werden, die wir mal wieder versäumen. Egal, was wir tun, wofür und wogegen wir uns entscheiden, andere Menschen, verschiedene Medien (oder unsere inneren Ängste) können uns immer weismachen, dass wir gerade mal wieder zur falschen Zeit am falschen Ort sind.

Doch ebenso wenig wie es auf der Mikroebene hilft, auf einer Party hektisch hin und her zu laufen, geplagt von Selbstvorwürfen und Vermutungen über die jeweils anderen Situationen, die parallel zu der ablaufen, in der wir uns gerade befinden, ist das Problem auf der Makroebene durch Medienkonsum, Mobilität oder Geschwindigkeit zu bewältigen. Hans Blumenberg weist in *Lebenszeit und Weltzeit* darauf hin, dass allein der Versuch, die ›Weltzeit‹ (Synonym für alle denkbaren Möglichkeiten) in die individuelle ›Lebenszeit‹

zu integrieren, nicht nur zum Scheitern verurteilt ist, sondern dass allein schon dieses Ansinnen an einen Wahn grenzt.[24] Es ist zu konstatieren, dass neue Techniken und Mittel dem Menschen zwar die ständige Erweiterung seiner Möglichkeiten erlauben, dass aber zugleich die Möglichkeiten unendlich schneller zunehmen, als der Einzelne sie wahrnehmen kann. Von daher wird die Schere zwischen der ›Weltzeit‹ und der ›Lebenszeit‹ zwangläufig immer größer und niemals kleiner.

Auf dieser Ebene ist also keine Lösung in Sicht. Nur wenn wir die verborgenen, unbewussten ›inneren Antreiber‹[25] identifizieren und die Versäumnisangst selbst als einen solchen wahrnehmen, können wir zu einer wirklichen Lösung und zu einer inneren Entspannung zurückfinden. Entscheidend ist, dass es überhaupt keinen ›falschen Ort‹ und keine ›falsche Zeit‹ gibt. Es geht uns genauso wie den Menschen vor zweitausend Jahren: Der Ort, an dem sich unser Körper im jeweiligen Moment befindet, ist genau der Ort, an dem wir wirklich leben, und die einzige Situation, auf die wir Einfluss nehmen können. Auch jede vermeintliche ›Gleichzeitigkeit‹ ist und bleibt eine Selbsttäuschung, im Kleinen wie im Großen.

Auch Helga Nowotny konstatiert: »Die andere Form des Zeitrausches bestand in der Entdeckung der weltweiten Gleichzeitigkeit. Sie spiegelte ein Zeitgefühl vor, demzufolge das Individuum zur gleichen Zeit an jedem Ort sein und an allem teilhaben könne, was sich anderswo zuträgt.«[26] Nur ist eine solche Erfahrung eben eine Täuschung, etwas ›Vorgespiegeltes‹, und keineswegs eine Realität. Zugespitzt und mit etwas schwarzem Humor unterlegt, bringt Woody Allen das Problem der Unmöglichkeit, an mehreren Orten gleichzeitig zu sein, auf den Punkt. »Ich werde mich umbringen. Ja, genau, ich sollte nach Paris fliegen und vom Eiffelturm springen. Dann wäre ich tot. Wisst ihr, wenn ich noch die Concorde kriege, könnte ich drei Stunden früher tot sein. Das wäre perfekt. Mit der Zeitverschiebung könnte ich noch sechs Stunden in New York am Leben sein, aber schon drei Stunden tot in Paris. Ich könnte noch was erledigen und schon tot sein.«[27]

Immer nur auf einer Hochzeit tanzen

Mit unserem Körper immer nur an einem Ort zur gleichen Zeit sein zu können, ist, obwohl wir das vielleicht manchmal beklagen, eigentlich eine gute und heilsame Begrenzung. Das lässt sich anhand einer paradoxen Überlegung verdeutlichen: Stellen wir uns einfach vor, wir hätten tatsächlich die Möglichkeit, uns ›aufzuteilen‹ und an zehn Orten zugleich zu sein. Bei der noch immer vorhandenen Versäumnisangst müssten wir dann für jede unserer zehn Teilpersönlichkeiten alle die Entscheidungsprozesse durchspielen, die uns als singuläre Persönlichkeit jetzt schon überfordern, und wir würden dennoch in jeder Minute Millionen andere Dinge, Situationen und Gelegenheiten auf dieser Welt ›versäumen‹.

Dass sich viele Menschen dennoch nach Grenzüberschreitung und nach *Mehrfachanwesenheit*[28] sehnen, hängt, wie wir gesehen haben, mit dem Dilemma der abhandengekommenen Ewigkeit zusammen. Da sich durch lebensverlängernde Maßnahmen, durch Mehrfachtätigkeiten und durch die Beschleunigung der Lebensprozesse die verlorene Ewigkeit nicht zurückgewinnen lässt, ist die Hoffnung auf Mehrfachanwesenheit lediglich eine weitere Spielart, die unbewusst dazu antreibt, das Unerreichbare doch irgendwie zu erreichen. Dabei lassen sich zwei Strategien beobachten, wie versucht wird, diese Illusion der Mehrfachanwesenheit zu schaffen: einmal durch Geschwindigkeit, zum anderen durch mediale Selbsttäuschung.

Ein Beispiel für Mehrfachanwesenheit durch Geschwindigkeit ist eine berühmte ›gleichzeitige‹ Silvesterfeier in Paris und Washington. Es flog eine amerikanische Gesellschaft nach Paris, »eigens um da Silvester zu feiern, dann die *Concorde* zu besteigen und dort an Bord Silvester zu feiern, in Washington zu landen und in der französischen Botschaft Silvester zu feiern [...]«[29] Aber es geht auch unspektakulärer. Selbst an einem ganz normalen Abend kann man versuchen, durch Geschwindigkeit auf drei Veranstaltungen ›zugleich‹ zu sein – das heißt in der Realität, auf jeder Veranstaltung höchstens zwei Stunden. Doch aus der Entfernung von ein paar Tagen kann man durch geschickte Verzerrung der zeitlichen Perspektive tatsächlich behaupten, man hätte drei Dinge parallel an einem Abend getan.

Alle diese Illusionen haben natürlich ihren Preis. Um die Mitternachtsstunde in Paris und in Washington zu feiern, muss man den ganzen Silvesterabend im Flugzeug verbringen. Um an einem

Abend jeweils zwei Stunden auf drei Veranstaltungen zu sein, muss man mehrere Stunden im Auto in der Stadt unterwegs sein. Und womöglich muss man sich dann noch erzählen lassen, dass gerade, kurz bevor man gekommen oder wieder gegangen ist, dieses oder jenes stattgefunden hat, man also wieder etwas – und vielleicht sogar das Wesentliche – versäumt hat.

Die zweite, populärere Variante, mit der versucht wird, die Regel, dass man mit seinem Körper immer nur an einem Ort zur selben Zeit sein kann, außer Kraft zu setzen, ist die mediale Selbsttäuschung. Hier ist eine besonders beliebte Methode das Fernsehen: Wer im Fernsehen auftritt, könnte ja, wenn er Glück hat, in einer Million Wohnzimmer zugleich anwesend sein und damit seine Lebenszeit gleich millionenfach vermehren – so die Hoffnung. In Wirklichkeit aber sitzt man natürlich trotzdem nur geschminkt und ganz banal in *einem* Studio. Darauf zu hoffen, dass durch Kommunikationsmittel eine körperliche Allgegenwart hergestellt werden könnte, wäre so, als würde jemand behaupten, er sei unsterblich, bloß weil es von ihm eine Videokassette gibt. Das bedeutet nichts anderes als eine Verwechslung der virtuellen mit der realen Welt, eine magische Verwechslung des Abbildes mit dem Abgebildeten (so wie in früheren Jahrhunderten das Bild eines Heiligen mit dem Heiligen selbst identifiziert wurde, was ein vergleichbarer Imaginationsprozess war).

Der populäre Irrtum wiederholt sich aber auch *vor* dem Fernseher. Der Zuschauer kann mit diesem Gerät ebenfalls eine Illusion von Mehrfachanwesenheit produzieren: zum einen die Illusion der Doppelanwesenheit, indem das Abbild des Fernsehens mit der Realität verwechselt und als eine Verdoppelung der eigenen Existenz angesehen wird, zum anderen eine Quasi-Allanwesenheit, indem er zwischen zweihundert Programmen hin und her zappt – Durchschnitt sind im Moment 2,73 Sekunden pro Sendung.[30]

Die scheinbare Entgrenzung durch Mehrfachanwesenheit führt also ebenfalls in eine Sackgasse. Auch diese Tricks erweisen sich als Illusion und lassen uns eher abgehetzt und leer als erfüllt und lebenssatt zurück. Oft vermuten wir dann, wir hätten einfach sehr oft die falsche Wahl getroffen und müssten jetzt etwas ganz anderes machen. Aber der Versäumnisangst und dem Versäumnisterror lässt sich so nicht wirklich beikommen. Zielführender ist es, das psychische und mentale Konzept zu verändern, um unsere Besonnenheit und Selbstzentrierung zu stärken. Es gibt ein mentales Modell, das uns inmitten der unzähligen Möglichkeiten auf allen Ebenen die Ruhe und Gelassenheit zurückgeben kann, genau das zu tun, was wir gerade tun. Es lautet: »Ich bin zur rechten Zeit am rechten Ort und tue mit Erfolg genau das Richtige.« Dieser Satz ist einfach und kraftvoll. Denn kein anderer Ort als der, an dem wir gerade sind, ist jeweils der Ort, an dem wir leben. Ob wir jedoch am *richtigen* Ort zur *richtigen* Zeit sind, hängt von unserer eigenen Definition und damit von unserer inneren Einstellung und nicht von äußeren Gegebenheiten oder Angeboten ab. Und wenn wir diesen Ort als richtig definieren, dann geht es uns garantiert besser, als wenn wir uns jeweils anderswohin sehnen. Stillschweigende Voraussetzung ist allerdings, die zeitliche und räumliche Begrenzung des menschlichen Lebens als ein Glück und nicht als ein zu überwindendes Übel anzusehen. Wenn dem so ist, können wir anfangen ein Wagnis einzugehen und etwas zurückzugewinnen, was wir vor lauter Weltmöglichkeiten fast schon vergessen hatten – die volle und ungeteilte Anwesenheit in der Gegenwart.

WAS GENAU IST DIE GEGENWART?

Gegenwart, Vergangenheit und Zukunft

»Die Zeit ist kein Zeitraum, sondern eine Ordnung«[31], heißt es bei Ludwig Wittgenstein. Das bedeutet zum einen, dass wir die Zeit (auch in unserer Vorstellung) nicht mit einem Raum verwechseln sollten. Denn mit Raummetaphern kann man die Zeit nicht wirklich beschreiben oder erfassen und auch die Phänomene von Gegenwart, Vergangenheit und Zukunft nicht wirklich verstehen. Dass Zeit eine Ordnung ist, heißt zum anderen, dass wir bestimmte Erfahrungen der Vergangenheit, der Gegenwart oder manchmal auch der Zukunft zuordnen – ganz im Sinne eines Ordnungsprinzips. Doch auch das ist letztlich ein Zeitmodell, mit dem eine ganze Reihe von Widersprüchen, Missverständnissen und Problemen einhergehen.

Zum einen ist die Ausdehnung der Gegenwart nicht klar von der Zukunft und der Vergangenheit abzugrenzen. Zum anderen ist die jeweilige Zuordnung von Ereignissen, Empfindungen und Wahrnehmungen zu diesen drei Zeitkonzepten keineswegs von der Uhr oder dem Kalender, sondern stark von unseren eigenen Prägungen, von bestimmten Konventionen, von unserem Denken, Fühlen und Hoffen bestimmt. Nehmen wir ein Beispiel: *Gestern* hat uns jemand beleidigt. Ist diese Beleidigung *heute* ›Vergangenheit‹? Oder ist die Beleidigung für uns noch immer ›Gegenwart‹? Ebenso können Ereignisse, die vor zwanzig Jahren geschehen sind, sehr viel gegenwärtiger sein als etwas, das wir gerade erst erlebt haben. Das heißt, die Einordnung der zeitlichen ›Entfernung‹ stimmt nicht mit unserer emotionalen oder existentiellen Zuordnung überein. (Auch geschichtlich und gesellschaftlich kann zum Beispiel der Faschismus in Deutschland ferne Vergangenheit oder sehr gegenwärtig sein – je nach Betrachtung und Standpunkt.)

Mit der Zukunft ist es ebenso. Sie beginnt für den einen im nächsten Moment – also gleich. Für den anderen im Sommer, wenn der Urlaub kommt. Und für wieder jemand anderen vielleicht in zwei Jahren, wenn die Ausbildung abgeschlossen ist. Auch muss die Zukunft nicht unbedingt immer ›vorn‹ und die Vergangenheit nicht immer ›hinten‹ sein. Was als Zukunft ›vor‹ uns liegt, kann schließlich etwas sein, das wir aus der Vergangenheit längst kennen. Und wenn etwas wiederkehrt, was es schon einmal gab, ist es dann wirklich noch Zukunft? Vergangenheit und Zukunft können sogar in der Ferne zusammentreffen, was sich mit dem Modell einer linearen Zeitvorstellung eigentlich gar nicht vereinbaren lässt: Das deutsche Wort ›dereinst‹ zum Beispiel bezeichnet sowohl die ferne Vergangenheit wie auch die ferne Zukunft[32] und deutet damit auf eine in Vergessenheit geratene kreisförmige Zeitvorstellung hin.

Außerdem gibt es eine ganze Reihe von Erfahrungen und Erlebnissen, die sich dem Zeitmuster von Vergangenheit, Gegenwart und Zukunft überhaupt nicht zuordnen lassen. Im Traum zum Beispiel gibt es eine Gleichzeitigkeit, in der Vergangenes, Gegenwärtiges und Zukünftiges ununterscheidbar miteinander verwoben sind. Da ist die Großmutter plötzlich wieder ein junges Mädchen, die Kinder sind älter als ihre Eltern. Was zu unterschiedlichen Zeiten, an unterschiedlichen Orten passierte, geschieht plötzlich an einem Ort und zu einer Zeit. Das ist jedoch nicht einfach eine ›Verwirrung‹. Es deutet nur darauf hin, dass kulturell gelernte Zeit- und Ordnungsprinzipien in unseren Träumen nicht wirksam sind. Auch die Zeit ist eigentlich ein einheitliches Ganzes, und Vergangenheit und Zukunft sind ›nur‹ angelernte Ordnungsmodelle, vergleichbar dem, was Parmenides als Qualität des Seins überhaupt definiert hat: »nie war es oder wird es sein, da es *jetzt* zugleich ein einheitliches, zusammenhängendes Ganzes ist.«[33]

Doch nicht allein im Traum, auch im wachen Zustand kann man die Abwesenheit der Zeitmuster Vergangenheit, Gegenwart und Zukunft erfahren: in Momenten großer Konzentration, bei der Meditation, bei Flowerfahrungen oder ekstatischen Erlebnissen. In solchen Augenblicken erleben wir die eigene Existenz in einer zeitlosen, reinen und konzentrierten Form (siehe Kapitel »Zeitlosigkeit, Ereigniszeit und Uhrzeit«). Wir müssen daher grundsätzlich fragen, ›wo‹ oder ›wie‹ Vergangenheit und Zukunft als Zeitform eigentlich existieren. Genau betrachtet, ›existieren‹ beide jeweils nur in der Gegenwart: Wir müssen uns an die Vergangenheit erinnern, zum Beispiel daran, dass uns gestern jemand beleidigt hat, und das können wir immer nur im gegenwärtigen Moment tun; ebenso können wir die Zukunft nur im gegenwärtigen Moment vorwegnehmen. In diesem Sinne sind Zukunft und Vergangenheit nur Projektionen. Augustin bringt diese Erkenntnis folgendermaßen auf den Punkt: »Eigentlich also kann man nicht sagen: es gibt drei Zeiten, Vergangenheit und Gegenwart und Zukunft. Genauer vielleicht wäre zu sagen: es gibt drei Zeiten, die Gegenwart des Vergangenen [Gedächtnis], die Gegenwart des Gegenwärtigen, die Gegenwart der Zukunft [Erwartung].«[34] Doch auch die Gegenwart, auf die alles zuläuft, ist nicht so selbstverständlich und schon gar nicht so eindeutig, wie das auf den ersten Blick erscheint.

Wie lang die Gegenwart ist

In jeder Sekunde verwandelt sich ein zukünftiger Moment in einen vergangenen. Die Gegenwart ist, so gesehen, ziemlich unbeständig. Strenggenommen, ist sie die kleinste noch messbare Einheit, die sich von der Vergangenheit und der Zukunft abgrenzen lässt. Diese Maßeinheit bewegt sich im Nanosekundenbereich, bei etwa 10^{-9} Sekunden – die Länge einer Milliardstel Sekunde.

In diesen Dimensionen lässt sich offensichtlich nicht mehr sinnvoll von Gegenwart, Vergangenheit und Zukunft reden. Das Problem war schon Augustinus bekannt, der hier noch einmal zitiert sei: »Die Zeit allein ist's, die wir gegenwärtig nennen dürfen, die sich nicht mehr zerteilen läßt, in Augenblicke noch so winzig klein. Die aber fließt so reißend schnell vorüber, daß nicht die kleinste Dauer bleibt.«[35]

Nun richten wir uns aber mit unseren Zeitauffassungen und Zeitmodellen sowohl kulturell als auch individuell weder nach der Physik noch nach den Kirchenvätern. Es geht bei der Bestimmung der Gegenwart, der Vergangenheit und der Zukunft viel beliebiger, willkürlicher und vor allem viel unbewusster zu. Das hat eine ganze Reihe von Konsequenzen. Zuerst einmal die, dass wir an jedem Tag unsere Definitionen von Gegenwart mehrfach wechseln. In der Regel tun wir das, ohne es wirklich wahrzunehmen und ohne die Konflikte, die daraus resultieren, überhaupt als Zeitkonflikte zu identifizieren. Dennoch wird in vielen Situationen, in Unternehmen, in Partnerschaften oder vor Gerichten darüber verhandelt oder gestritten, was noch als Gegenwart gelten soll und was bereits Vergangenheit ist. Das ist einerseits ziemlich verwirrend, zeigt aber andererseits die große Freiheit, die jeder Einzelne, bestimmte Gruppen oder ganze Kulturen im Umgang mit ihren Zeitmodellen haben.

Hier nur ein paar Definitionen von ›Gegenwart‹ aus verschiedenen Bereichen der Gesellschaft: *Kulturgeschichtlich* wird als Gegenwart oft eine ganze Epoche angesehen, zum Beispiel die ›Industriegesellschaft‹, die ›Postmoderne‹, das ›Zeitalter der Globalisierung‹; die jeweils davorliegende Epoche ist dann Vergangenheit. Wann hingegen die Zukunft beginnt – oder genauer gesagt, wann eine der möglichen ›Zukünfte‹ beginnt –, ist umstritten; es kann sich um Jahrzehnte oder manchmal auch um Jahrhunderte handeln. *Juristisch* wird durch Verjährungsfristen oder Aufbewahrungspflichten festgelegt, was Gegenwart ist. Muss ein Vorgang oder eine Akte zehn Jahre aufgehoben werden, bedeutet das, dass diese Vorgänge noch zehn Jahre ›Gegenwart‹ sind. Die Gegenwart ist ebenfalls vorbei, wenn eine Straftat *verjährt* ist – auch wenn sie für den Geschädigten noch immer sehr gegenwärtig sein kann. *Politisch* wird Gegenwart in der Regel als ein Zeitraum von vier bis fünf Jahren wahrgenommen – die Zeit einer Wahlperiode. Die abgewählte Regierung ist Vergangenheit, und eine der möglichen ›Zukünfte‹ beginnt nach der nächsten Wahl. *Ökonomisch* wird Gegenwart dagegen als ein Jahr definiert. Nach dem Jahresabschluss gilt das alte Jahr als Vergangenheit, das laufende Jahr ist Gegenwart und das kommende Zukunft. In vielen Bereichen überlagern sich dabei politische, juristische und ökonomische Zeitvorstellungen und Gegenwartsdefinitionen. Allen diesen Definitionen gemeinsam ist jedoch, dass wir sie als Elemente einer ›sozialen Gegenwart‹ bezeichnen können, die jeweils in einer Gesellschaft gefunden, vereinbart und notfalls auch durchgesetzt werden.

Aber auch individuell definieren wir unsere jeweilige ›Gegenwart‹ sehr unterschiedlich. *Beruflich* können wir die Dauer eines Studiums oder die Jahre der Zugehörigkeit zu einem Unternehmen als Gegenwart wahrnehmen. Auf der *Beziehungsebene* kann die Dauer einer Beziehung als Gegenwart angesehen werden. Wenn wir mit jemandem essen gehen, können wir den Zeitraum des gemeinsamen Essens als Gegenwart empfinden. Auf der Ebene unserer Sinne und unserer Existenz ist allerdings nur *dieser Moment* wirklich Gegenwart: ein Blick, ein Duft, ein Ton, ein Gefühl, ein Gedanke. Gehirnphysiologisch wird der ganze Strom unterschiedlicher Sinneseindrücke, die wir als Farben, Töne, Gerüche, Empfindungen wahrnehmen, zu kleinen, jeweils einige Sekunden langen Sinneinheiten zusammengefasst. »Die kürzeste Dauer für die Wahrnehmung einer Gegenwart soll etwa 0,11 Sekunden betragen.«[36] Wir können also sagen, dass wir immer sinnvolle, als zusammengehörig *empfundene* Einheiten als Gegenwart definieren, und das können Zeitspannen sein, die nur Zehntelsekunden dauern oder aber hundert Jahre umfassen.

Nichtanwesenheit: noch nicht da – oder schon vorüber

Ein Großteil der heutigen Beschleunigungsphänomene hängt nun direkt oder indirekt mit dem zusammen, was wir jeweils als Gegenwart auffassen – daher ist es wichtig, dass wir uns über die verschiedenen Bedeutungen von ›Gegenwart‹ vor allem für unser eigenes Leben klarwerden. J.T. Frazer schlägt in diesem Zusammenhang auf der individuellen Ebene eine Unterscheidung zwischen der *organischen* und der *geistigen* Gegenwart eines Menschen vor.[37] Diese Unterscheidung ist wichtig, muss aber durch eine *psychisch/emotionale* Gegenwartsdefinition ergänzt werden: Denn wirklich in der Gegenwart lebt ein Mensch nur dann, wenn seine organische, seine geistig/mentale und seine psychisch/emotionale Präsenz im gegenwärtigen Moment zusammenkommen.

Wer sich selbst und seine Umgebung genauer beobachtet, kann leicht feststellen, dass zwar alle Menschen von der Wiege bis zur Bahre ›organisch‹ in der Gegenwart, im ›Hier und Jetzt‹ leben – anders geht das ja zum Glück nicht –, sich aber viele geistig/mental oder psychisch/emotional in der nahen oder fernen Zukunft, in der Vergangenheit oder an einem anderen Ort ›aufhalten‹. Das Gleiche gilt sinngemäß für ganze Gesellschaften oder Kulturen. Auch diese können mental oder emotional extrem vergangenheitsorientiert oder – wie die unsrige – extrem zukunftsorientiert sein und darüber die Gegenwart als eine ständig ›zu überwindende‹ Situation geringschätzen. Es würde an dieser Stelle zu weit führen, die gesamte Fortschrittsdiskussion, die Fortschrittsgläubigkeit bis hin zu der irdischen Hoffnung auf ein künftiges Paradies auf Erden nachzuzeichnen. Allerdings kann letztlich jede einzelne Nuance unseres Lebens, jede Interaktion, jede Werbung, jedes Programm und jede Idee unter dem Blickwinkel betrachtet werden, ob dabei auf eine – scheinbar seligmachende – Zukunftshoffnung abgezielt wird oder ob sich dadurch die Sensibilität für den momentanen Augenblick erhöht. Hinter ganz banalen Wörtern wie ›wenn erst‹, ›falls‹, ›nachdem‹, ›später‹, ›dann‹ et cetera verbirgt sich diese in kleine Münze gewechselte Zukunftsfixierung: *Wenn* erst so und so viel Wachstum erreicht ist, *wenn* es erst weniger Arbeitslose gibt, *wenn* erst alle Grenzen gefallen, alle Schulden getilgt sind, die gentechnische Verbesserung des Menschen vorankommt und so fort.

Interessant ist in diesem Zusammenhang, dieses Prinzip der Zukunftsfixierung selbst zu beobachten, denn wir können ihm nicht entgehen, indem wir nur mit unserem Willen versuchen ›einfach in der Gegenwart zu leben‹, derweil die kulturell vermittelte Zukunftsfixierung in uns weiterwirkt. Erst wenn uns bewusst ist, dass, egal wie sehr wir aus der Gegenwart in die Zukunft fliehen, es keine Zukunft geben wird, in der wir in einer erfüllten Gegenwart leben können – ist klar, dass das Prinzip an sich ausgehebelt werden muss. Auch hier gilt es genauer hinzuschauen, um sich nicht immer wieder durch das Versprechen einer sogenannten ›viel besseren oder erfüllteren Zukunft‹ zum Narren halten zu lassen. Solange das nicht geschieht, ist es kein Wunder, dass wir uns in einem Umfeld mit extremer Zukunftsfixierung getrieben, gehetzt und gejagt fühlen und scheinbar eine ganze Reihe von ›Zeitproblemen‹ haben.

Mit dieser Zukunftsfixierung – die fast immer auch pseudoreligiös eingefärbt ist – geht als Kehrseite zwangsläufig die andauernde Abwertung der Gegenwart einher. Erst die Hoffnung auf eine alles überragende Zukunft lässt uns die Gegenwart als armselig oder karg oder ungenügend erscheinen und also geringschätzen – sowohl räumlich als auch zeitlich. So werden wir ständig dazu angehalten und verführt, auf unserer geistig/mentalen und der psychisch/emotionalen Ebene ›in einer Zeit‹ zu leben, die noch gar nicht da ist. Doch – wie schon Borges das poetisch ausdrückte: »Die Zukunft ist unvermeidlich und pünktlich; aber es mag sein, dass sie nicht zustande kommt.«[38]

Zukunft kommt aber genaugenommen nie zustande. Zum einen, weil sie immer nur eine geistige Vorwegnahme ist und wir permanent, immer und andauernd, in der Gegenwart existieren – ganz egal, wie sehr wir auf der geistig/mentalen und psychisch/emotionalen Ebene in die Zukunft fliehen. Zum anderen, weil die Zukunft, wenn sie kommt, ebenfalls wieder Gegenwart ist. Oft bemerken wir allerdings gar nicht, dass wir zwar mit unserem Körper in der Gegenwart, mit unseren Gedanken oder Gefühlen aber entweder noch in der Vergangenheit oder schon in der Zukunft sind, weil dieser Zustand quasi zur Normalität geworden ist.

In verschiedenen Parabeln und Geschichten, vor allem aus dem Zen-Buddhismus, wird dieses Phänomen sehr eindrücklich beschrieben. Der Weise oder der Lehrer sagt da oft zu seinem Schüler: »Wenn ich esse, dann esse ich. Wenn ich trinke, dann trinke ich. Wenn ich gehe, dann gehe ich …« Der Schüler antwortet dann häufig, dass er das natürlich auch tue, und der Weise entgegnet ihm: »Nein, wenn Sie essen, dann fahren Sie schon Auto. Und wenn Sie Auto fahren, dann sitzen Sie schon im Büro. Wenn Sie im Büro sitzen und einen Brief schreiben, sind Sie schon in der nächsten Sitzung.«[39]

In dieser Geschichte wird zweierlei deutlich. Erstens liegt die emotionale und mentale Aufmerksamkeit bei dem ›Schüler‹ immer in der ›Zukunft‹, hier jeweils im nächsten Moment. Man könnte das als eine bestimmte Art von *Zukunftsflucht* bezeichnen. Zweitens wird dieser Zustand von dem Schüler selbst – tragischerweise – gar nicht wahrgenommen. Das Leben setzt sich aber aus nichts anderem zusammen als einer beständigen Folge von gegenwärtigen Momenten. Wenn wir diese lebendigen Momente häufig verpassen, versäumen wir, so gesehen, einen ziemlich großen Teil unseres Lebens.

So stellt sich die Frage, warum wir oft schon irgendwo sind, wo wir eigentlich gar nicht sind. Was treibt uns dazu an? Ängste scheinen dabei eine wichtige Rolle zu spielen: Die Angst, etwas zu versäumen (nicht an einem anderen Ort zu sein), die Angst, etwas zu verpassen (zu spät zu kommen) oder die Angst, nicht schnell genug zu sein (überholt zu werden) – die interessanterweise alle wieder mit der linearen Zeitvorstellung und der damit einhergehenden Zukunftsfixierung zusammenhängen. Aus psychoanalytischer Sicht erinnert dieser Zustand an eine Zwangsneurose: »Wie Zwangsneurotiker eher denken als handeln, so bereiten sie sich auch ständig auf irgendeine Zukunft vor und erleben nie die Gegenwart. Viele Zwangssymptome sind Vorbereitungen für eine Zukunft, die nie zur Gegenwart wird.«[40]

Es gibt allerdings auch die entgegengesetzte Variante der *Nichtanwesenheit* in der Gegenwart. Sie hat ebenfalls mit Angst zu tun. Dabei verweilt der Betreffende bei dem, was *schon vorbei* ist. Diese Haltung könnte man *verzögertes Bewusstsein* oder *Vergangenheitsflucht* nennen, und sie äußert sich zum Beispiel so: »Habe ich mich da gut dargestellt?« »Was wird dieser Mensch jetzt von mir denken?« »War die Entscheidung richtig, die ich da getroffen habe?« »Was wäre, wenn ich in meiner Vergangenheit dieses oder jenes getan oder nicht getan hätte?« (Auch dazu gibt es eine schöne Geschichte: Zwei Mönche kommen am frühen Morgen an einen Fluss. Eine Frau bittet sie, sie doch hinüberzutragen. Der eine Mönch trägt sie hinüber, und die beiden Mönche gehen weiter. Am Abend sagt der jüngere Mönch zu dem alten Mönch: »Warum hast du eigentlich die Frau hinübergetragen? Du weißt doch, dass es uns Mönchen verboten ist, eine Frau zu berühren.« Da antwortet der ältere Mönch: »Ich habe sie nur eine Minute getragen, aber du trägst sie den ganzen Tag mit dir herum.«)

Letztlich ist es aber nicht entscheidend, ob sich jemand unbewusst in der Vergangenheit befindet, im *Schon-Vorüber*, oder ob er sich in der Zukunft aufhält und im *Noch-Nicht* lebt. Beide Male ist die Situation dadurch gekennzeichnet, dass die organische, die psychisch/emotionale und die geistig/mentale Gegenwart auseinanderfallen. Doch nur wenn wir mit unserem Körper und mit unserer emotionalen und mentalen Anwesenheit in dem Augenblick sind, wo wir gerade sind, leben wir wirklich und haben die Chance, uns selbst und das, was genau in diesem Moment passiert, wahrzunehmen. Auf diesen gegenwärtigen Moment haben wir einen entscheidenden Einfluss. In ihm können wir handeln, etwas beeinflussen, lenken oder gestalten. Aber wie viele Menschen in der westlichen Zeitkultur schaffen es, in ihrem gesamten Leben im gegenwärtigen Augenblick vollkommen präsent zu sein und damit auch ihre Zeit voll ›auszukosten‹? Hier schließt sich der Kreis, denn interessanterweise hängt unser Gefühl von ›Zeitnot‹ oder ›Zeitüberfluss‹ gerade davon ab, ob wir mit unserer organischen, emotionalen und mentalen Präsenz bei der Sache sind oder eben nicht. Im ersten Fall erscheinen uns unsere jeweiligen Erlebnisse in der Erinnerung deutlich länger, intensiver und tiefer; es stellt sich ein Gefühl von *Zeitdehnung* ein. Wenn unsere Aufmerksamkeit jedoch den ganzen Tag ›auseinanderfällt‹, haben wir im Nachhinein das Gefühl, die Zeit wäre ›verflogen‹. Diese Aufspaltung und Fragmentierung führt in der Erinnerung zu einer *Zeitschrumpfung*.

Die Gegenwart bewusst zu definieren und mit der emotionalen und mentalen Präsenz im Augenblick zu sein, heißt jedoch nicht, dass man sich nicht sinnvoll mit Vergangenheit als Geschichte befassen kann, sowohl mit der eigenen Geschichte als auch mit Geschichte im Sinne der Geschichtswissenschaft. Natürlich kann man auch in der Gegenwart sinnvoll und vorausschauend Zukunft planen, doch gibt es da einen wichtigen Unterschied: In den oben beschriebenen Situationen der ›Zukunftsflucht‹ oder der ›Vergangenheitsflucht‹ sind wir hochgradig unbewusst. Wir befinden uns quasi unbemerkt in ›der‹ Vergangenheit oder in ›der‹ Zukunft. Ein ganz anderer Fall liegt vor, wenn jemand Geschichte studiert, im ›Hier und Jetzt‹ präsent ist und Dinge, Prozesse oder Dokumente der Vergangenheit wahrnimmt: in diesem Fall wird Vergangenheit quasi *in die Gegenwart geholt*. Das Gleiche gilt auf der individuellen Ebene: Natürlich kann man alte Briefe und Tagebücher lesen und so seine gegenwärtigen Sichtweisen und Denkmuster überprüfen – wobei individuell und gesellschaftlich die Erfahrung gemacht werden kann, dass man eigentlich auch genauer von ›Vergangenheiten‹ sprechen müsste, da es ›die‹ Vergangenheit nicht gibt und sie genaugenommen eine Interpretation von Ereignissen und damit auch immer nur eine von vielen möglichen Konstruktionen ist.[41]

Was die Zukunft betrifft, kann man ebenso auf der individuellen und gesellschaftlichen Ebene sinnvoll planen und auch hier bewusst ein Stück Zukunft in die Gegenwart holen. Kriterium ist dabei, ob das bewusst im ›Hier und Jetzt‹ passiert oder ob sich jemand individuell oder sogar eine ganze Kultur unbewusst im ›Dort und Später‹ verliert. Es handelt sich also auch hier entweder um eine *Flucht aus der Gegenwart*, einmal in die Vergangenheit und einmal in die Zukunft. Oder es handelt sich um eine *Anreicherung der Gegenwart* durch die Vergangenheit oder durch die Zukunft. Es lohnt sich, genauer hinzuschauen, was wir in den alltäglichen Situation wirklich tun, denn es macht einen Unterschied für die Wahrnehmung unserer Zeit und unseres Lebens. Wobei auch hier der Vollständigkeit halber angemerkt werden muss, »dass es sich bei der Formulierung von ›der‹ Zukunft immer schon um eine Engführung handelt, als würde es jeweils nur ›eine‹ Zukunft geben. Es gibt aber immer sehr verschiedene Zukünfte und wir tragen mit unseren Entscheidungen und unserem Verhalten in der Gegenwart dazu bei, welche der möglichen Zukünfte verwirklicht wird.«[42] Nicht zuletzt dadurch, dass wir eine bestimmte Zukunft für uns antizipieren.

WIE ZEITVORSTELLUNGEN IN DIE IRRE FÜHREN

SCHNELLER IST NICHT BESSER

Ist schneller besser als langsamer?

Bisher haben wir Zeitmodelle und Zeitkonzepte untersucht, die uns unbewusst bleiben, weil sie gar nicht oder zumindest nicht offen ausgesprochen werden. Diese Zeitvorstellungen wirken hintergründig und treiben uns in verschiedene Dilemmata. Es gibt aber auch eine Reihe von Zeitkonzepten und Zeitvorstellungen, die sehr offensiv propagiert als richtig und selbstverständlich dargestellt werden, obwohl sie es keineswegs sind.

Eines dieser Konzepte lautet: ›Schneller ist besser als langsamer‹. Schneller in Paris, London oder Athen sein, schneller mit der Arbeit fertig sein oder schneller ein Problem lösen. Scheinbar ist die Frage, ob schneller besser sei als langsamer, schon beantwortet. Aber auch hier können wir zu aufschlussreichen Einsichten kommen, wenn wir den Blickwinkel etwas verändern und verschiedene Lebenssituationen genauer ansehen. Ist schneller atmen besser oder schneller sprechen? Ist schneller essen besser oder schneller spazieren gehen? Ist schneller vertrauen besser oder schneller küssen? Ist schneller Sex besser oder schneller Kinder erziehen? Bei all diesen Tätigkeiten, die mit Zeit, Lebenskunst und Sinnlichkeit zu tun haben, stimmt dieses verallgemeinernde Vorurteil keineswegs.

Auch in einem anderen Sinn ist ›schneller‹ eine Mogelpackung. Denn schneller zu sein setzt immer einen Vergleich voraus. Schneller im Vergleich wozu? Schneller als was? Schneller als wer? Es geht jedoch bei den meisten Aspekten unseres Lebens gerade nicht um Schnelligkeit, sondern um Qualität und Tiefe, um Achtsamkeit und Nuancen, um Balance – und nicht zuletzt um das Glück. Aber nicht nur in den privaten Lebensbereichen, auch bei der Arbeit, beim Erbringen von Dienstleistungen oder beim Lösen von Problemen geht es um Qualität. Dabei ist Schnelligkeit keine Garantie für Qualität, sondern oft genau für das Gegenteil.

So ist schneller atmen besser, wenn man rennt oder Treppen steigt, aber durchaus schlechter beim Stillsitzen. Schneller sprechen ist sinnvoll, wenn der andere dringend eine kurze Information braucht, aber nicht, wenn zwei einen Gedankenaustausch pflegen wollen und über die Worte des anderen und die eigenen nachdenken möchten. Paul Virilio macht außerdem darauf aufmerksam, dass schon von ihrem Ursprung her »Furcht und Geschwindigkeit ursächlich zusammenhängen« und die »Schnelligkeit eine Folge des Schreckens, der Gefahr«[43] – und keineswegs etwa ein Wert an sich ist.

Verwechslung von Geschwindigkeit und Effizienz

Warum gibt es trotzdem diesen Geschwindigkeitswahn in unserem Leben und unserer Gesellschaft, obwohl in fast allen Lebenslagen so wenig für ein eindimensionales Schneller spricht und obwohl die Folgen übermäßiger Beschleunigung inzwischen weitgehend bekannt sind?[44] Einige der unbewussten psychischen Antreiber, die in dieser Kultur auf uns einwirken, so etwa die Versäumnisangst und die Angst vor der Endlichkeit des eigenen Lebens, sind im ersten Teil genannt worden. Ein anderes folgenschweres Missverständnis über die Zeit hängt mit der Verwechslung von Geschwindigkeit und Effizienz zusammen. Effizienz bedeutet ja nichts anderes als ›Wirksamkeit‹ und wird überhaupt erst seit zweihundert Jahren im Zusammenhang mit der Entstehung des Industriekapitalismus benutzt. Pervertiert wurde der Begriff dann 1895 durch Frederick Taylor mit seinen berüchtigten Arbeitszeitstudien. Es ging dort um eine kurzfristige, rücksichtslose und maximale Ausbeutbarkeit bei der Fließbandarbeit. Taylor argumentierte: »Wenn die Tätigkeit der Arbeiter von ihren eigenen Vorstellungen geleitet wird, ist es nicht möglich, [...] ihnen die methodologische Effizienz oder das Arbeitstempo aufzuzwingen, die das Kapital wünscht.«[45] (Interessant ist an dieser Formulierung übrigens auch, dass das Kapital selber Wünsche haben kann.)

Es wird natürlich auch heute in wirtschaftlichen Zusammenhängen versucht, die Entwicklungs-, Produktions- und Vertriebszeiten zu verkürzen, um Produkte billiger herzustellen und schneller auf den Markt zu bringen. Nur kann Effizienz heute nicht gesteigert werden, indem die Geschwindigkeit erhöht wird. Das führt in der Regel lediglich zu Hetzerei und Stress und vermindert häufig sogar die Effizienz, weil sich Fehler einschleichen, wichtige Informationen übersehen werden oder die Kommunikation vernachlässigt wird.

Effizienz beruht bei genauerer Betrachtung nicht auf der Schnelligkeit der einzelnen Bewegungen eines Mitarbeiters. Es sind vielmehr eine bessere Planung, die Rationalisierung von Abläufen, die Automatisierung von Tätigkeiten oder eine stärkere Arbeitsteilung, die heute zu wirklichen Effizienzsteigerungen in produktiven Bereichen führen. Diese Veränderungen erfordern zwar eine genauere zeitliche Abstimmung, weil die Aktivitäten besser geplant, aufeinander abgestimmt und koordiniert werden müssen – aber sie müssen deswegen keineswegs schneller getan werden.

Es wird für effizientes Handeln immer entscheidender, dass wir uns auf die jeweils unterschiedlichen Geschwindigkeiten einstellen können, die mit bestimmten Tätigkeiten einhergehen. Das heißt gerade nicht, sich einfach an bestimmte äußere, scheinobjektive Geschwindigkeitsvorgaben anzupassen. Besser ist es, die für die entsprechende Arbeit und uns selbst optimale Arbeitsgeschwindigkeit herauszufinden, die immer im Zusammenhang mit der Eigenzeit von Abläufen, Tätigkeiten und Veränderungen steht (siehe Kapitel »Zeitlosigkeit, Ereigniszeit und Uhrzeit«). Ohne diese Kreativität, ohne Mitgestaltung und ohne neue Innovationen lässt sich die Effizienz nicht wirklich verbessern. Genau deswegen macht sich in vielen Unternehmen seit einiger Zeit der Trend bemerkbar, Fragen von Sinn, Qualität, Innovation, Kreativität und Eigenzeit wieder in die Arbeit zu reintegrieren. Es kommt in Unternehmen zu einem ›Entschleunigungsmanagement‹[46]. Denn zu kurze Entwicklungszeiten führten unter anderem zu Rückholaktionen bei Autos, zu Schwierigkeiten mit den Neigezügen bei der Bahn und zum Mautdesaster; unausgereifte Software treibt die Benutzer nicht selten zur Verzweiflung.[47] Mit Ivan Illich könnte man auch sagen: »Jenseits einer gewissen Geschwindigkeit kann niemand mehr Zeit gewinnen, ohne dass jemand anderes sie verliert.«[48] (Genauer müsste formuliert werden, dass Beschleunigung auf der einen Seite zur Verlangsamung an anderer Stelle führt.)

Während aber in der Wirtschaft diese Verwechslung von Geschwindigkeit und Effizienz mehr und mehr aufgedeckt wird, findet in der Gesellschaft und im Leben des Einzelnen ein geradezu gegenläufiger Prozess statt. Es werden mehr und mehr Kriterien der – noch dazu oft falsch verstandenen – Effizienz aufgestellt, um soziale Beziehungen, Freizeit und Erholung, Kindererziehung und Lernen, Gespräche und Hobbys zu beurteilen oder zu bewerten. Selbst der Urlaub und der Schlaf werden inzwischen daran gemessen, ob sie wirklich *effektiv* waren. Noch dazu kommt es dabei zu einer folgenschweren Verwechslung von Effizienz als einer *Methode* und der Effizienz als einem *Wert*.[49] Effizienz als Methode bedeutet, möglichst viel in möglichst hoher Qualität in einer bestimmten Zeit zu produzieren, und ist in Teilen der Arbeitswelt durchaus angebracht, solange sie nicht mit bloßer Geschwindigkeit verwechselt wird.

Aber seit Jahrzehnten ist in ständig zunehmendem Maße das Effizienzdenken in der Gesellschaft und im Denken des Einzelnen zu einem ›Wert‹ an sich geworden. Wir haben die unbewusste Vorstellung entwickelt, dass eine effizient gestaltete Zeit (möglichst viel möglichst schnell zu erledigen oder zu erleben) auch selbstverständlich eine sinnerfüllte und glückliche Zeit sei. Effizienzkriterien an sein eigenes Leben zu stellen, verhindert jedoch bei genauerem Hinsehen eher die Achtsamkeit und Muße, die Ruhe und den Genuss. Sie bringen eher aus der Balance, als dass sie uns helfen, das Leben sinnhafter und erfüllter zu gestalten.

Natürlich sollten Dinge nicht umständlich getan werden, wenn es auch einfach geht. Aber die Einstellung, dass das Leben in erster Linie effizient gestaltet werden müsse, hängt mit der weitgehend unbewussten Vorstellung zusammen, dass ein effizient gelebtes Leben (inzwischen völlig losgelöst von jedem Produktionsprozess oder von Kapitalverwertungsinteressen) am Ende, irgendwann in der Zukunft, auch zu einem reichen und erfüllten Leben führen wird.

Es fällt auf, dass sehr häufig über das eigene Leben wie über einen rational organisierten Produktionsprozess gesprochen wird. Doch das individuelle Leben lässt sich in keiner Weise mit einem Produktionsprozess vergleichen, bei dem ganz am Ende das Produkt ›Glück‹ herauskommt. Während am Ende eines Produktionsprozesses fertige Produkte stehen, steht am Ende des menschlichen Lebens unausweichlich der Tod. Erst wenn dieser wesentliche Unterschied auch emotional verinnerlicht wurde, wird klar, dass Effizienz kein Wert ist, nicht glücklich macht und, wenn man sie dennoch zu einem Wert erklärt, nur ein abgehetztes Leben nach sich zieht. Wie absurd es ist, Effizienzkriterien als Maßstab für das Leben zu nehmen, illustriert folgende Anekdote sehr eindrücklich: »Das Vorstandsmitglied eines Großunternehmens hatte Konzertkarten für Schuberts unvollendete Symphonie bekommen. Er war verhindert und schenkte die Karten seinem Fachmann für Arbeitszeitstudien und Personalplanung. Am nächsten Morgen fragte der Chef den Mitarbeiter, wie ihm denn das

Konzert gefallen habe. Anstelle einer Antwort überreichte ihm der Experte ein Memorandum, in dem es hieß:

a) Für einen beträchtlichen Zeitraum hatten die vier Oboe-Spieler nichts zu tun. Ihr Part sollte deshalb reduziert, ihre Arbeit auf das ganze Orchester verteilt werden [...]

b) Alle zwölf Geiger spielten die gleichen Noten. Das ist unnötige Doppelarbeit. Die Mitgliederzahl dieser Gruppe sollte drastisch gekürzt werden. Falls wirklich ein großes Klangvolumen erforderlich ist, kann dies durch elektronische Verstärker erzielt werden.

c) Erhebliche Arbeitskraft kostet auch das Spielen von Zweiunddreißigstel-Noten. Das ist eine unnötige Verfeinerung. Es wird deshalb empfohlen, alle Noten auf- bzw. abzurunden. Würde man diesem Vorschlag folgen, könnte man preiswertere Volontäre und andere Hilfskräfte einsetzen.

d) Unnütz ist es, dass die Hörner genau jene Passagen wiederholen, die bereits von den Saiteninstrumenten gespielt wurden.

Würden alle überflüssigen Passagen gestrichen, könnte das Konzert von 25 auf vier Minuten verkürzt werden [...]«[50]

Ist Inaktivität wirklich tote Zeit?

Ein weiteres Zeitkonzept, das uns in die Irre führen kann, hängt mit unseren Vorstellungen über *Aktivität und Inaktivität* zusammen. Robert Levine schreibt in seinem Buch *Eine Landkarte der Zeit*: »Fast überall in den Vereinigten Staaten betrachtet man Aktivität allgemein als etwas Gutes, während Nichtstun Verschwendung und Leere signalisiert. Inaktivität ist tote Zeit. Manchmal sieht es so aus, als sei das Leben vor allem darauf ausgerichtet, die Unannehmlichkeit oder sogar den Terror, womöglich nichts zu tun zu haben, zu vermeiden.«[51]

Diese Beschreibung führt zu der Frage, wie wir individuell oder kulturell weniger Stress haben können, wenn wir doch gleichzeitig das ›Nichtstun‹ und die ›Inaktivität‹ fürchten. Auch hier ist die Sprache ein guter Hinweis darauf, was wir eigentlich denken und fühlen und warum es uns scheinbar so schwerfällt, einen Zustand der Ruhe und Entspanntheit zu erreichen, selbst wenn wir es uns entschlossen vornehmen. Worte wie ›Nichts-Tun‹ oder ›In-Aktivität‹ sind an sich irreführend, weil sie Verneinungen von ›kulturell positiv aufgeladenen‹ Wörtern sind. Allein durch den Gebrauch dieser Wörter kann in uns die Versäumnisangst wieder (re-)aktiviert werden. Diese Wörter wirken wie eine Selbsthypnose und treiben uns wie selbstverständlich zur nächsten Aktivität. Um dieser Falle zu entgehen, ist es wichtig, zuerst einmal positiv aufgeladene und emotionale ›Gegenworte‹ zu entdecken und diese auch zu benutzen. Das Gegenteil von Aktivität ist dann plötzlich nicht mehr die ›Inaktivität‹. Es sind: *Muße* und *Ruhe*. Das Gegenteil von Effizienz ist dann nicht mehr ›Ineffizienz‹ oder ›Verschwendung‹. Es sind: *Gelassenheit* und *Genießen*. Und das Gegenteil von Geschwindigkeit sind dann nicht mehr die ›Langsamkeit‹ oder der ›Zeitverlust‹. Es sind: *Besinnung* und *Konzentration*. Und das ist doch eigentlich genau das, was wir so dringend suchen. Doch sind Muße, Ruhe und Gelassenheit, Genießen, Besinnung und Konzentration wirklich von uns angestrebte Werte?

Die Lebenshaltung ›Inaktivität ist tote Zeit‹, die Levine für die meisten US-Amerikaner als charakteristisch beschreibt, ist in Bezug auf Aktivität und Inaktivität ja nicht nur eine irreführende Formulierung, sie bringt zugleich auch ein verdecktes Grundproblem zur Sprache: dass nämlich die Sehnsucht nach Ruhe und Muße oft mit der unbewussten Angst einhergeht, plötzlich gar nicht mehr zu wissen, was man mit einer frei zur Verfügung stehenden Zeit eigentlich anfangen soll und wie man sie wirklich genießen könnte. Wenn Inaktivität sogar mit Todesängsten verbunden ist (›tote Zeit‹), dann heißt das, dass es Kräfte gibt, die genau das, was wir uns wünschen und anstreben, mit allen Mitteln verhindern wollen. Könnten da verdrängte Inhalte hochkommen? Könnten plötzlich Sinnfragen virulent werden, die lange und sorgfältig mit Aktivitäten zugedeckt wurden?

Irreführend ist die Formulierung von der ›toten Zeit‹ auch, weil die Zeit kein Lebewesen ist. Selbst auf Metaphernebene ist Zeit offensichtlich nicht ›tot‹, wenn wir Muße oder Ruhe haben oder etwas geschehen lassen. Im Gegenteil: Wir sind in dieser Zeit oftmals besonders lebendig. Tot ist – wenn schon diese Metapher für die Zeit benutzt werden soll – vor allem die Zeit, in der wir nicht bei uns sind, mit unserer emotionalen, geistigen und mentalen Präsenz; in der wir versuchen, an einem anderen Ort zu sein als dem, an dem wir sind; in der wir versuchen, Dinge schnell und effizient *hinter uns* zu bringen, ohne sie wirklich zu genießen.

Das Problem von Aktivität und Inaktivität kann auch aus einer ganz anderen, eher philosophischen Perspektive hinterfragt werden.

Der einseitigen Betonung der Aktivität (in der westlichen Kultur) könnte hier die Vorstellung des aktiven ›Nichts-Tuns‹, des ›Geschehenlassens‹, wie sie zum Beispiel im Taoismus vorherrscht, gegenübergestellt werden. Lao Tse beschreibt in seinen Lehrgedichten[52] dieses Ineinandergreifen von Aktivität und Passivität, von Gestalten und Geschehenlassen. Dieses Prinzip des Nicht-Dualismus könnte ebenfalls helfen, den scheinbar unversöhnlichen Gegensatz von Aktivität und Passivität aufzulösen, der ja Voraussetzung dafür ist, dass in der Folge die Inaktivität als der ›negative‹ Gegenpol zur Aktivität überhaupt so massiv abgewertet werden kann. Wenn Ruhe und Aktivität, wie das Yin und das Yang[53] in der klassischen chinesischen Philosophie, als einander bedingend und ergänzend statt als einander ausschließend angesehen würden, hätte das auch positive Auswirkungen auf einen entspannteren Umgang mit der jeweils anderen Position.

Geschwindigkeit und Vergessen

Wenn etwas mit großer Geschwindigkeit ausgeführt wird, wenn man immer aktiv sein möchte, dann wirkt das manchmal wie eine Flucht. Mit dieser Flucht nach vorn geht noch etwas anderes einher als nur der Verlust des gegenwärtigen Augenblicks um der vermeintlichen Zukunft willen. Es ›fehlt‹ scheinbar auch die Zeit, im Hier und Heute über die Sinnhaftigkeit dessen nachzudenken, was gerade mehr oder weniger effizient, mehr oder weniger genussvoll getan wird, und es bleibt keine Zeit, um sich seiner selbst und seiner Vergangenheit zu vergewissern.

Wer immer in Bewegung ist und Angst hat, nicht schnell genug zu sein, hat keine Möglichkeit, Abstand zu gewinnen, und kann von daher nicht zu wirklich neuen Einsichten oder Handlungsoptionen gelangen. Dazu kommt, dass eine Bewegung, die lange genug anhält, zu einer Bewegung um der Bewegung willen – also letztlich zu einem Selbstzweck – wird. Aber auch diese Bewegung als Selbstzweck wird auf Dauer schal. Deshalb muss die Geschwindigkeit, die wie eine Droge oder Sucht wirkt, ständig erhöht werden. Die Frage ist, wovon uns die Geschwindigkeit eigentlich noch abhält. Einmal verhindert sie, Sinnfragen zu stellen, zum anderen verhindert sie, psychoanalytisch gesprochen, die Wiederkehr des Verdrängten. Es ist im individuellen Leben wie in ganzen Gesellschaften zu erkennen, dass diese Sucht der

Geschwindigkeit oft mit einer großen Intensität des Vergessens und Verdrängens einhergeht.

Auffällig ist dabei, dass, wenn wir einmal von den USA absehen, in Europa vor allem in Deutschland ein äußerst verkrampfter Umgang mit der Zeit wahrzunehmen ist. Bei der deutschen Wiedervereinigung war der unterschiedliche Umgang mit der Zeit in West und Ost eines der am massivsten auftretenden Konfliktfelder.[54] Lothar Baier beschreibt die deutsche Vereinigung sogar als die ›Fusion zweier Zeitzonen‹ und schreibt: »Die Mauer hatte nicht nur eine Bevölkerung von der Außenwelt abgeschnitten, sondern auch eine Zone schwacher, im Überfluss vorhandener Zeit geschützt.«[55]

Wie lässt sich nun aber erklären, dass im Unterschied zu Frankreich, Italien, den Niederlanden – um nur einige zu nennen – gerade in Deutschland und in den USA Beschleunigungsprozesse besonders forciert und geradezu als ein Allheilmittel gegen alle möglichen Probleme angesehen werden? Hat das vielleicht doch etwas mit dem unbewussten Verdrängen der eigenen Vergangenheit zu tun? In den USA mit dem Schuldtrauma, dass das gesamte System auf einem nie gesühnten Völkermord an den indianischen Völkern basiert? In Deutschland mit dem Versuch, durch Zukunftsfixiertheit und Geschwindigkeit der eigenen Vergangenheit zu entkommen? Wie sich in der Nachkriegszeit, in der Bundesrepublik, diese Wandlung von einem ›Volk ohne Raum‹ mit dem verhängnisvollen ›Drang nach Osten‹ zu einem ›Volk ohne Zeit‹ mit einem übertriebenen ›Drang nach Zukunft‹ vollzogen hat, kann man bei Lothar Baier genauer nachlesen. Sein Fazit lautet: »Die Zeit ist jetzt der Raum der Expansion.«[56] Das heißt, die Expansionsgelüste haben sich wegen des Mangels an Möglichkeiten von räumlicher Eroberung lediglich auf die Beherrschung der Zeit verschoben. Wie weitreichend diese These ist, wird auch deutlich, wenn man berücksichtigt, wie durch Geschwindigkeitsvorgaben einiger Nationen Beschleunigungszwänge für andere Nationen entstehen, die dadurch ihrerseits gezwungen werden, mit der vorgegebenen Geschwindigkeit mitzuhalten. Wie einseitig positiv diese Geschwindigkeits- und Expansionsbestrebungen zum Beispiel in Deutschland noch immer bewertet werden, sieht man nicht zuletzt an dem uneingeschränkten Stolz darüber, ›Exportweltmeister‹ zu sein.

Der Beschleunigung ausgeliefert?

Die Lebens- und Veränderungsgeschwindigkeit in den modernen westlichen Gesellschaften und speziell in Deutschland hat tiefe Ursachen, wird dem Einzelnen aber dennoch keineswegs nur von außen aufgezwungen, wie das manchmal subjektiv erscheinen mag. Wir sind in jeder einzelnen sozialen Situation sowohl ›Täter‹ als auch ›Opfer‹ der Beschleunigung. Wir werden ständig zu einem beschleunigten Handeln aufgefordert, aber von uns selbst ergehen immer wieder Aufforderungen an andere, sich zu beeilen. Gesellschaftlich-kulturelle Prägungen und individuelle mentale Haltungen müssen perfekt ineinandergreifen, damit das Ganze überhaupt funktioniert. Ohne tief verinnerlichte, unbewusste Vorstellungen und Antreiber könnte das Karussell der Beschleunigung überhaupt nicht in dieser Form in Gang gehalten werden, ohne auf massenhaften Protest oder zumindest jedoch eine innere und äußere Verweigerungshaltung zu stoßen, wie man an folgendem Beispiel gut sehen kann.

Es geht dabei um die Haltung von Arbeitern im Jahre 1750, denen allerdings die protestantische Arbeitshaltung und Selbstkasteiung noch nicht in Fleisch und Blut übergegangen war und die auch verschiedene andere mentale Beschleunigungshoffnungen noch nicht verinnerlicht hatten: »Um die wachsenden Großstadtmärkte der keimenden Industriekultur mit Nahrungsmitteln beliefern zu können, führte man für Landarbeiter einen erhöhten Akkordlohn während der Erntezeit ein. Doch der Effekt war anders als erhofft. Anstatt nun mit modernsten Sensen und Garbenbindern bis in die Nacht zu arbeiten, machten die Tagelöhner schon am Mittag Feierabend. Sie hatten ihren hergebrachten Tagesverdienst in der Hälfte der Zeit zusammen und ließen darum die Ernte liegen, anstatt sich für Geld krummzulegen […]«[57] – ein ›mangelndes‹ Expansionsstreben finanzieller und zeitlicher Art, das uns heute beinahe unwirklich vorkommt.

Es wird anhand dieses Beispiels jedoch deutlich, dass gerade das, was uns oft als selbstverständlich erscheint, was scheinbar unsere ›innersten Einstellungen‹ sind, gar nicht so sehr unsere ›eigenen‹ Einstellungen sind. Vieles davon wurde anerzogen oder durch Massenmedien suggeriert. Das heißt, dass das, was uns *heute* ganz selbstverständlich als von uns selbst, als von innen kommend erscheint, vor einiger Zeit einmal ein äußerer Impuls war. Und wenn jemand heute seinem ›inneren‹ Impuls folgt, muss das noch lange kein eigener, bewusster, wesentlicher Impuls sein. Es kann ein reflexartiges Zeitverhalten sein, eine ›Introjektion‹[58], die unbewusste Einbeziehung fremder Anschauungen und Motive in das eigene Ich.

Aber man muss im Zusammenhang mit der Beschleunigung nicht unbedingt die Psychoanalyse bemühen – es könnte auch die Weisheit der eigenen Überlieferung, wie sie zum Beispiel in der Fabel vom Hasen und vom Igel zum Ausdruck kommt, eine wohltuende Erinnerung sein. Dort schlägt ja der langsame Igel (der wegen seiner krummen Beine und seiner Langsamkeit gehänselt wird) dem schnellen, überheblichen Hasen einen Wettlauf vor. Am verabredeten Tag laufen die beiden über einen großen Acker. Als der Hase das andere Ende erreicht, ist der Igel schon ›angekommen‹. Er hat seiner Frau gesagt, sie soll sich an dem anderen Ende der Furche hinsetzen und dort rufen: »Ich bin schon lange da!« Der Hase kann es nicht fassen und fordert eine Wiederholung – mit demselben Ergebnis. Am Ende hetzt der Hase sich zu Tode, und der Igel geht mit seiner Frau nach Hause. Diese Fabel enthält einige wesentliche Einsichten in Bezug auf die Geschwindigkeit und die Zeit: Einmal, dass es die Geschwindigkeit alleine nicht macht – man braucht auch Verstand; dann kommt es darauf an, zur rechten Zeit am rechten Ort zu sein – aber das erreicht man nicht unbedingt durch Tempo, sondern oft auch durch abwarten. Und schließlich sind verbindliche soziale Kontakte von Vorteil, wenn man den sogenannten Nachteil, langsamer zu sein, ausgleichen möchte.

Ist langsamer besser als schneller?

Es liegt nahe, nach den vielen Einwänden gegen Schnelligkeit und Geschwindigkeit das Gegenteil – die Langsamkeit – zu beschwören. Als blinder Reflex auf den Geschwindigkeitswahn und die zunehmende Beschleunigung ist das nachvollziehbar. An dem andauernden Erfolg von Büchern wie der *Entdeckung der Langsamkeit* von Sten Nadolny ist zu erkennen, dass viele Menschen unter der zunehmenden Beschleunigung ihres Lebens leiden und von daher eine diffuse Sehnsucht nach eben dieser Langsamkeit in ihrem Leben haben. Aber ist das Gegenteil von Schnelligkeit, die Verlangsamung, schon ein wirklicher Ausweg?

Auch hier gilt es zu fragen: Langsamer als wer? Langsamer als was? Denn ›langsamer‹ setzt ebenso wie ›schneller‹ einen Vergleich voraus. Auch hier lenkt uns dieses Vergleichen davon ab, dass es bei jeder einzelnen Tätigkeit auf den ihr innewohnenden Rhythmus, auf die Balance von schnell und langsam, von Innehalten und Weiterverfolgen ankommt. Das eigentliche Ziel ist die vollständige Wahrnehmung, die Konzentration und die Qualität des erfüllten Augenblicks. Langsamkeit um ihrer selbst willen kann also ebenso wenig das Ziel sein. Die Verlangsamung aller möglichen Tätigkeiten kann sogar zu Verstimmungen und bis hin zu Depressionen führen. Langsamkeit ist als ein Zeitideal ebenso eine Monokultur wie der Geschwindigkeitswahn selbst: Bei anhaltender Langsamkeit, wie man sie bei Gefangenen, depressiven Menschen oder Langzeitarbeitslosen beobachten kann, sind die individuellen Folgen mindestens so verheerend wie die Folgen des Geschwindigkeitswahns auf der anderen Seite.[59] Beide Extreme berühren sich übrigens an ihren Enden. So gibt es zwischen dem sogenannten ›Hausfrauensyndrom‹ und dem ›Burnoutsyndrom‹ bei überarbeiteten Managern eine Reihe eklatanter Übereinstimmungen: Während das Erste vor allem durch Isolation, Mangel an Abwechslung, Reizarmut, Unterforderung und Verlangsamung ausgelöst wird, stellt sich das Zweite vor allem durch zu hohe Geschwindigkeit, ständige Beschleunigung, Überreizung, Überforderung ein. Die Symptome sind am Ende genau die gleichen: innere Leere, Teilnahmslosigkeit und Sinnlosigkeitsgefühle. Grundsätzlich ist es genauso problematisch, jemanden, der schneller sein möchte, ständig zu bremsen, wie jemanden zu zwingen, zu beschleunigen, wenn das seinem inneren Rhythmus entgegensteht.

ZEIT IST NICHT GELD

Oft wiederholt und dennoch nicht wahr

Auch die zu jeder Zeit und an vielen Orten wiederholte Formel »Zeit ist Geld« – ist erst einmal ›nur‹ ein bestimmtes Modell von der Zeit. Auch hier gilt es zu überprüfen, ob dieses Modell mit der Wirklichkeit (wenigstens ansatzweise) übereinstimmt oder nicht. Es ist leicht zu erkennen, dass ohne das Zusammentreffen von Puritanismus und Industriekapitalismus kein Mensch jemals auf diese merkwürdige Gleichsetzung von Zeit und Geld verfallen wäre.[60] Die Zeit wurde durch Jahrtausende hindurch in den unterschiedlichsten Kulturen mit verschiedenen Gottheiten gleichgesetzt, Sonne und Mond wurden als Zeitgeber selbst vergöttlicht, die Ozeane wurden zu einem Synonym für das ›unendliche Meer der Zeit‹, die Zeit wurde mit dem Leben selbst gleichgesetzt – und diese Reihe ließe sich fortsetzen.

Wenn dennoch der Satz »Zeit ist Geld« heute als Allgemeingut und Binsenweisheit gehandelt und quer durch alle Medien hartnäckig wiederholt wird, muss als Kronzeuge oft Benjamin Franklin herhalten. Dabei ist es interessant, sich den Zusammenhang des Zitates genauer anzusehen, um zu erkennen, welche Geisteshaltung eigentlich von Anfang an mit diesem Satz verbunden war. Franklin hatte 1751 geschrieben: »Denken Sie daran: Zeit ist Geld. Wer müßig Zeit im Werte von fünf Schillingen verliert oder vergeudet, verliert fünf Schillinge und könnte ebenso gut fünf Schillinge ins Meer werfen. [...] Da unsere Zeit auf einen Standard reduziert ist, und das Gold des Tages in Stunden gemünzt wird, wissen die Fleißigen, wie sie jede Münze ihrer Zeit [...] zu echtem Vorteil verwenden können. Und wer seine Stunden sinnlos verschwendet, ist wirklich ein Geldverschwender [...]«[61] Es geht hier also nicht um ein philosophisches oder existentielles Verständnis von Zeit, sondern vor allem darum, Müßiggang und Lebenslust zu vermeiden. Zeit und Leben sollen gleichermaßen abgewertet und zugunsten eines abstrakten Vorteils in der Zukunft aufgegeben werden.

Natürlich ist die Formel »Zeit ist Geld« längst aus diesem konkreten Zusammenhang gerissen worden und zu einer scheinbar nicht mehr zu hinterfragenden Wirklichkeitskonstruktion geronnen. Bemerkenswerterweise wird bei diesem Zeitmodell von Anfang an nicht gesagt: »Zeit ist *wie* Geld«, wie es bei Vergleichen eigentlich üblich ist. Es heißt in diesem konkreten Fall einfach: »Zeit *ist* Geld.« Die beiden Begriffe werden nicht nur miteinander verglichen, was an sich schon mehr als fragwürdig ist, sondern sie werden gleichgesetzt. Diese Gleichsetzung führt im Denken und Sprechen zu einer Identitätswahrnehmung, zu einer scheinbar beliebigen Austauschbarkeit der Begriffe und ihrer dahinterstehenden Wirklichkeiten. Aber ist das wirklich stimmig?

Kann Zeit in Geld verwandelt werden?

Wenn Zeit Geld ist, müssten Arbeitslose, Kinder und Rentner ziemlich reich sein. Sie bräuchten bei Geldknappheit nur etwas von ihrer Zeit bei einer Bank einzuzahlen und sich – je nach Wechselkurs – eine bestimmte Summe Geld auszahlen lassen. Nun könnte man einwenden: Nur während der Arbeitszeit ist Zeit wirklich Geld – eine interessante Einschränkung. Wenn eigentlich ausgedrückt werden soll: »Arbeitszeit ist Geld«, warum wird es dann seit 250 Jahren nicht so formuliert? Das würde den Totalitätsanspruch dieser Behauptung stark einschränken und außerdem deutlich machen, dass unsere Lebenszeit keineswegs (wie) Geld und Geld keineswegs identisch mit unserer Lebenszeit ist. Aber stimmt der Satz »Zeit ist Geld« denn wenigstens in der eingeschränkten Version »Arbeitszeit ist Geld«?

Auch bei genauerem Hinsehen gibt es niemanden, der wirklich seine Arbeits*zeit* verkaufen kann. Wir haben immer nur die Möglichkeit, unsere Arbeits*kraft* (Fähigkeiten, Wissen, Kompetenz) zu verkaufen und dafür Geld zu bekommen. Wenn wir bestimmte Fähigkeiten nicht haben oder andere diese Fähigkeiten nicht brauchen, bekommen wir auch kein Geld. Natürlich kann die Anzahl der Stunden gemessen werden, in denen wir unsere Fähigkeiten anderen zur Verfügung stellen. Das heißt aber noch lange nicht, dass wir unsere Zeit ›verkaufen‹. Es ist und bleibt (auch wenn wir arbeiten) immer unsere eigene Zeit, so dass selbst die Aussage, »Arbeitszeit ist Geld« nicht haltbar ist.

Die Behauptung »Zeit ist Geld« suggeriert in ihrer Gleichsetzung darüber hinaus, dass gleich viel Zeit auch gleich viel Geld sei. Das ist natürlich ebenso unwahr – selbst wenn man es auf die Arbeitszeit beschränkt. Bestimmte Fähigkeiten (nicht Zeiten!) werden besser bezahlt als andere: Um hundert Euro zu verdienen, muss der eine nur eine halbe Stunde lang seine Arbeitskraft oder seine Fähigkeiten verkaufen, der andere hingegen zehn Stunden lang. Die gleiche Menge Geld entspricht einmal der Zeit von dreißig Minuten und ein andermal von sechshundert Minuten.

Schließlich gibt es da noch den Zins. Vielleicht hat ja der isoliert und abstrakt gebrauchte Satz »Zeit ist Geld« überhaupt nichts mit dem Leben und der Lebenszeit von Menschen, sondern nur etwas mit Bankgeschäften zu tun? Sehen wir auch hier genauer hin: Heißt Zinsen bekommen wirklich, dass Zeit in Geld verwandelt werden kann, wie Kirche und Klerus im Mittelalter vermuteten und deswegen anfangs das Zinsnehmen verdammten? Die Antwort lautet nein: Auch hier wird keineswegs aus Zeit Geld, sondern nur aus Geld Geld. Wenn kein Geld da ist, wird es mit der Zeit auch nicht mehr. Das heißt, der Zins beschreibt nur, in welcher Zeit aus dem vorhandenen Geld mehr Geld wird, in dem andere dafür arbeiten. Keinesfalls vollzieht sich hier das Wunder, dass Zeit in Geld verwandelt wird.

Aber die unwidersprochene Gleichsetzung von Zeit und Geld zieht als prägendes Missverständnis über das Wesen der Zeit noch eine Reihe anderer Irrtümer nach sich, die für unser Leben ebenfalls gravierend sind. So wird mit dieser Gleichsetzung von Zeit und Geld außerdem suggeriert, dass der, der mehr Geld hat, auch mehr Zeit hätte beziehungsweise bei Bedarf einfach sein Geld in Zeit verwandeln könnte.

Kann Geld in Zeit verwandelt werden?

Wenn Zeit wirklich Geld wäre, müssten unendlich reiche Leute unendlich lange leben – das tun sie aber offensichtlich nicht. Es gibt also auch in umgekehrter Richtung eine Reihe von Trugschlüssen.

Erstens wird oft angenommen, man könne Geld in Zeit verwandeln, indem man andere Menschen für sich arbeiten lässt. Aber haben wir dann wirklich ›mehr‹ Zeit? Offensichtlich kann auch niemand die Zeit von anderen Menschen ›dazukaufen‹, sondern nur deren Fähigkeiten oder deren Arbeitskraft. Und so hat auch der, der drei Putzfrauen anstellt oder sogar tausend Leute für sich arbeiten lässt, doch nicht ›mehr‹ Zeit. Sein Tag hat trotzdem vierundzwanzig Stunden, und er macht in der Zeit, in der andere für ihn arbeiten (und ihn dadurch vielleicht sogar reich machen), einfach etwas anderes. Auf seine Lebenszeit hat das überhaupt keinen Einfluss – nur auf den Inhalt seiner Zeitgestaltung: Er oder sie kann in dieser Zeit etwas anderes machen.

Bei einem anderen Versuch, Geld in Zeit zu ›verwandeln‹, arbeiten Menschen über jedes Maß und sammeln viel Geld an, um sich eines Tages, wenn sie dann am ›Ziel‹ sind, viel Zeit ›dazukaufen‹ zu können. Mit vierzig Jahren so viel verdient zu haben, dass man sich zur Ruhe setzen kann, wäre so ein Modell. Theoretisch könnte sich derjenige also die fünfundzwanzig Jahre bis zur Rente ›dazukaufen‹. Aber auch das funktioniert in Bezug auf die Zeit nicht. Zum einen rücken solche Ziele auf eine unerklärliche Weise in eine immer weitere Ferne. Zum anderen wird die Zeit bis zum Erreichen dieses Ziels oft als eine mühsame oder ›verlorene‹ Zeit wahrgenommen, als eine Strecke, die man möglichst schnell ›hinter sich bringen‹ will. Solche ›verlorenen‹ Jahre lassen sich später jedoch nicht zurückholen oder zurückkaufen. Außerdem sind die fünfundzwanzig Jahre zwischen dem vierzigsten und dem fünfundsechzigsten Lebensjahr, die in diesem Beispiel jemand hätte, nachdem er das Ziel erreicht hat, nicht wirklich ›dazugekauft‹. Sie sind, wenn derjenige nicht gerade einen Herzinfarkt bekommt, so oder so vorhanden; sie werden nur anders verbracht. Die Zeit ist dadurch nicht *mehr* – sondern eben nur *anders* geworden.

Schließlich wird auch oft gehofft, man könne noch am Ende des Lebens auf eine magische Art Geld in Zeit verwandeln. Viele Menschen würden, kurz bevor sie sterben, gerne etwas Geld in zusätzliche Lebenszeit verwandeln. Hundert Euro für einen Tag? Vielleicht sogar tausend? Doch der Tod lässt sich auch von einem beachtlichen Kontostand am Ende nicht beeindrucken. Trotzdem ist einer der Hauptantreiber für die Anhäufung von Geld für viele Menschen nicht nur der Wunsch nach Wohlstand oder Macht, sondern auch die unbewusste, trügerische Vorstellung, eines Tages damit doch irgendwie Zeit dazukaufen zu können.

Zeit und Geld sind ungleich haltbar und verfügbar

Das ist der gravierendste Unterschied zwischen den beiden, und es ist ratsam, sich jedes Mal daran zu erinnern, wenn man den Satz »Zeit ist Geld« wieder einmal hört. Denn eigentlich wissen wir alle sehr genau, dass wir zwar Geld heute verdienen und morgen erst ausgeben können – dass das aber nicht für unsere Zeit gilt. Dass wir zwar überflüssiges Geld für schlechte Zeiten – oder für besonders gute – aufheben können, die Zeit aber immer einfach vorbei ist. Dass wir zwar anderen Geld leihen oder Geld, mit dem wir im Moment nichts anzufangen wissen, zur Bank bringen und sogar Zinsen darauf bekommen können – die Zeit sich aber nicht verleihen lässt. Schließlich können wir, falls wir kein Geld mehr haben, einen Kredit aufnehmen und das Geld später wieder zurückzahlen – auch da sieht es mit der Zeit komplett anders aus. In keinem einzigen Fall stimmt die Metapher »Zeit ist Geld«. Weshalb funktioniert diese falsche Suggestion aber dennoch schon so lange und so flächendeckend?

Schließlich gibt es noch einen letzten Unterschied zwischen Zeit und Geld, der ziemlich beunruhigend ist: Wenn wir Geld auf unserm Konto haben, können wir relativ leicht in Erfahrung bringen, wie hoch unser Kontostand im Moment ist. Dann wissen wir ziemlich genau, woran wir sind – doch wie ist es um unsere Zeit bestellt?

Wir sind auf Vermutungen und Hoffnungen angewiesen, wissen nie, wie viel Zeit uns in diesem Leben noch bleibt. Ist das nicht innerhalb unserer Kultur, in der so vieles darauf abzielt, genau zu planen, zu berechnen und einzuteilen, eigentlich eine Ungeheuerlichkeit? Außerdem sind wir oft dabei, Dinge, Aufgaben, Projekte, Tage und Monate ›hinter‹ uns zu bringen. Und das tun wir, obwohl wir nicht wissen, wie viel überhaupt noch vor uns liegt. Oft wachen Menschen genau in dem Moment auf, in dem sie erfahren, dass sie bald sterben müssen. Plötzlich erkennen sie die Falschheit des Modells »Zeit ist Geld«. Es ist, als ob ihnen ein Schleier von den Augen genommen würde: Auf einmal wird der jeweilige Augenblick wichtig, sie genießen jeden Tag, jede Stunde wie ein Geschenk, nehmen Gerüche, Farben, Essen und Leben in ihrer ganzen Fülle und mit ungeahnter Intensität wahr.

Wäre es da nicht besser, schon heute aufzuwachen und jeden einzelnen Tag so zu leben, als sei er der letzte, nach dem Motto »*Carpe diem*«? Das würde vielleicht den Aberglauben, Zeit sei Geld, etwas abmildern. Aber stattdessen lässt sich in unserer Kultur ein anderer Teufelskreis entdecken. Da es keine Möglichkeit gibt, ›Zeitvorräte‹ anzulegen, hält man sich an das Geld. So wird, aller Ungewissheit zum Trotz, eine unbewusste Scheinsicherheit aufgebaut und gleichzeitig an der Gleichsetzung »Zeit ist Geld« festgehalten. Nur hilft das nichts, wenn es darauf ankommt. Ein Unternehmer aus einer kleinen deutschen Stadt brachte nach seinem ersten Herzinfarkt sein Streben nach immer mehr Geld für sich auf folgenden Punkt: »Ich dachte immer, ich gewinne Zeit und Leben hinzu, wenn ich mehr Geld habe, aber eigentlich bin ich doch am Ende nur die reichste Leiche auf dem Friedhof.«

Zeit und Geld sind ohne Qualität und Sinn

In allen bisher beschriebenen Fällen ist Zeit also keineswegs wie Geld. Haben aber Zeit und Geld gar nichts miteinander zu tun? Interessanterweise sind beides Maßeinheiten oder Vergleichsgrößen, die jeweils etwas anderes verdecken. Und genau auf dieses ›andere‹, kommt es im Leben an. Wenn wir zum Beispiel sagen: »Wir hatten gestern zwei Stunden Zeit«, dann ist das weder für uns selbst noch für irgendeinen anderen sinnvoll, obwohl es eine genau bestimmbare und präzise Angabe ist. Aber es bleibt eine rein abstrakte Größe und sagt nichts darüber aus, was in diesen zwei Stunden passiert ist. Was haben wir empfunden? Oder wahrgenommen? Oder getan?

Das heißt, zwei Stunden haben an sich noch keine Qualität und auch keinen Sinn. Genau auf diese Qualität und auf diesen Sinn, den wir unserer Zeit geben, mit der wir unsere Zeit erfüllen, kommt es aber an. Dabei ist die Menge der Zeit sehr relativ. Wie schon Einstein bemerkte, sind zwei Stunden, mit einer Geliebten verbracht, relativ kurz, zwei Minuten auf einer heißen Herdplatte gesessen dagegen relativ lang.[62] Zeit, Zeitangaben und die gemessene Zeit sind demnach eine Möglichkeit, eine Potentialität, und hängen stark von unseren Empfindungen ab. *Was* in der Zeit jeweils getan wird und *wie* jemand das tut, was er da tut, ist entscheidend und verleiht der Zeit Qualität und Sinn.

Mit dem Geld ist es ähnlich. Es hat an sich keine Qualität und keinen Sinn. Wenn jemand zwanzig ›Geld‹ hat, sagt das nicht sehr viel aus. Bezeichnenderweise heißt die Gleichsetzung ja auch nicht »Stunde ist Dollar« oder »Stunde ist Euro«, sondern »Zeit ist Geld«. Geld ist genauso wie die Zeit ein Quantifizierer, eine Potentialität. Wenn jemand sagt, er habe zweihundert Euro ausgegeben, ist das ebenfalls eine exakte Angabe, sagt aber wiederum nichts darüber aus, was er dabei empfunden hat, wofür er das Geld ausgegeben hat, welchen Sinn und welche Qualität das für ihn hat.

Doch was heißt das nun? Es ist sicherlich angenehm, von Zeit und Geld lieber etwas mehr als zu wenig zu haben. Das Problem ist nur, dass sowohl der Mangel als auch der Überfluss gleich schwer zu handhaben sind und der Überfluss keine Garantie für Erfüllung, Qualität oder Glück darstellt. Eine Steigerung von Glück durch mehr Geld gibt es nur so lange, bis ein Dach über dem Kopf, das Essen und die Gesundheitsversorgung gesichert werden können. Von diesem Zeitpunkt an gibt es keinen weiteren Zusammenhang mehr zwischen *mehr* Geld und *mehr* Glück. Es ist sogar so, dass die zunehmende Differenz zwischen den Reichsten und den Ärmsten zu mehr Spannungen in der Gesellschaft und zu mehr Stress für den Einzelnen führt, und zwar gleichgültig, ob er zu den Reicheren oder den Ärmeren zählt.[63] Auch mit der Zeit verhält es sich so, dass der Mangel und der Überfluss gleich schwierig zu handhaben sind. Das zeigen Diagnosen von ›Depressiven‹ auf der einen und von ›Eilkranken‹[64] auf der anderen Seite sehr eindrücklich.

Während sich Geldarmutsgrenzen in verschiedenen Gesellschaften relativ leicht festlegen lassen, weil man sagen kann, wie viel Geld jemand unbedingt zum Überleben benötigt, ist es sehr viel schwieriger, um nicht zu sagen unmöglich, Zeitarmutsgrenzen festzulegen. Denn die Zeit ist grundsätzlich gerecht verteilt. Jeder Tag hat für jeden Menschen vierundzwanzig Stunden. Die Zeit ist grundsätzlich aber auch ungerecht verteilt, denn Menschen leben unterschiedlich lang. Doch auch die Länge des Lebens hat nicht unbedingt etwas mit der Qualität und dem Sinn der gelebten Zeit zu tun, wie Montaigne in seinen Essays bemerkte: »Wenn ihr das Leben recht genossen habt, so seyd ihr dessen satt. Geht also vergnügt aus demselben.«[65]

Wenn also in einer Kultur behauptet wird, »Zeit ist Geld«, dann sagt das eher etwas über die entsprechende Kultur und ihre vorherrschende Geisteshaltung aus, als dass diese Aussage ein ernstzunehmendes Statement über die Zeit wäre. Zeit ist, wenn man über sie schon in einem Gleichnis sprechen will, vor allem eine *Möglichkeit.*

WETTLAUF MIT DER INFORMATIONS-GESCHWINDIGKEIT

Zeitfalle Informationen

Auch im Zusammenhang von Geschwindigkeit und Information lassen sich eine ganze Reihe von Zeitfallen beobachten, die scheinbar zu einer ›Verknappung‹ von Zeit, in Wirklichkeit aber zu einem Verlust von Lebensqualität und Lebensintensität führen.

Informationen sind in der Regel so aufbereitet, dass sie dem Leser, Zuhörer oder Zuschauer interessant erscheinen. Dennoch sind die meisten Informationen bei genauerer Betrachtung überflüssig, wenn nicht sogar schädlich. Sie bereichern das eigene Leben kaum, lenken von der Selbstwahrnehmung und dem eigenen Denken ab und ›füllen‹ nicht zuletzt unsere Zeit. Ob die meisten der vielen Informationen zur Kenntnis genommen werden oder nicht, ist eigentlich egal, es sei denn, sie führen zu einer Veränderung der Qualität des eigenen Lebens. Daran gemessen haben die meisten Informationen für die meisten Menschen eine gegen Null tendierende Bedeutung. Dazu kommt, dass die Art und die Geschwindigkeit der Informationsaufnahme über die Massenmedien dazu führt, dass die meisten Informationen ohnehin sofort wieder vergessen werden. »Information ist zu einer Art ›Abfall‹ geworden. Sie trifft uns wahllos, richtet sich an niemanden Bestimmten und hat sich von jeglicher Nützlichkeit gelöst.«[66] Die Frage ist jedoch in unserem Zusammenhang, warum dennoch für diesen ›Abfall‹ so viel Geld und vor allem Zeit ›geopfert‹ wird, warum diese Zeitfalle oft so wirksam ist und warum es so schwer ist, ihr zu entgehen. Einmal hängt das sicher mit einer bestimmten Perspektive zusammen. Es wird von uns in der Regel eher das beurteilt, was aus dem Fernseher, dem Radio und der Zeitung ›herauskommt‹ – weniger kritisch sehen wir normalerweise, wie viel von der eigenen Lebenszeit und der eigenen Aufmerksamkeit wir als Zuschauer, Hörer oder Leser in diese Medien ›hineinstecken‹. Das allein erklärt aber noch nicht, warum diese Zeitfalle dennoch so gut funktioniert. Wenn die Zeit angeblich ein so knappes Gut ist, warum wird dennoch zugehört oder zugeschaut, obwohl uns die meiste Zeit, die wir damit verbringen, eigentlich als ›vergeudet‹ vorkommt, vor allem, nachdem eine Sendung erst einmal vorbei ist?

Versäumnisangst und Ausschlussangst

Einmal wirkt im Zusammenhang mit den Medien natürlich auch wieder die Versäumnisangst: Es könnte anderswo etwas passieren, was wir eventuell versäumen. Und wenn wir schon nicht direkt dabei sein können, dann doch wenigstens medial. Da der Kontakt zu dem eigenen Körper und zur Selbstwahrnehmung bei der Informationsaufnahme über die Massenmedien aber häufig verlorengeht und außerdem die organische, emotionale und mentale Präsenz in der Regel auseinanderfallen, schrumpfen die mit den Medien verbrachten Zeiten in unserer Erinnerung oft zusammen. Es bleiben sogenannte ›Zeitlöcher‹. Berühmt ist in dieser Hinsicht das Fernsehparadox: Jemand meint in der Zeit des Konsumierens, er würde viele Informationen erhalten oder sogar viel ›erleben‹. Am Tag danach kann er sich aber beim besten Willen nicht mehr daran erinnern, was er eigentlich gesehen hat. So können sich zum Beispiel schon »21 Prozent der Zuschauer eine Stunde nach einer Nachrichtensendung an keine Meldung mehr erinnern [...]«[67]

Neben dieser Spielart der Versäumnisangst kommt bei den Massenmedien und den Informationen noch etwas dazu, was hier eher mit dem Begriff der *Ausschlussangst* bezeichnet werden soll. Sie ist zu verstehen als das Gegenstück zum Dazugehörigkeitsgefühl.

Der Mensch als Gemeinschaftswesen gehört ganz selbstverständlich zu einer Familie, einer Gruppe, einer Kultur, einem Volk, vielleicht auch zu einer Religion, einer Partei oder einem Verein. Es ist außerdem eine sehr tiefe menschliche Erfahrung, Angst zu haben, aus einer Gruppe ausgeschlossen zu sein oder zu werden. Da sich das Dazugehörigkeitsgefühl auch durch Kommunikation über gemeinsame Themen herstellt, möchte man informiert sein, um in der Gruppe mitreden zu können. Nur ist diese Gruppe heute nicht mehr klar definiert. Ist damit die Familie, die Arbeitsgruppe, die eigene Altersgruppe gemeint? Oder vielmehr die Einwohner eines Viertels, einer Stadt, eines Bundeslandes, die Mitglieder der Gesellschaft, die Europäer oder gar die Weltgemeinschaft?

Die Ausschlussangst kann auf all diesen Ebenen aktiviert oder mobilisiert werden. Wenn jemand die ›richtigen‹ Zeitschriften nicht gelesen, die neuesten Nachrichten nicht gehört, die Weltmeisterschaft verpasst hat, dann steht er außerhalb der – wie auch immer definierten – Gruppe. Da die Anzahl der Informationen jedoch unendlich vermehrbar und variierbar ist, kann bei fast jedem diese Ausschlussangst ausgelöst werden. Es gilt also, sich diesen Mechanismus klarzumachen und das eigene reflexartige Verhalten, das durch die Aktivierung der Ausschlussangst provoziert wird, genauer wahrzunehmen und zu steuern, um so zu einer Zeitsouveränität gegenüber den Medien zurückzufinden.

Sind mehr Informationen besser?

In Analogie zu ›mehr Geld ist besser‹, ›mehr Zeit ist besser‹, ›mehr Kilometer in der Stunde sind besser‹, sind angeblich mehr Informationen ebenfalls besser. Hier wie da sind bei solchen mentalen Modellen keine natürlichen Grenzen eingebaut. Grenzen haben jedoch keineswegs nur einen einschränkenden Charakter, wie uns oft weisgemacht werden soll. Im Gegenteil, sie haben auch etwas Stabilisierendes und Intensivierendes und sind Voraussetzung für innere Balance. Es ist also äußerst sinnvoll, den bereichernden Aspekt von Grenzen zu erkennen, statt sie ständig ausdehnen zu wollen. Wer Grenzen nicht von sich aus definiert, gerät oft in einen Strudel und wird leicht süchtig nach einem diffusen ›Mehr‹. In Bezug auf Informationen bedeutet dies eine Informationssucht, die in ihrer Konsequenz auf einen Wunsch nach Allwissenheit abzielt – eine Eigenschaft, die ursprünglich einmal Gott zugeschrieben wurde.

Da diese Allwissenheit für uns nicht zu erreichen ist, da wir sowieso eine Grenze ziehen müssen (wann wir aufhören, Informationen aufzunehmen), ist es sinnvoller, diese Grenzen möglichst eng zu setzen, uns auf den Wert der Informationen für uns und auf die innere Haltung zu konzentrieren, mit der wir diesen Informationen begegnen.

Wenn wir den Glaubenssatz ›Mehr ist besser als weniger‹ hinter uns gelassen haben, können wir anfangen, die Informationen, die uns täglich überschütten, genauer zu filtern. Das Schwierige daran ist nur, dass wir eigentlich schon vorher wissen müssten, welche Informationen für uns wichtig sind. Denn selbst wenn wir wissen, dass 99,9 Prozent aller Informationen vollkommen überflüssig sind, ahnen wir doch, dass diese 0,1 Prozent der Informationen für unser eigenes Leben von Bedeutung sind oder zumindest sein könnten. Wer aber diesen Teil herausfiltern will, muss einen Großteil der Informationen auf ihre Relevanz hin prüfen. Und dabei steckt er bereits wieder in der Falle, denn die Zeit, in der diese Informationen geprüft werden, steht im Nachhinein nicht mehr zur Verfügung.

Informationen schneller aufnehmen?

Die spontane Reaktion auf diese verzwickte Situation ist oft der Versuch, die Informationen schneller zur Kenntnis zu nehmen oder schneller auszusortieren. Doch egal, mit welchem Tempo wir versuchen, der Informationsmaschinerie hinterherzurennen und schneller zu sein als die Neuproduktion von Informationen – das Spiel ist immer schon verloren, selbst wenn wir nur noch Rezensionen statt der Bücher, die Zusammenfassungen statt der Essays, die Überschriften statt der ganzen Artikel lesen. Und auch wenn wir die Lesegeschwindigkeit erhöhen und nur noch querlesen – es bleibt eine vergebliche Mühe.

Die Geschwindigkeit zu erhöhen ist in allen Bereichen des Lebens ein ›blinder Reflex‹, aus der Angst und aus Furcht geboren. Der Versuch, die Geschwindigkeit der Informationsaufnahme zu erhöhen, verschärft das Problem noch mehr, da es beliebig viele Informationen gibt und die Produktion und Verteilung von Informationen unbegrenzt steigerbar ist. Es besteht also die Gefahr, dass wir zwar immer schneller werden, uns aber gleichzeitig immer hoffnungsloser überfordert fühlen. Zeitsouveränität ist auf diesem Weg nicht zu erlangen.

Besser ist es, innezuhalten und ein Stück zurückzugehen. Die Reflexion darüber, was da eigentlich gerade in uns passiert, welche Ängste mobilisiert werden, ist sinnvoller, als zu versuchen, immer schneller im unendlichen Meer der Informationen zu fischen, was für uns wichtig sein könnte. Eine Möglichkeit wäre, darauf zu vertrauen, dass die ›richtigen‹ Informationen uns zur ›richtigen‹ Zeit erreichen. Ähnlich der Vorstellung, die als Gegengift zur Versäumnisangst wirkt (»Ich bin zur rechten Zeit am rechten Ort.«), könnte die Vorstellung in Bezug auf die Information lauten: »Die richtige Information findet zur rechten Zeit zu mir.« Auch das ist eher eine Frage unserer inneren Definition und Haltung, eine Frage des Vertrauens – und nicht eine Frage objektiv überprüfbarer Fakten. Denn schließlich hängt es von unserer eigenen Setzung ab, was für uns eine richtige oder wesentliche Information ist und was nicht.

Mit Lichtgeschwindigkeit übertragen

Stellt bereits die Menge der Informationen eine enorme Überforderung und eine Herausforderung für unsere Zeitgestaltung und Lebenskunst dar, kommt dazu noch die Geschwindigkeit, mit der Informationen heutzutage übertragen werden können. Diese Übertragungsgeschwindigkeit hat sich von der Briefpost der Postkutschenzeit – maximal dreißig Kilometer pro Stunde – bis heute auf das 100.000fache beschleunigt, fast Lichtgeschwindigkeit, mit der Radiowellen, E-Mails et cetera übertragen werden können. Das betrifft aber nur die erste Ebene der Informationsgeschwindigkeit, die der räumlichen Übertragbarkeit. Entscheidender ist die zweite Ebene der Geschwindigkeit, nämlich die, mit der Informationen von Menschen (und nicht von ihrem Computer) aufgenommen werden können. Und noch entscheidender ist die dritte Ebene, die Geschwindigkeit, in der Menschen Informationen verarbeiten und integrieren können. Diese drei Ebenen sollten genauer auseinandergehalten werden, wenn von einer Aufnahme von Informationen in dieser sogenannten ›Wissensgesellschaft‹ gesprochen wird.

Wie hat sich das Verhältnis dieser drei Ebenen zueinander bis heute verändert? Wenn einen Brief zu übermitteln *drei Tage* dauert und das Lesen eines Briefes eine Viertelstunde, dann ergibt sich daraus ein Verhältnis von 288 Viertelstunden zu einer Viertelstunde, wodurch sich ein Gefühl von Kompetenz und Gelassenheit in der Informationsaufnahme einstellt. Wenn wir uns dann eine Dreiviertelstunde Zeit nehmen, um über den Brief nachzudenken und eine Antwort zu formulieren, dann ist das Verhältnis von Informationstransport zu Aufnahme, Integration und Beantwortung mit 72:1 Stunden noch immer recht komfortabel zu unseren Gunsten. Heute geht die Übermittlung von Nachrichten aber eben in annähernder Lichtgeschwindigkeit vonstatten. Wenn jetzt das Verhältnis von Zeit für den Transportweg zur Zeit der Aufnahme, Integration und Beantwortung der Nachricht beibehalten werden soll, dann müssten wir in zweiundsiebzigfacher Lichtgeschwindigkeit den Brief geöffnet, gelesen, beantwortet und abgesendet haben.

Unsere Überforderung hängt also damit zusammen, dass sich die Geschwindigkeit, mit der Informationen übermittelt werden können, um das Hunderttausendfache beschleunigt hat, während die Geschwindigkeit, mit der Menschen lesen (zweite Ebene), integrieren, bedenken und schreiben (dritte Ebene), in den letzten hundert Jahren annähernd gleich geblieben ist.

Aber auch hier gilt: Nicht wie schnell etwas getan, sondern *wie* etwas getan wird, ist entscheidend. Im Geschwindigkeitsvergleich verliert der Mensch sowieso, da hilft nur eines: die Einführung einer künstlichen Verlangsamung. So wie sich unsere Definition von Gegenwart keineswegs an der Nanosekunde orientiert, sondern an den jeweils vorhandenen Bedürfnissen, so gilt es, die Geschwindigkeit bei der Informationsaufnahme selbst zu bestimmen.

Das, was im Moment in Bezug auf Geschwindigkeit und Postübermittlung geschieht, ist übrigens so neu auch wieder nicht. Die Post von London konnte sich bereits 1863 mit elf Postzustellungen pro Tag brüsten.[68] Das heißt, man hätte 1863 – theoretisch – pro Tag von einer anderen Person bis zu fünf Briefe oder Nachrichten empfangen, beantworten, wieder empfangen und wieder beantworten können. Offensichtlich haben die Menschen das aber nicht besonders häufig genutzt, und der Service ist wieder eingestellt worden.

Das heißt, wann immer sich die Geschwindigkeit auf der ersten Ebene verändert, kann das nicht mit einer höheren Geschwindigkeit auf den Ebenen zwei und drei ausgeglichen werden. Erfolgversprechender ist es, das Zeitkonzept zu ändern und den Fehlschluss zu vermeiden, dass schneller irgendwie besser sei. Auch das Schreiben selbst kann »dem Tempo des Denkens nicht unmittelbar folgen und seinen Verlauf insofern nicht abbilden, es hat seine eigene Geschwindigkeit. Doch die Verlangsamung, die es erzwingt, bremst nicht einfach das Denken, sondern verändert und bereichert es, lässt ihm Zeit, Einsprüche und Gegenargumente in seinen Fortgang aufzunehmen.«[69] Es kann noch einmal nachgelesen, vertieft, präzisiert und genauer formuliert werden. Insofern gilt hier, wie in vielen Bereichen unseres Lebens, dass die gezielte und qualifizierte (nicht die pauschale) Verlangsamung jeweils eine andere Dimension der Wahrnehmung und der Selbstwahrnehmung hervorbringt – und das gilt auch und besonders für die Aufnahme von Informationen.

Informationen und Lebenskunst

Die Auswirkungen der Reiz- und Informationsflut, der wir jeden Tag ausgesetzt sind, wurde von Neil Postman und anderen längst genau beschrieben. Auch der Begriff der ›Innenweltverschmutzung‹[70] beschreibt ziemlich genau, was in jedem Einzelnen von uns – in Analogie zur äußeren Umweltverschmutzung – passiert. Auch für das Innere eines Menschen gilt, was für die Natur in anderen Zusammenhängen zutrifft. Es ist empfehlenswert, nicht mehr Informationen aufzunehmen, als verarbeitet, umgewandelt, integriert und gegebenenfalls wieder ›abgebaut‹ werden können. Diese Prozesse brauchen Ruhe und Gelassenheit, denn: »Eine Information in vollem Wortsinn kommt erst dann zustande, wenn sie sich in der Ausdehnung von Zeit entfalten kann, denn Verstand, Erinnerung und Gefühl benötigen bei Rezeption und Nachbearbeitung der empfangenen Nachricht Zeit [...] Die Zeit, die wir heute bräuchten, um die zahllosen übermittelten Bilder und Signale in Informationen zu verwandeln, mit denen wir dann auch etwas anfangen können, steht in keinem irdischen Leben zur Verfügung.«[71]

Die Aufnahme von Informationen könnte auch gut mit dem Essen verglichen werden. Ebenso wie niemand mehr essen sollte, als er für seine Ernährung benötigt, sollte der Einzelne nicht mehr Informationen aufnehmen, als er für sein Leben und seine Orientierung braucht. Der Unterschied zwischen der Essensaufnahme und der Informationsaufnahme ist allerdings, dass an der Übergewichtigkeit sehr leicht zu erkennen ist, wann jemand zu viel gegessen hat. Sie kann sehr gut zum Anlass genommen werden, die Balance wiederherzustellen. Die Aufnahme von Nahrungsmitteln kann begrenzt und eine immer genauere Auswahl getroffen werden; das Kriterium ist, dass es dem eigenen Körper wirklich guttut, und das ist unabhängig davon, wie viel Nahrungsmittel auch immer angeboten oder neu entwickelt werden.

Mit der Aufnahme von Informationen und äußeren Reizen ist es ähnlich. Es gibt einen Prozess der Reiz- und Informationsüberflutung, und dieser wird von außen nicht begrenzt werden. Die Folge ist hier allerdings keine Übergewichtigkeit, sondern eine Art ›Betäubung‹. Durch den ständigen Informationsüberfluss wird die Wahrnehmung unserer eigenen Gedanken und Gefühle, die nicht durch einen äußeren Reiz provoziert wurden, immer weiter zurückgedrängt.

Das verhindert – neben vielem anderen – längerfristig auch unsere Reflexion darüber, wie wir die Menge der Informationen besser abwehren können. Die Geschwindigkeit der Informationsaufnahme zu erhöhen, wäre in diesem Zusammenhang ungefähr so sinnvoll, als würde man auf das immer größere Angebot an Nahrungsmitteln reagieren, indem man immer schneller und immer mehr isst.

Einen eklatanten Unterschied gibt es zwischen der Informationsaufnahme und dem Essen allerdings – man wird erst dick, wenn man zu viel isst, aber nicht, wenn man sich die Nahrung nur ansieht. Informationen können aber bereits einen Einfluss auf uns ausüben, bevor sie bei uns *angekommen* sind: Zeitungen, die gar nicht gekauft wurden, Einladungen, die weggeworfen, Mails, die ungeöffnet gelöscht, Sender, die nie eingeschaltet wurden. Trotzdem irritieren uns diese potentiellen Informationen, beschäftigen unsere Aufmerksamkeit und unser Denken. Noch aufdringlicher sind die Informationen, die bereits bei uns angekommen, aber noch nicht *aufgenommen* wurden. Das bezieht sich auf Zeitungen und auch Bücher, die wir zwar gekauft haben und hin und her tragen, aber dennoch nicht lesen; Mails, die aufgehoben und später gelesen, Einladungen, die später geöffnet werden sollen; Sendungen, die vorgemerkt, aber dann doch nicht gesehen oder gehört werden – kurzum alle Informationen, denen wir in irgendeiner Weise ›später‹, in der Zukunft, Aufmerksamkeit schenken wollen. Sie erhöhen den Stress, nähren die Ausschlussangst, bringen aber keinerlei Nutzen.

Daneben gibt es eine Reihe von Informationen, die wir zwar aufnehmen, bei denen wir aber nicht *registrieren,* dass wir sie aufgenommen haben: Fernsehsendungen oder Radiobeiträge, die laufen, während wir sprechen, arbeiten oder lesen. Textzeilen oder Bilder, die wir im Vorbeigehen sehen oder überfliegen, Aufschriften, Werbung, Handzettel und Auslagen. Diese Informationen erreichen, prägen, manipulieren uns und beeinflussen unseren inneren Gedankenfluss.

Doch auch wenn wir Informationen ganz bewusst aufgenommen und registriert haben, heißt das noch nicht, dass wir schon bewertet haben, wie sinnvoll, wichtig oder interessant sie für uns sind. Mit dieser Bewertung aber beginnt erst der eigentliche Verarbeitungs- und Integrationsprozess der Informationen. Bisher sind diese positiv beurteilten Informationen ja nur aufgehoben oder zwischengelagert. Wir versuchen, uns die Informationen zu merken, um sie später zu bedenken oder um sie für den Fall der Fälle zur Verfügung zu haben: manchmal im Kopf, manchmal auch in Form von Artikeln, Anstreichungen in Büchern, Mails, Dateien oder Unterlagen. Informationen haben aber wohl doch erst dann einen Sinn für uns, wenn sie auch bedacht werden, wenn eigene individuelle Verknüpfungen hergestellt, wenn Informationen kombiniert und anderen gegenübergestellt werden.

Danach folgt auf der nächsten Stufe, dass die Information integriert, also in bearbeiteter, bedachter, eventuell abgewandelter Form in das eigene Denken und Fühlen übernommen wird. Dazu bedarf es oft der Wiederholung: ein Buch ein zweites Mal lesen, die Exzerpte noch einmal durchgehen, einen Brief noch einmal zur Hand nehmen, ein Bild noch einmal ausgiebig betrachten. Wenn dieser Prozess der Integration von Informationen so weit vorangekommen ist, ist aber noch immer nicht sichergestellt, dass dieser Aneignungsprozess auch lebendig bleibt, vergegenwärtigt wird und über die konkrete Situation hinaus von Bedeutung ist.

Selbst an dieser Stelle ist noch nicht klar, ob diese unterschiedlichen Stufen der Verarbeitung und Integration wirklich zu einem veränderten Verhalten führen. Denn alle Informationen, die aufgenommen, registriert, beurteilt, aussortiert, gelagert, bedacht wurden, sind für das eigene Leben nur dann relevant, wenn sie auch in Handlung umgesetzt werden und es von daher die Chance gibt, die Qualität des eigenen Lebens wirklich zu verändern. Wenn das nicht geschieht, dann bleiben Informationen letzten Endes nur eine Ablenkung vom eigenen Wahrnehmen und Denken. Sie werden zu einer Innenweltverschmutzung ohne Sinn und Nutzen.

Arbeitszeit oder Freizeit

Die Gegenüberstellung von Arbeitszeit und Freizeit birgt ebenfalls ein Missverständnis über das Wesen der Zeit. Was soll mit dieser Entgegensetzung eigentlich ausgedrückt werden? Soll die eine Zeit dem Reich des Zwanges und die andere dem Reich der Freiheit zugeordnet werden? Soll die eine als fremdbestimmt, die andere als selbstbestimmt definiert werden? Die eine als ›verlorene‹ Zeit und die andere als die eigentlich glückbringende? Wenn wir genauer hinsehen, bemerken wir, dass auch das nicht besonders schlüssig ist. Es beginnt bereits bei der Definition: Mit Arbeitszeit ist fast immer nur die Erwerbsarbeitszeit gemeint – eine ziemliche Engführung, denn viele Menschen arbeiten sehr wohl, ohne dafür einen Arbeitsvertrag zu haben oder Geld zu verdienen (Kindererziehung, Haushalt, Pflege, Ehrenamt).

Aber egal, ob wir Dinge herstellen oder reparieren, etwas verwalten oder berechnen, anbauen oder erforschen, einen Service leisten oder beraten, anderen zuhören oder sie unterrichten, es sind während dieser Tätigkeiten immer zeitliche Koordinierungsleistungen zu erbringen. Zu jeder Aufgabe gehört zu klären, was genau, wie und wann etwas getan werden muss. Ebenso wichtig ist, in welcher Reihenfolge, mit welcher Geschwindigkeit und Konzentration die Arbeit durchgeführt wird. Diese Prozesse müssen gestaltet und abgestimmt werden. Dabei ist man auf die Zusammenarbeit mit anderen Menschen, mit Vorgesetzten, Kollegen, Mitarbeitern, Kunden und Klienten angewiesen. In diesem Prozess gibt es eine ganze Reihe von Gestaltungsmöglichkeiten. Sie beziehen sich auf die Wahl der Arbeit, auf das spezielle Tätigkeitsfeld, auf die Spezialisierungen, die angeeignet, die Weiterbildungen, die genutzt werden, die Projektarbeit, an der teilgenommen wird, die Arbeitszeiten, die mitgestaltet werden, die Pausengestaltung, die gefunden und mit anderen abgestimmt wird, die Art der Kommunikation mit den Kollegen und vieles mehr.

Und in der sogenannten Freizeit? Dort gilt es ebenso, Verpflichtungen einzuhalten und Koordinierungsleistungen zu erbringen. Auch dort muss entschieden werden, was, wann und wie oft etwas getan wird, in welcher Qualität und mit wem. Zugleich müssen diese Aktivitäten mit den eigenen Bedürfnissen nach Ruhe, Konzentration, Zurückgezogenheit in Übereinstimmung gebracht werden. Es gibt in dieser sogenannten ›Freizeit‹ viele Aufgaben und Verpflichtungen, die zu erfüllen sind: einkaufen, Behördengänge, Wohnung aufräumen, Kleidung reinigen, Essen zubereiten oder essen gehen, Friseur, Sport/Bewegung, schlafen et cetera. Dabei müssen bestimmte Rahmenbedingungen beachtet werden, Verkehrsverbindungen, Öffnungszeiten, körperliche Bedürfnisse und die Rhythmen anderer Menschen.[72] Außerdem wird sich jeder mit den Anforderungen, Wünschen und Erwartungen anderer Menschen auseinandersetzen müssen: mit Partnern, Freunden, Eltern, Kindern, Geschwistern, Vereinsmitgliedern, Mitbewohnern. Wer das nicht tut, bekommt ziemlich schnell Probleme. Die Freizeit ist also keineswegs so ›frei‹, wie sie auf den ersten Blick scheint, ebenso wie die Arbeitzeit nicht unbedingt ›unfrei‹ ist. Beim Vergleich von Zeit- und Koordinationsaspekten gibt es zwischen der Arbeitszeit und der Freizeit eine ganze Reihe von Übereinstimmungen – sogar mehr als Unterschiede. Fatal ist aber noch eine weitere Tendenz, dass nämlich alle Tätigkeiten des Lebens unter der Hand selbst zu Arbeit umdefiniert werden: »Selbst die alltäglichsten Beschäftigungen scheinen erst dann Sinn und Legitimation zu erhalten, wenn sie als *Arbeit* bezeichnet werden können. Etwas einfach so zu tun, ist irgendwie fragwürdig, ja minderwertig. Aus dem Elternsein wird Erziehungsarbeit, aus der Liebe Beziehungsarbeit und aus der Trauer Trauerarbeit [...] Man geht zum *Workout*, um an seiner Figur zu arbeiten, oder zu *Workshops*, um zum Beispiel seinen Wissensdurst zu stillen, zu tanzen oder zu spielen.«[73] Weil nur die Arbeit wirklich zählt?

Work-Life-Balance als Zeitfalle

Das Wichtigste aus dem Blickwinkel der Zeitsouveränität ist jedoch die Erkenntnis, dass es der Zeit ziemlich egal ist, wie sie genannt, zugeordnet oder bewertet wird: Arbeitszeit oder Freizeit, Wartezeit oder Beziehungszeit, Reisezeit oder Ruhezeit. Jeder lebt in der einen, der einzigen unteilbaren Zeit seines Lebens.

Die Frage ist – sowohl in der Arbeitszeit als auch in der Freizeit –, mit welcher inneren Haltung wir diese Zeit gestalten. Mit dem Konzept des Mangels oder dem Konzept des Überflusses, mit dem Konzept der Selbstbestimmung oder der Fremdbestimmung. Die Frage ist, ob wir glauben, wir könnten Zeit *haben*, müssten fünf Sachen parallel machen und unendlich viel in endlicher Zeit schaffen. Ob wir glauben, wir müssten an mehreren Orten zugleich sein oder immer schon in der Zukunft. Ob wir dem Irrtum aufsitzen, dass schneller besser sei als langsamer oder dass Zeit Geld sei. Wenn wir dann noch jedwede Information aufnehmen, die uns angeboten wird, und meinen, das Ziel liegt immer vorn, ist davon auszugehen, dass es uns nicht besonders gut geht, weder in der Arbeitszeit noch in der Freizeit.

Naheliegend ist in diesem Zusammenhang besonders die sogenannte ›Work-Life-Balance‹. Dieser ideologische Modebegriff suggeriert uns, wir sollten eine Balance zwischen der Arbeit und dem Leben herstellen. In zahllosen Büchern und Seminaren wird diese ›neueste‹ Mode des Zeitmanagements verbreitet. Dabei scheint niemandem aufzufallen, dass man die Arbeit und das Leben gar nicht in eine Balance bringen kann: auf der einen Seite die Arbeit, auf der anderen Seite das Leben? Bei diesem Denkansatz wird völlig ignoriert, dass das Leben eine unteilbare und vor allem eine übergeordnete Kategorie ist und die Arbeit nur ein Teilaspekt des Lebens unter vielen. Das Leben findet keineswegs nur ›außerhalb‹ der Arbeit und der Arbeitszeit statt.

Natürlich ist es sinnvoll und sogar sehr entscheidend, dass die Erwerbsarbeit nicht wie ein Krebsgeschwür alle Bereiche des Lebens überwuchert und durchdringt, denn: »Freie Zeit ohne ökonomische Zwänge ist eine unverzichtbare Voraussetzung der Selbstverwirklichung des Menschen.«[74] Aber die Arbeitszeit aus dem Leben oder der Lebenszeit auszuklammern oder ihr gegenüberzustellen, wie das bei der ›Work-Life-Balance‹ geschieht, ist ein Widerspruch in sich. Außerdem bestärkt diese Vorstellung eine Denkweise, jeweils erst alle möglichen Dinge – in diesem Falle die Arbeit – und alle möglichen anderen Verpflichtungen, die man in der Freizeit hat, ›hinter sich‹ zu bringen, um dann endlich mit dem ›eigentlichen‹ Leben zu beginnen. (Dann aber ist der Tag immer schon vorbei und das eigentliche Leben wird wieder auf die Zukunft verschoben.)

Daher ist es sehr viel sinnvoller, eine ›Lebenszeitbalance‹ in den Blick zu nehmen: das Leben als ein unteilbares Ganzes zu betrachten und eine innere Balance im Umgang mit der Zeit insgesamt zu finden. Dabei geht es auf der individuellen Ebene darum, *in der Zeit* zu leben, statt zu versuchen, etwas *mit der Zeit* zu machen. Es geht um Achtsamkeit statt Zeitstress, um Präsenz in der Gegenwart, um Gelassenheit statt Versäumnisangst, um die Balance von Aktivität und Passivität, von Anstrengung und Entspannung. Auf der gesellschaftlichen Ebene gehören dazu unter anderem die Schaffung von Lebens-Arbeitszeit-Konten, die Verkürzung und gerechtere Verteilung der Arbeitszeiten, die Entzerrung der Arbeitsbiographie und die Vereinbarkeit von Erwerbsarbeit, Familie, Partnerschaft und Zivilgesellschaft, wie das programmatisch zum Beispiel von der Deutschen Gesellschaft für Zeitpolitik gefordert wird.[75]

Mehr oder anders

Sowohl auf der Arbeit, während der sogenannten Arbeitszeit, als auch in der Freizeit gibt es häufig die Verführung – oder auch den Druck – irgendwie *mehr* zu tun. Beides muss nicht unbedingt von außen kommen, sondern kann auch die Wurzel in uns selbst haben, in den eigenen Ansprüchen, Zielen, Ängsten oder Erwartungshaltungen. Dieses *Mehr-Tun* in der gleichen Zeit enthält zwei unterschiedliche Aspekte: den der Herausforderung und den der Zerstörung. Der positive Aspekt der Herausforderung, mehr für andere oder für sich selbst zu tun, besteht darin, dass wir uns darum kümmern können, Dinge *anders* zu machen. Anders heißt in diesem Fall, die Dinge auf eine intelligentere, nützlichere oder angenehmere Art und Weise zu tun. In der Folge entsteht daraus quasi als Nebeneffekt eine neue Qualität und mehr Nutzen für andere oder für einen selbst. Gleichzeitig gibt es dadurch die Möglichkeit, ungeahnte Fähigkeiten bei sich kennenzulernen oder zu entwickeln. Dieser Prozess ist potentiell unendlich – bis an das Ende des Lebens – und für alle Beteiligten einschließlich der eigenen Person von Interesse, nützlich und sinnstiftend.

Es kann aber auch sein, dass man verführt oder unter Druck gesetzt wird, mehr für andere zu tun, indem man etwas *schneller* oder *länger* tut. Auch dieser Prozess kann von außen oder von innen ausgelöst werden und ist potentiell unendlich. Im Unterschied zu dem positiven Effekt der Herausforderung ist dieser Prozess der Beschleunigung und Ausdehnung jedoch zerstörerisch beziehungsweise selbstzerstörerisch. Er zerstört die Balance auf mehreren Ebenen: die Balance des Körpers (Aktivität und Ruhe), die Balance in sozialen Beziehungen (es entstehen mehr Stress und mehr Konflikte) und die Balance im Verhältnis zu anderen Tätigkeiten, um nur einige

Aspekte herauszugreifen. Auch hier ist es relativ egal, ob sich jemand auf der Arbeit oder in der sogenannten Freizeit in diesem Prozess der Beschleunigung oder Ausdehnung befindet.

Druck und Leistung

Was passiert eigentlich genau, wenn wir unter Druck gesetzt werden oder uns selbst unter Druck setzen? Wir versuchen, diesem Druck auszuweichen. Ziel ist die Wiederherstellung von Balance, Gleichgewicht und Ausgewogenheit. Allerdings gibt es zwei grundsätzlich unterschiedliche Wege, um diese Balance wiederherzustellen. Der eine Weg wäre, die Dinge anders zu tun: genauer, direkter, in einer anderen Reihenfolge, mit besseren Maschinen oder mit externer Hilfe. Dadurch entsteht eine neue Qualität. Insofern können bestimmte Momente von Überforderung durchaus nützlich sein, um individuell und im Team auf eine andere Ebene zu gelangen.

Kritisch wird es aber immer dann, wenn diese andere Ebene nicht mehr zur Verfügung steht oder gar nicht erreichbar ist. Wenn der Druck steigt, versuchen wir oft, ihm durch ›Schnelligkeit‹ oder durch ›Verlängerung‹ der entsprechenden Aktivität zu entkommen. Doch genau das funktioniert nicht: Man kann ein strukturelles Problem nicht durch Geschwindigkeit lösen, auch nicht durch Ausdehnung. Im individuellen Leben ebenso wie in Unternehmen und in Gesellschaften ist übermäßige Beschleunigung immer ein Zeichen von dahinterstehendem Druck. Wenn dieser Druck nicht aufgelöst oder eine neue Balance gefunden werden kann, ist die nächste Stufe Hektik, die letzte Stufe Panik. Das führt auf der individuellen Ebene zu Krankheit und auf der unternehmerischen Ebene zum Konkurs, auf der gesellschaftlichen Ebene zur Desorientierung und Desintegration.

Martin Massow beschreibt diesen Kreislauf in seinem Buch *Gute Arbeit braucht seine Zeit* sehr detailliert. Durch Druck und Beschleunigung lässt die Sensibilität des einzelnen Menschen und ganzer Gruppen nach. Es wird nicht mehr genau wahrgenommen, weder der eigene Zustand noch die Umgebung noch die Rückmeldungen anderer. Es kommt zu Fehldeutungen, Missinterpretationen und Vertrauensverlust. Beschleunigung und Überdehnung führen zu Konzentrationsmangel, weil jemand nicht da ist, wo er ist, sondern schon bei der nächsten Tätigkeit. Das führt zu größerer Fehlerhäufigkeit, zu Fehlentscheidungen, oft verbunden mit einer Fehlerignoranz.

Nicht zuletzt leidet auch die Kreativität. Der Horizont verengt sich, es wird immer mehr von dem gemacht, was gerade nicht (mehr) zum Ziel führt, die Intuition und Assoziationsfähigkeit verkümmern und schließlich sinkt die Motivation. Durch den ständigen Druck, der eben durch die Hektik nicht gelöst, sondern eher verstärkt wird, kommt es zu einer wachsenden Gleichgültigkeit, Nachlässigkeit und Demotivation. Am Ende wächst die Angst zu versagen, man fühlt sich ausgeliefert und obendrein ist man mit Entschuldigungs-, Rechtfertigungs- und Erklärungsmodellen beschäftigt.[76]

Fertig werden

Jede Aktivität oder Tätigkeit hat die Tendenz, ins Unendliche zu gehen. Jedes Thema ist unendlich verzweigt und mit anderen Themen verbunden. Jeder Text kann umgeschrieben und perfektioniert werden. Jedes Produkt kann verbessert, jede Ordnung verfeinert, jede Beziehung vertieft, jedes Gespräch weitergeführt werden. Das heißt, selbst wenn jemand mit der größten nur denkbaren Geschwindigkeit während der Arbeitszeit und in der Freizeit tätig ist, kommt er nie automatisch an ein Ende. Das Ende einer Tätigkeit, der Rahmen einer Aufgabe, die Grenze des eigenen Engagements müssen immer von einem selbst definiert und gesetzt werden.

Dieser Rahmen bezieht sich auf den Anfang und das Ende, den Rhythmus, die Qualität, den Umfang, die innere Haltung und nicht zuletzt auf die angemessene Geschwindigkeit. Um diesen Rahmen zu setzen, ist jedoch eher Ruhe, Abstand und Klarheit als noch mehr Beschleunigung nötig. Als Kriterium könnte gelten: Wer entspannt von der Arbeit nach Hause geht, war während der Arbeit in der Balance und hat klare Grenzen gesetzt, hat auf Rhythmus, Umfang, innere Haltung und Qualität geachtet und von daher nicht nur einen inhaltlichen Beitrag geleistet, sondern auch zur Zeitsouveränität beigetragen.

Das Umgekehrte gilt auch: Wer entspannt zur Arbeit geht, der hat die Freizeit so gestaltet, dass Inhalt, Rhythmus, innere Haltung und Qualität stimmen. Insofern gilt es, hier wie da ein Tempo zu finden, das einem am ehesten entspricht, einen Rhythmus, der zu einem passt, ebenso wie eine geistige Haltung, die einem bei dem sein lässt, was gerade getan wird, zeitlich und räumlich, im Hier und Jetzt.

INDIVIDUELLE ZEITWAHRNEHMUNGEN

ZIELVORSTELLUNGEN UND ZEITEMPFINDEN

Zielvorstellungen beeinflussen unsere Zeitwahrnehmung

Es ist – aus den unterschiedlichsten Perspektiven – faszinierend zu sehen, welch großen Einfluss wir darauf haben, wie wir unsere individuelle Lebenszeit selbst empfinden. Durch unser Denken, Sprechen, Verhalten und auch durch unsere Zielvorstellungen beeinflussen wir unsere jeweilige Zeitwahrnehmung nachhaltig. In diesem Zusammenhang sind Ziele und Zielsetzungen keineswegs so positiv, wie sie in unserem westlichen Kulturkreis vor dem Hintergrund der linearen Zeitvorstellung oft dargestellt werden. Sie können uns durchaus mehr schaden als nutzen und selbst ziemliche Zeitfallen sein.

Als Erstes sollten zwei unterschiedliche Bedeutungen des Wortes ›Ziel‹ auseinandergehalten werden: das Ziel als *Endpunkt* auf der einen Seite und das Ziel als eine *bestimmte Ursache* auf der anderen Seite. In der alltäglichen Vorstellung bezeichnet ›Ziel‹ für uns vor allem einen Endpunkt, an dem etwas erreicht oder beendet sein soll – wie beim Sport, wo mit dem Ziel die Ziellinie gemeint ist, hinter der das Rennen zu Ende ist.

Diese Zielvorstellung hängt bereits von ihrer Definition her mit der Zeit, mit Zeitmodellen und dem Zeitempfinden zusammen. Schon im Althochdeutschen findet sich eine sprachliche Verwandtschaft zwischen dem Wort Ziel (*zil*) und dem ›Sich-Beeilen‹ (*zilon*).[77] Insofern wird klar, dass die Setzung und die Verfolgung von Zielen sehr viel damit zu tun hat, wie wir die Zeit wahrnehmen beziehungsweise wie wir *in der Zeit* leben.

Es gibt jedoch auch ein grundsätzlich anderes Verständnis von ›Ziel‹. Bereits Aristoteles versteht in der *Nikomachischen Ethik* das ›Ziel‹ als eine bestimmte Ursache, um derentwillen überhaupt etwas geschieht: »Daher ist das Sittlich-edle jenes Endziel, um dessentwillen der Tapfere das besteht und verwirklicht, was sich mit der Tapferkeit im Einklang befindet.«[78] Das heißt, nur weil wir ein (inneres) Ziel formuliert haben und verfolgen, beginnen wir überhaupt mit einer bestimmten Aktivität. Man könnte sagen, dass Ziele in diesem

Sinne eine aktivierende und sinnstiftende Instanz sind, die uns in Bewegung setzen und uns in eine bestimmte Richtung leiten, wobei es aber nicht auf die Geschwindigkeit ankommt. Das aristotelische Verständnis stiftet Sinn und gibt eine Richtung, während Ziele in unserem alltäglichen Verständnis meistens unbewusst zur Beschleunigung antreiben und dazu verleiten, die Zeit vor der Erreichung des Zieles geringzuschätzen und aus unserem Leben ein Wettrennen zu machen. Dabei müssen in Bezug auf Zeit und Ziele (im Sinne der Zielfixierung) drei Phasen genauer unterschieden werden: Zum einen die Zeit, in der auf ein Ziel zugegangen oder zugearbeitet wird, dann die Zeit – oder besser der Zeitpunkt –, an dem das Ziel erreicht wird, und drittens schließlich die Zeit nach dem Erreichen des Zieles.

Bei dieser Unterscheidung fällt auf, dass die Zeit vor dem Ankommen am Ziel (im Sinne einer Ziellinie) oft keine besonders erfüllte, sondern eher eine ›verdünnte‹ Zeit ist. Besonders wenn mit diesem Ziel eine strikte Zeitvorgabe verbunden ist, richtet sich unsere Aufmerksamkeit häufig so sehr auf diese Ziellinie, dass vieles andere dahinter zurücktritt: andere Wünsche, die wir haben, das eigene Befinden, die Wahrnehmung des eigenen Körpers oder unsere sozialen Kontakte. Dieser Verzicht wird dann mit der Wichtigkeit oder der Dringlichkeit des Zieles begründet oder gerechtfertigt, von anderen und von uns selbst. Wenn dieses Ziel erst realisiert ist – so die innere Hoffnung oder das äußere Versprechen –, wird damit so viel Glück und Zufriedenheit einhergehen, dass die Strapazen des Weges im Nachhinein dann mehr als ausgeglichen sind. Nur ist das leider meistens nicht der Fall.

Wenn das Ziel gar nicht erreicht wurde, ist das erklärlich. Dann kommt es zu einer plötzlichen, nachträglichen ›Entwertung‹ der Zeit, die damit verbracht wurde, auf dieses Ziel hinzuarbeiten. Sie wird dann nicht selten als unnütz oder vertan empfunden, vor allem wenn der Sinn nicht in der Sache an sich lag, sondern nur im Erreichen des Zieles bestand. Aber oft stellt sich auch dann keine Zufriedenheit ein, wenn das Ziel erreicht wurde. Das hängt damit zusammen, dass das Ziel selbst keine zeitliche Ausdehnung hat: Es ist ja eher ein Zielpunkt, eine Ziellinie, ein kleiner Augenblick. Die Zeit aber, die auf dem Weg bis zu diesem Ziel benötigt (besser: ›durchschritten‹) wurde, war im Verhältnis zu diesem Zielpunkt ziemlich lang. Wenn nun diese Zeit vor dem Ankommen am Ziel stark ›verdünnt‹ war, weil nur auf dieses Ziel zugelebt wurde, kann selbst die Erreichung des Zieles nur mit einer Enttäuschung einhergehen. Dieser eine kurze Moment der Freude oder der Erleichterung kann die ›flache‹ oder ›verdünnte‹ Zeit nicht ausgleichen, die wir vorher über einen längen Zeitraum durchlebt haben. Schließlich ist auch die Zeit nach der Erfüllung eines Zieles für uns meistens nicht so fabelhaft, wie wir das vorher erhofft haben. Sie ist vielleicht anders. Doch sie kann die Zeit vor dem Erreichen des Ziels im Nachhinein nicht mehr anreichern oder auffüllen.

Da der Zeitpunkt der Zielverwirklichung so kurz und die Zeit danach häufig nicht qualitativ anders ist als zuvor, geht die Erfüllung von Zielen oft mit einer nachträglichen Enttäuschung einher. Dieses Gefühl der Unzufriedenheit wird jedoch selten zum Anlass genommen, den Umgang mit Zeit und Zielen generell zu hinterfragen. Immer wieder liegt die Versuchung nahe zu meinen, unsere Enttäuschung hänge lediglich damit zusammen, dass wir ein ›falsches‹ Ziel verfolgt hätten. Das Ergebnis ist, dass wir uns wieder ein neues, vielleicht noch größeres oder ein ganz anderes Ziel setzen. Die Ernüchterung und Frustration ist allerdings vorprogrammiert. Sie liegt nicht in der Art der Ziele, sondern darin begründet, in welcher Weise wir auf diese Ziele zugehen.

Wenn in Medien, Zeitschriften oder Motivationsseminaren einmal wieder kolportiert wird, dass man sich in seinem Leben Ziele setzen müsse, dass Ziele zu erreichen glücklich mache und dass der, der größere Ziele verfolge und erreiche, glücklicher sei, ist Skepsis angebracht. Im Sinne von Aristoteles – dass nämlich Ziele eine Ausrichtung unseres Handelns hervorbringen – sind Ziele durchaus sinnvoll und nützlich. (In diesem Fall ist jedoch der Weg selbst das Ziel, wie es schon bei Konfuzius heißt.) Wenn hingegen die Zielerreichung im Sinne eines Wettrennens im Vordergrund steht oder wenn Ziele dazu dienen, auf bessere Zeiten nach der Erfüllung der Ziele zu vertrösten, wie das bei der schon beschriebenen Zukunftsfixiertheit der Fall ist, dann ist Vorsicht angebracht. Meistens gehen diese Ziele mit dem Versprechen einher, dass man sich zwar heute furchtbar hetzen und quälen müsse, aber dann – eines schönen Tages, wenn die Ziele erreicht sind – könne man sich ausruhen und genießen und glücklich sein. Faszinierend ist in diesem Zusammenhang noch immer die Erzählung von Heinrich Böll über den deutschen Touristen und den südländischen Fischer, der schon am Mittag in der Sonne liegt. Der Deutsche meint, es sei doch erst Mittag und der Fischer könne doch noch weiterarbeiten und mehr Geld verdienen und sich von dem Geld mehr Boote anschaffen und dann Leute anstellen, die für ihn arbeiten, und ein kleines Kühlhaus und eine Räucherei bauen und mit einem Hubschrauber herumfliegen und die Fischschwärme ausmachen und per Funk an die Boote weitergeben und ein Fischrestaurant eröffnen ... Der Fischer schüttelt immer nur den Kopf und fragt dann irgendwann höflich zurück, warum er das denn alles tun solle. Etwas verlegen und ratlos sagt der Deutsche dann: »›Na, wenn Sie das alles geschafft haben, dann, dann könnten Sie einfach in der Sonne liegen und auf das herrliche Meer blicken.‹ ›Nun‹, sagt darauf der Fischer mit entwaffnender Offenheit, ›ich sitze ja schon am Meer und eigentlich hat mich nur das Klicken Ihres Fotoapparates dabei ein wenig gestört.‹«[79]

Fremde oder selbstgesetzte Ziele

Besonders bei Zielen, die von außen an uns herangetragen werden, gilt es, sich gegen Beeinflussung, Manipulation und verdeckte Beschleunigung zu wehren. Wenn wir an der Umsetzung von Zielen, die andere gestellt haben, mitarbeiten sollen – ohne dass wir diese Ziele zu unseren eigenen gemacht haben –, sollten wir besonders skeptisch sein: In diesem Fall ist es besser, sich innerlich von dieser Zielfixierung zu lösen. Doch das ist nur ein Aspekt, denn darüber hinaus gibt es eine ganze Reihe von Zielen, von denen wir meinen, sie kämen von ›innen‹ und wir hätten sie uns wirklich selbst gesetzt – und gerade diesen Zielen gegenüber sind wir besonders unkritisch. Es muss aber nicht so sein, dass diese Ziele (weil sie von uns selbst formuliert wurden) auch wirklich unsere ureigensten Ziele sind. Denn viele von diesen scheinbar inneren Zielen sind eigentlich von außen ›gesetzte‹ – sie wurden nur relativ früh von uns verinnerlicht, ganz egal, ob es dabei um einen bestimmten Status, einen Wettbewerb, um Leistungen, begehrte Dinge oder Reisen geht.

Zu weit- oder zu hochgesteckte Ziele, die in zu kurzer Zeit erreicht werden sollen, bringen außerdem immer einen übermäßigen Druck mit sich, bei ›äußeren‹ Zielen genauso wie bei ›selbstgesetzten‹. Wichtig ist für uns zu erkennen, dass es sich dabei eben keineswegs um einen ›Zeitstress‹, sondern in Wirklichkeit um einen ›Zielsetzungsstress‹ handelt. Als solcher sollte er auch wahrgenommen und gegebenenfalls verändert werden, denn an der Zeit lässt sich nichts ändern, an den Zielsetzungen schon. Oder, um es mit Mark Twain zu sagen: »Gegen Zielsetzungen ist nichts einzuwenden, sofern man sich dadurch nicht von interessanten Umwegen ablenken lässt.«

Quantität und Qualität von Zielen

Es gibt noch eine andere Dimension – vielleicht die wichtigste –, die in der Betrachtung von Zeit und Zielen zu beachten ist: das Verhältnis von quantitativen Zielen, die leicht messbar sind, und den qualitativen Zielen, die nicht so einfach zu beschreiben oder zu erfassen sind.

Ein quantitatives Ziel wäre: viel Geld zu verdienen. Ein qualitatives Ziel: ein glückliches Leben zu führen. Mehr Zeit zu haben, wäre ein quantitatives Ziel, eine gute Beziehung zu führen oder innerlich ausgeglichen zu sein, ein qualitatives Ziel. Die Selbsttäuschung besteht nun darin, dass in unserer Kultur (und von vielen auch individuell) angenommen wird, die Erreichung von quantitativen Zielen würde auch zu der Erfüllung von qualitativen Zielen führen.

Die gesamte ökonomische Logik basiert vornehmlich auf der Formulierung und Erreichung, der Messung und der Optimierung von quantitativen Zielen. Deswegen ist Vorsicht geboten bei der Übertragung von ökonomischen Zielen auf das individuelle Leben. Die Erreichung ökonomischer Ziele führt keineswegs selbstverständlich zu einer Steigerung von Lebensqualität, sondern häufig genau zu ihrem Gegenteil – zum »selbst organisierten Freiheitsentzug«[80]. In vielen Fällen ist es gar nicht einfach zu bestimmen, wie die eigentlich angestrebten qualitativen Ziele auch erreicht werden können. Wahrscheinlich wird deswegen so häufig und so intensiv an den messbaren Zielen gearbeitet, denn da kennen wir die Wege und die Methoden. Diese Ziele können Punkt für Punkt abgearbeitet werden – wenn es geht, in immer kürzerer Zeit.

Doch die Erreichung qualitativer Ziele hat viel mehr mit Aufmerksamkeit und Geschehenlassen zu tun, mit Zuhören und Spontaneität, mit Wahrnehmen und Konzentration auf den Augenblick, mit Spiel und spontaner Kreativität, mit Einfühlung und Verbundenheit. Und dies alles ist offensichtlich mit zielgerichteter, harter Arbeit gerade nicht zu erreichen. Bei jedem Report darüber, wie ›glücklich‹

die Menschen bestimmter Länder sind, fällt auf, dass die Bewohner der reichsten Länder gerade nicht die glücklichsten sind.[81] Das ruft oft ein gewisses Staunen und Verwunderung hervor, führt aber selten zu der konsequenten Einsicht, dass sich qualitative, emotionale, gemeinschaftliche, kulturelle und psychische Wünsche nicht mit dem Erreichen quantitativer, ökonomischer und materieller Ziele befriedigen lassen. Und nicht zuletzt fällt beim Nachdenken über Ziele auf, dass diese ohnehin immer ambivalent sind: Dinge werden jeweils besser und schlechter zugleich. Wer reifer wird, ist dafür weniger spontan. Wer Karriere macht, hat mehr Verantwortung und weniger Zeitsouveränität. Wer schneller fährt, kommt schneller an, verpasst aber die Schönheiten am Wegesrand. Wer meint, nur glücklich sein zu können, wenn er ein bestimmtes Ziel erreicht hat, bemerkt vielleicht erst hinterher, was er auf dem Weg verloren hat und dass es ihm nachher nicht unbedingt besser geht als vorher.

Die eigentlichen Ziele

Ein letztes folgenreiches Missverständnis in Bezug auf Zeit und Ziele besteht in der scheinbar selbstverständlichen Annahme, dass Ziele immer irgendwo vorn in der Zukunft liegen. Diese Vorstellung ist ganz ›natürlich‹ mit dem linearen Zeitmodell verbunden. Nach diesem Zeitmodell bewegt sich alles zusammen mit der Zeit, gradlinig und berechenbar in die Zukunft hinein; das Bild des Wettkampfes geht damit einher und das der Ziellinie, die sich ›natürlich‹ auch immer vorn befindet.

Allerdings ist und bleibt jeder bei genauerer Betrachtung immer gleich weit von der Zukunft entfernt. Niemand kommt ihr näher, obwohl er sich hetzt, und niemand verpasst sie, selbst wenn er langsamer ist. Insofern ist es sinnlos, den Augenblick zu opfern für eine Zukunft, in der dann wieder der Augenblick geopfert wird für die dahinterliegende Zukunft – und so fort. Aber liegen die wesentlichen Ziele denn überhaupt wirklich in der Zukunft?

Wie sehr die Fixierung von Zielen in der Zukunft eine willkürliche Setzung ist, ist leicht zu erkennen, wenn man die Gegenprobe macht und sich Völker ansieht, für die vollkommen klar ist, dass die eigentlichen Ziele in der Vergangenheit zu finden sind. Die Griechen des Altertums hatten zum Beispiel eine tiefverwurzelte Vorstellung von einem ›goldenen‹ Zeitalter, in dem die Dinge geordnet und gut waren. Die sogenannte Entwicklung zum ›silbernen‹, ›bronzenen‹ und ›eisernen‹ Zeitalter brachte jeweils nur mehr Verdruss, Zwietracht, Neid und Missgunst. Mit jedem Schritt, so ihre Vorstellung, entfernt sich die Menschheit weiter und weiter von diesem goldenen Zeitalter (und damit von dem eigentlichen Ziel).[82] Eine ähnliche Vorstellung herrscht noch heute im Hinduismus mit seiner Vorstellung von den vier Weltaltern.[83] Die christliche Vorstellung von der Vertreibung aus dem Paradies hat ebenfalls eine solche vergangenheitszugewandte Dimension, und auch auf der individuellen Ebene gibt es häufig eine Sehnsucht nach Zielen, die eher in der Vergangenheit liegen: nach der Unbeschwertheit der Kindheit oder nach der Kraft und der Leidenschaft der eigenen Jugend.

Ziele können also sowohl in der Zukunft als auch in der Vergangenheit liegen. (Natürlich ›liegen‹ sie da nicht, sondern sie werden von uns dorthin projiziert.) Dass Ziele immer in der Zukunft liegen, ist also nur eine mögliche Vorstellung, und zwar eine, die enorm antreibt und von dem gegenwärtigen Augenblick ablenkt. Die Vorstellung, dass Ziele vielleicht in der Vergangenheit liegen, kann dagegen eine deutlich verlangsamende und zentrierende Auswirkung haben. Warum soll man sich beeilen, wenn man mit jedem Schritt sich von seinem eigentlichen Ziel entfernt?

Es ist jedoch noch ein alternatives Modell vorstellbar, in dem die eigentlich wesentlichen Ziele – zum Beispiel die innere Balance, die Ausgeglichenheit, die Harmonie oder das ›Glück‹ nach Aristoteles[84] – für uns weder in der Zukunft noch in der Vergangenheit liegen. Stellen wir uns einfach vor, diese oder andere wesentliche und qualitative Ziele bilden die Mitte oder das Zentrum – wie bei einem Planetensystem –, und wir bewegen uns in unserem alltäglichen Leben wie auf einer kreisförmige Umlaufbahn um diesen Mittelpunkt herum. Dabei versuchen wir, diesem ein bisschen näher zu kommen, statt uns weiter von ihm zu entfernen. Die Schnelligkeit unserer Bewegungen auf der ›Umlaufbahn‹ ist dann völlig unerheblich – einmal abgesehen davon, dass bei größerer ›Umdrehungsgeschwindigkeit‹ auch die ›Fliehkräfte‹ größer werden und so die Gefahr besteht, dass wir uns von diesem Zentrum, diesem Mittelpunkt, das heißt von unseren eigentlichen Zielen, ungewollt entfernen.

ZEITDEHNUNG UND ZEITSCHRUMPFUNG

Vergeht die Zeit?

Da die Zeit nicht greifbar ist und wir nie über die Zeit, sondern immer nur über Zeitmodelle sprechen, kann sich jede Kultur und jeder einzelne Mensch sehr verschiedene Vorstellungen von der Zeit machen. Eine wesentliche Vorstellung über die Zeit ist in unserer Zeitkultur die Annahme, dass die Zeit ›vergeht‹. Das scheint eine beinahe selbstverständliche Tatsache zu sein. Ist nicht schon wieder eine Stunde, ein Tag, ein Jahr vorbei? Ist die Zeit nicht vergangen, vergessen, vorüber? Aber auch das ist nur ein mögliches Zeitmodell, eine bestimmte Perspektive. Sie ist weder ›richtig‹ noch ›falsch‹, sie hat nur bestimmte Konsequenzen – aber wollen wir diese Konsequenzen in Kauf nehmen?

Ein Beispiel: Wer heute tausend Euro geschenkt bekommt, ist vermutlich überrascht und erfreut. Wenn ihm das morgen wieder passiert, wahrscheinlich auch. Wenn das eine Weile so gegangen ist, kommt vielleicht ein Tag, an dem ihm niemand tausend Euro schenkt. Was ist nun die Regel und was die Ausnahme? Hat er jetzt ein Recht darauf, jeden Tag tausend Euro geschenkt zu bekommen? Wenn er das glaubt, wird es ihm ab morgen wahrscheinlich ziemlich schlecht gehen. Die klügere Haltung wäre, sich an jedem Tag über die tausend Euro zu freuen, in dem Wissen, dass es eines Tages vorbei sein wird.

Und wie sieht es mit unserer Zeit aus? Haben wir ein ›Anrecht‹ auf zukünftige, noch vor uns liegende Zeit? Ist es wirklich selbstverständlich, morgen wieder einen Tag ›geschenkt‹ zu bekommen, den wir gestalten und genießen können? Können wir ihn wirklich als ein Geschenk ansehen und entsprechend würdigen? Das würde bedeuten, dass wir jeden Tag darüber staunen können, dass Zeit immer wieder neu ›entsteht‹. Theologisch ausgedrückt, könnte man das Dankbarkeit nennen, in einer Managerzeitschrift hingegen würde man dafür vielleicht die Bezeichnung ›ressourcenorientiert‹ finden. Zu sagen, dass die Zeit ›vergeht‹, ist dagegen ein extrem mangelorientierter Blickwinkel auf die Zeit. Dermaßen verlustorientiert auf des Vergehen von Zeit fixiert zu sein und gleichzeitig einen – zumal unbegründeten – Anspruch auf das Leben hier auf der Erde zu erheben, ist eine ziemlich merkwürdige Haltung.

Überdeutlich sichtbar wird eine solche Einstellung bei bestimmten Zwangsneurotikern. Wie viel davon aber schon ein selbstverständlicher Teil unserer Kultur geworden ist, mag jeder selbst beurteilen: »Ich habe den ganzen Tag ein Gefühl, das mit Angst durchsetzt ist und das sich auf die Zeit bezieht. Ich muss unaufhörlich denken, dass die Zeit vergeht. Während ich jetzt mit Ihnen spreche, denke ich bei jedem Wort: ›vorbei, vorbei, vorbei‹. Dieser Zustand ist unerträglich und erzeugt ein Gefühl von Gehetztheit. Ich bin immer in Hetze.«[85]

Ob also jeder Tag ein Tag ist, der schon wieder vergeht, oder ein Tag, den man unverdientermaßen geschenkt bekommen hat, ist eine Frage der inneren Ausrichtung. Auf jeden Fall wirkt unsere Perspektive auf die Zeit wie eine »sich selbst erfüllende Prophezeiung«[86]. Das Ergebnis ist einmal die Haltung eines unüberwindbaren Mangels – denn es gelingt weder durch List noch durch Schnelligkeit, die Zeit zu überlisten und die ständige Knappheit auszugleichen –, ein andermal eine Haltung der Dankbarkeit und des Überflusses.

Takt oder Rhythmus

Die Vorstellung, dass die Zeit *gleichförmig* vergeht (oder besser: ›entsteht‹), ist ebenfalls ein Modell von der Zeit, dessen Konsequenzen wir uns erst einmal klarmachen müssen. Hinter der Frage, ob Zeit immer *gleich* ist oder eben nicht, verbirgt sich die Frage nach der Objektivität oder Subjektivität von Zeit und die Frage von Takt und Rhythmus. Takt steht dabei für Gleichförmigkeit, der Rhythmus eher für die Lebendigkeit von Prozessen: »Kennzeichen des Taktes ist, dass er einteilt, dass er gleichförmig gliedert, ohne Abweichung funktioniert und manipulierbar ist. [...] Der Takt steht für die Auflösung und die Abschaffung zeitlicher Besonderheiten.«[87]

Der Rhythmus dagegen kommt vom griechischen Wort *rhythmos* und bedeutet soviel wie ›Fließen‹. Dieser Rhythmus umfasst den periodischen Wechsel und die Wiederkehr – allerdings nicht in Form eines starren Taktes. Der Rhythmus war daher jahrtausendelang auch ein Synonym für Zeit und Zeitmaß – bevor die mechanische Uhr und damit auch die Gleichförmigkeit des Taktes zum neuen Synonym für Zeit wurde.

Im Hinblick auf unsere individuelle Zeitwahrnehmung und Zeitgestaltung stellt sich nun die Frage, worauf wir uns konzentrieren: auf den starren Takt oder auf den Rhythmus des Lebens. Offensichtlich laufen das Leben und alle Veränderungen der Materie, der Natur, der Gesellschaft und des persönlichen Lebens nicht gleichförmig und monoton ab, wie es vom mechanischen Zeitverständnis und dem (in gleiche Teile geteilten) Zeitstrahl des linearen Zeitmodells nahegelegt wird. Veränderungen sind dessen ungeachtet sporadisch, anschwellend, verzögert – mit einem Wort: rhythmisch. Die Sonne geht jeden Morgen auf, jedoch nicht zur gleichen Stunde. Der Frühling kommt jedes Jahr, aber nicht am selben Tag (selbst wenn stets ein bestimmter Tag im Jahr ›Frühlingsanfang‹ genannt wird).

Mit Hilfe der Uhr und des Kalenders kann ein immer gleichbleibender Takt über alle Bewegungen und rhythmischen Prozesse gelegt werden. Wir können versuchen, uns selbst und die rhythmisch ablaufenden Prozesse des Lebens auf diese Taktvorgabe hin auszurichten. Aber erst wenn wir das vollzogen haben, erscheint uns die Zeit (und damit das Leben) als ein Takt und die Zeit als ein ›Vergeht-immergleich‹, obwohl das Leben das natürlich keineswegs tut: Das Leben und die Veränderungen laufen dennoch weiter rhythmisch ab. Deswegen hat auch jeder ausgeschlafen, wenn er ausgeschlafen hat, und nicht dann, wenn der Wecker klingelt, und jeder hat Hunger, wenn er Hunger hat, und nicht, wenn die Uhr zwölf schlägt. Die Frage ist auch hier, woran wir unsere eigene Wahrnehmung ausrichten: Schauen wir auf die Uhr, um zu erfahren, ob wir ausgeschlafen oder hungrig sind? Oder verlassen wir uns auf unser Körperempfinden und folgen stärker seinem Rhythmus – so oft es möglich ist?

Mit der Frage nach dem Takt und dem Rhythmus geht aber noch ein anderes Problem, eine andere Zeitfalle einher. Der Takt ist zwar gleichförmig, aber dennoch manipulierbar. Man kann das Metronom schneller stellen – oder zum Beispiel verlangen, dass ein und dieselbe Tätigkeit in der Hälfte der Zeit getan werden muss. Dadurch entstehen abstrakte, von natürlichen Rhythmen und Eigenzeiten losgelöste Tempovorgaben (nicht Zeitvorgaben!). Dabei ist aufschlussreich zu sehen, welchen Bedeutungswandel das Wort ›Tempo‹ selbst durchgemacht hat: »Bis ins 17./18. Jahrhundert war ›Tempo‹ ein Ausdruck für die rechte Zeit, für eine rechte Gelegenheit und für das rechte Maß. Ab Ende des 18. Jahrhunderts wird ›Tempo‹ zum generellen

Zeitmaß der Bewegung. In der Musik ist dieser Tempo-Begriff noch heute gebräuchlich. Erst im 20. Jahrhundert erhält das ›Tempo‹ die Bedeutung von Schnelligkeit, von hoher Geschwindigkeit.«[88]

Subjektive und objektive Zeit

Kann Zeit objektiv sein? Erneut stoßen wir bei der Beantwortung dieser Frage auf ein bestimmtes Zeitmodell. Wenn wir die Zeit mit der Uhr und dem Takt gleichsetzen, sieht es beinahe so aus: Es gibt Uhren, die haben einen bestimmten Takt, und die kann man miteinander vergleichen – also ist Zeit objektiv. Aber natürlich ›misst‹ die Uhr nicht die Zeit (»Uhren sind sozial normierte Geschehensabläufe mit gleichmäßig wiederkehrenden Ablaufmustern, wie etwa Stunden oder Minuten.«[89]), und Zeit ist selbst keineswegs ›objektiv‹.

Wenn ›die‹ Zeit eine Konstruktion, ein Vergleich und untrennbar mit Empfindungen, Veränderungen oder Rhythmen verbunden ist, wie wir gesehen haben, dann ist Zeit immer relativ und subjektiv. Die Zeit ›vergeht‹ (besser: ›entsteht‹) einmal schnell und einmal langsam. Wenn die Zeit und die Uhr identisch wären, könnte schließlich niemand sagen: »Die Zeit ist ja heute wieder schnell vergangen.«

Wenn also von der sogenannten ›Objektivität‹ der Zeit gesprochen wird, wird in der Regel nichts anderes gemacht, als dass eine Uhr mit einer Uhr verglichen und gesagt wird – angenommen, die Uhren gehen absolut genau –, eine Stunde sei immer eine Stunde. Mit dem Phänomen der Zeit hat das allerdings wenig zu tun: Es ergibt sich erst dann, wenn Menschen irgendeine Bewegung mit einer anderen Bewegung vergleichen und dabei ein Konzept im Kopf haben, und eben gerade nicht, wenn eine Uhr mit einer anderen Uhr verglichen wird. Oder anders ausgedrückt: Wir behandeln »fälschlicherweise unsere innerpsychisch erlebte Zeit entsprechend dem vorherrschenden, abstrakt-linearen Zeitbegriff von Technik und Wissenschaft wie ein Absolutum, das heißt wie eine von den Ereignissen unabhängige Größe oder Menge, die beliebig subtrahiert und addiert und damit auch gehortet werden kann. Indessen ist unser Zeit- (und Raum-)erleben in Wahrheit ausgesprochen ›relativistisch‹, das heißt dehn- und komprimierbar, denn es hängt von den konkreten Ereignissen und unserer Einstellung dazu ab [...]«[90]

Die Anschauungen über die Zeit sind dabei noch viel weniger zu objektivieren als die des Raumes. Selbst in Bezug auf Räume muss jeweils geklärt werden, wo oben oder unten ist, was vorn oder hinten ist, was groß oder klein ist; es ist immer eine Frage des Standpunktes des Betrachters, der Versuchsanordnung und der gemeinsamen Vereinbarung darüber, was die Rahmenbedingungen sein sollen, unter denen die getroffene Aussage richtig oder falsch ist. Für die Zeit gilt sinngemäß das Gleiche: Ob etwas schnell oder langsam, linear oder kreisförmig, Vergangenheit, Gegenwart oder Zukunft ist, hängt noch in viel stärkerem Maße vom Beobachter, von der Versuchsanordnung und von unseren Konzepten ab.

Rast oder schleicht die Zeit?

Die Zeit vergeht also nicht – es sei denn, jemand schaut die Zeit aus der oben beschriebenen mangelorientierten Perspektive an. Prozesse und Veränderungen laufen nicht linear ab, sondern genauso gut kreisförmig, nicht gleichmäßig, einem Takt folgend, sondern eher rhythmisch und zyklisch. Aber auch in einer anderen Hinsicht ist Zeit immer subjektiv: Jeder Mensch kennt in seinem Leben Stunden, in denen die Zeit ›kriecht‹, und Stunden, in denen die Zeit ›rast‹. Das ist keine Täuschung, keine psychische ›Verzerrung‹, sondern unsere höchst individuelle ›Zeitrealität‹. Es handelt sich dabei um Phänomene, die als *Zeitdehnung* oder *Zeitschrumpfung* bezeichnet werden. Obwohl diese individuell sehr unterschiedlich ausfallen können, stehen dahinter bestimmte Prinzipien, die man ansehen, benennen und auch aktiv nutzen kann.

Wenn wir jede Stunde so erleben würden, als dauerte sie drei Stunden, dann hätten wir offensichtlich mehr Zeit, als wenn wir jede Stunde so erleben, als sei sie schon nach zehn Minuten wieder vorbei. Es gibt Kulturen, die genau diese Zeitdehnung jahrtausendelang trainiert haben. Zen-Meister der Kampfkunsttechnik zum Beispiel können die enorme Geschwindigkeit des Gegners mental so verlangsamen, dass sie sie quasi in Zeitlupe sehen und erleben. Entsprechend effizient können sie auf einzelne Aspekte des Angriffs reagieren.[91]

Zeitdehnung bewirkt insofern ein Gefühl von Überfluss an Zeit, Zeitschrumpfung ein Gefühl von Zeitmangel – und das alles in ein und derselben Zeiteinheit. Nun haben die meisten Menschen in unseren westlichen Gesellschaften weniger das Problem, dass sich ihre Zeit zu sehr ausdehnt und gar kein Ende mehr nehmen will, sondern eher das Problem, dass die Zeit (scheinbar) zu schnell vergeht. (Wenn

Arbeitslose ihren objektiven ›Zeitgewinn‹ oft mehr als eine Bedrohung denn als eine Chance empfinden, hängt das vor allem mit der mangelnden Übung zusammen, die ›formlos‹ gewordene Zeit für sich selbst sinnvoll und rhythmisch zu strukturieren.)

Generell gilt, dass Zeit in der Wahrnehmung dann sehr schnell vorbei ist, wenn jemand in einer Zeiteinheit sehr viel tut. Auch wenn Tätigkeiten in sehr kleine Stücke unterteilt werden, ›geht‹ die Zeit schneller, als wenn jemand länger und intensiver mit ein und derselben Sache beschäftigt ist. Wenn oft zwischen einer Tätigkeit und einer anderen hin- und hergewechselt wird, schrumpft die empfundene Zeit ebenso. Umgekehrt gibt es eine Reihe von Situationen, in denen sich die Zeit für alle Menschen dehnt, ebenfalls unabhängig davon, was die Uhr anzeigt. Wenn jemand zum Beispiel auf einen geliebten Menschen wartet und hofft, dass er möglichst bald kommt, ›geht‹ die Zeit plötzlich sehr viel langsamer. Genauer: Die Dinge verändern sich langsamer, als man es sich wünscht. (Auch in besonders konzentrierten oder kreativen Zuständen kommt es zu einer ähnlichen Zeitdehnung: Da können wir das Gefühl haben, Ewigkeiten zu durchschreiten, dabei sind vielleicht nur ein paar Minuten oder eine Stunde vergangen.)

Aber die Zeit ›macht‹ natürlich gar nichts. Es sind unsere Wahrnehmung und unsere innere Erwartungshaltung, die über Schnelligkeit oder Langsamkeit von Veränderungen gegenüber dem starren Takt der Uhr entscheiden. Es liegt letztlich an jedem Einzelnen, worauf er seine eigene Wahrnehmung fokussiert. Genießt er öfter den lebendigen Rhythmus, und werden die Elemente der Zeitdehnung oder der Zeitschrumpfung bewusst von uns eingesetzt – oder wird sich starr am Takt der Uhr ausgerichtet? Wer das Zweite tut, hat natürlich keine Chance, eine Ewigkeit in zwei Stunden zu erleben, sondern erlebt in zwei Stunden eben immer nur zwei Stunden. Die Zeit verhält sich letztlich genau so, wie man sie sich vorstellt und mit ihr umgeht.

KÖRPERLICHKEIT UND ZEIT

Beschleunigen und Abbremsen zugleich?

Eigentlich ist unser Körper wunderbar eingerichtet. Allein wenn wir die Zahl der Funktionen wahrnehmen, die da gleichzeitig choreographiert werden, können wir nur staunen: Der Blutdruck wird reguliert, der Herzschlag und die Körpertemperatur angepasst, der Stoffwechsel und die Hormonsekretion eingestellt, die Wach- und Schlafzyklen angeglichen. Diese und viele andere Systeme sind rhythmisch – nicht nach dem Takt – aufeinander abgestimmt und werden mit großer Genauigkeit koordiniert, gleichzeitig aber sehr flexibel gehandhabt. Der Körper ist das perfekte Symbol für Balance und Gleichgewicht auf ganz unterschiedlichen Ebenen und kann durchaus Vorbild für einen gelungenen Umgang mit Zeit, Rhythmus und Veränderung sein.[92]

Dennoch wird der Körper in unserer Kultur selten als Ausgangsbasis für Weltwahrnehmung und Genuss, für Lust und Glück und schon gar nicht für eine Kritik an den uns beherrschenden Zeitmodellen betrachtet. (Inwieweit diese Körperfeindlichkeit ursprünglich mit dem Puritanismus zusammenhängt, ist schon gezeigt worden.) Meistens wird der Körper ignoriert, bekämpft und in ein Zeitkorsett gezwängt, um ganz verschiedenen und noch dazu widersprüchlichen Zeitkonzepten zu entsprechen. Er wird zum Stein des Anstoßes, weil er genau der Ort ist, an dem der merkwürdige Umgang mit unseren unbewussten Zeitmodellen am deutlichsten spürbar wird.

So soll sich unser Körper als Ganzes und auch in seinen Teilen der mentalen Logik der Beschleunigung unterordnen – in der Hoffnung, dadurch unendlich viel in endlicher Zeit zu erleben. Er soll in fast jeder Hinsicht schneller werden: schneller essen und trinken, schneller denken und handeln, schneller wahrnehmen, schneller Eindrücke und Reize verarbeiten. (Außerdem soll er schneller gesund werden, und selbst das Entspannen und das Schlafen sollte am besten schneller und effektiver vonstattengehen.) Die Geschwindigkeit ist scheinbar immer wichtiger als die Balance; ein geflügelter Satz bringt gut zum Ausdruck, wie absurd dieses Ansinnen eigentlich ist: »Leben

Sie schneller, dann sind Sie eher fertig.« Doch damit nicht genug. Neben der ständigen Beschleunigung, die sich in unserem Körper auswirkt und niederschlägt, wartet auf der anderen Seite schon eine zweite Zeitfalle: die Vorstellung, ja die Forderung nach möglichst vollkommenem Stillstand.

Ein Widerspruch in sich? Im Umgang mit den Zeitmodellen in der westlichen Kultur keineswegs. Forderung nach Stillstand bedeutet hier nichts anderes, als die Veränderungen des menschlichen Körpers im Sinne des Älterwerdens zu vermeiden. Ob dieser Wunsch mit einem Jugendkult, mit den Vorstellungen des Anti-Aging oder mit sogenannten Schönheitsoperationen einhergeht, ist dabei egal – die Zielrichtung ist jeweils dieselbe. Es geht um den Versuch, die Veränderungen des Körpers und die damit einhergehenden Alterungsprozesse aufzuhalten, am liebsten sogar anzuhalten, und damit die Zeit selbst scheinbar zum Stehen zu bringen. In diesem Fall heißt es: Stillstand ist wichtiger als Balance.[93]

Diese Vorstellung des Stillstandes wird uns ebenso hartnäckig und allumfassend suggeriert wie die Vorstellung der Beschleunigung, weil durch beide Methoden der (unbewusste) Versuch unternommen werden soll, eine Art von Unendlichkeit zu erreichen. Beschleunigung und Stillstand dienen dem gleichen trügerischen Ziel: die Zeit zu überlisten.

Für diese beiden einander vollkommen widersprechenden Illusionen wird nun ein enormer und zugleich ziemlich vergeblicher Aufwand betrieben. Da diese beiden nicht zu vereinbarenden Maximen in unserem Körper aufeinandertreffen, wir sie also – im wahrsten Sinne des Wortes – am eigenen Leib erfahren, stehen wir zwischen den Fronten und damit zugleich auf verlorenem Posten: Zum einen können wir nicht immer weiter beschleunigen – weil unser Körper dem im Wege steht, weil er gepflegt werden und sich ausruhen will, weil er schlafen und essen muss, weil er nicht mit Lichtgeschwindigkeit Informationen aufnehmen und integrieren, weil er nicht zahllose Dinge parallel tun kann, weil er immer nur an einem Ort der Welt ist und dergleichen mehr. Zum anderen finden in unserem Körper ständig Prozesse und Veränderungen statt – egal ob diese wahrgenommen oder verdrängt werden, ob wir uns ihrer bewusst sind oder nicht. Diese Veränderungen lassen sich vielleicht für eine gewisse Zeit ausblenden oder übersehen, verleugnen oder kaschieren, aber sie können nicht ungeschehen gemacht werden. Jeder wird älter, wird krank, muss irgendwann sterben. Insofern zeigt sich am menschlichen Körper, dass dieser scheinbare Kampf ›gegen die Zeit‹ an beiden Fronten vergeblich und, genau betrachtet, immer ein Kampf gegen den eigenen Körper ist.

Der Körper als Benutzeroberfläche

Um das Unmögliche dennoch zu erreichen, um den Körper sowohl mit dem System der immer größeren Beschleunigung als auch mit dem des möglichst umfassenden Stillstandes kompatibel zu machen, muss unser Körper selbst in seiner Gesamtwahrnehmung und in seiner Tiefendimension zurückgedrängt und auf seine Existenz als ›Benutzeroberfläche‹ reduziert werden. Diese Reduktion geschieht einerseits durch die verschiedenen Ansprüche von außen, wird aber andererseits auch von uns selbst mitinszeniert. Von außen, indem wir nur noch als ›Arbeitskraft‹, ›Verbraucher‹, ›User‹, ›Kostenfaktor‹, ›modische Projektionsfläche‹ wahrgenommen werden und unser dahinterstehender menschlicher Körper (ebenso wie unsere Gesamtpersönlichkeit) weitestgehend ignoriert wird. Umgekehrt versuchen wir selbst, unseren Körper auf die Anforderungen der gleichzeitigen Beschleunigung und des Stillstandes zu trimmen. Wir versuchen, an der Oberfläche bestimmten Schönheitsidealen zu entsprechen, immer im Stand-by leben zu können, der Geschwindigkeit zu folgen und dabei dennoch unverändert jung zu bleiben. Aufrechterhalten wird diese doppelte Illusion durch die stillschweigende Vereinbarung, den anderen und sich selbst immer öfter nur nach seiner funktionalen Oberfläche zu beurteilen und einzuordnen.

Das heißt in der Konsequenz, dass wir unseren eigenen Körper, unsere Bedürfnisse und Rhythmen ignorieren müssen, damit wir an der Oberfläche einen makellosen, flexiblen und jederzeit einsatzbereiten Körper präsentieren können. Wem das nicht ohne weiteres gelingt, der muss seinen Körper antreiben und aufputschen, zur Not mit allerlei Mitteln und Drogen, und er muss ihn anderseits bei Bedarf wieder ruhigstellen. Darüber hinaus gilt es, die Alarmsignale des Körpers bei sich selbst und auch bei anderen zu überhören. Je gründlicher der Kontakt zu den eigenen Körperrhythmen gekappt wird, umso perfekter können wir der ›Logik‹ der Beschleunigung und des Stillstands gerecht werden.

Zeit und Krankheit

Natürlich sind unsere Versuche, den eigenen Körper zu ignorieren, ihn auf eine Benutzeroberfläche zu reduzieren, ihn jederzeit vorzeigbar und unbegrenzt nutzbar zu machen, zum Scheitern verurteilt. Spätestens in der Krankheit zeigt der Organismus oder die Psyche an, dass mit dieser Konstruktion von Realität, von Zeit und Leben, etwas nicht stimmt. Nach einer Umfrage des Gesundheitsamtes der Stadt Saarbrücken klagt »ein Drittel aller Frauen und fast die Hälfte aller Männer über ›Zeitnot‹. Unruhe und Nervosität waren die Folgen und bei etwa einem Viertel der Befragten psychosomatische Erkrankungen.«[94] Im DAK-Gesundheitsreport lesen wir: »Die Zahl der Krankheitstage wegen seelischer Störungen ist innerhalb von vier Jahren um 50 Prozent gestiegen.«[95] Und in der Statistik des Nürnberger Instituts für Arbeitsmarkt- und Berufsforschung findet sich der Passus: »Jeder fünfte arbeitet meistens oder sogar ständig an der Grenze seiner Belastbarkeit. Das sind immerhin gut sechs Millionen Menschen.«[96]

Die Beispiele ließen sich beliebig fortsetzen: 20–25 Prozent der deutschen Bevölkerung leiden unter allergischen Krankheiten, Asthma und Bronchitiserkrankungen haben sich in den letzten 30 Jahren verdoppelt. Allergische Hauterkrankungen nehmen seit 1980 exponentiell zu; von 1958–1987 stiegen die Krebserkrankungen von Frauen um ein Drittel, bei Männern um die Hälfte. Ungewollte Unfruchtbarkeit hat sich in den letzten 40 Jahren verdoppelt. Die Zahl der Neuerkrankungen an Depressionen verdoppelt sich alle zehn Jahre. Nur jeder dritte Beschäftigte erreicht noch das Altersruhegeld, weil ein Drittel vorher stirbt und ein Drittel vorzeitig wegen Frühinvalidität aus dem Erwerbsleben ausscheidet ...[97]

Die Industriegesellschaften versuchen, diesen und anderen Krankheiten mit immer raffinierterem technischem Aufwand zu Leibe zu rücken. Dementsprechend hat sich in allen Industriestaaten der Anteil der Gesundheitskosten am Bruttosozialprodukt während der vergangenen 30 Jahre verdoppelt.[98]

Noch viel dramatischer fällt der Befund aus, wenn wir uns die Frage stellen, was Krankheit im Gegensatz zur Gesundheit und zum Wohlbefinden eigentlich bedeutet: Als ›krank‹ gilt in unserer westlichen Kultur erst ein Mensch, der nicht mehr arbeiten kann. Das legt im Umkehrschluss nahe, dass alle Menschen, die noch arbeiten können, gesund seien – und das sind immerhin noch ziemlich viele. Wenn wir hingegen den Gesundheitsbegriff der Weltgesundheitsorganisation in ihrer Präambel von 1949 zugrunde legen, dann heißt es dort: »Gesundheit ist [...] ein Zustand vollständigen physischen, psychischen und sozialen Wohlbefindens.«[99] Wer ist nach dieser Definition in unserer Gesellschaft noch wirklich gesund?

Der Kampf gegen den eigenen Körper und den eigenen Rhythmus (hinter dem der Kampf gegen die Zeit und die Vergänglichkeit steht) geht also immer verloren – früher oder später. Das wäre eigentlich Grund genug, mit diesem Unterfangen aufzuhören, aber die Fixierung auf quantitative äußere Ziele, auf Erfolg, Karriere und Status, die Angst, sich zu blamieren oder zu versagen, mit dem äußeren Tempo nicht mithalten zu können, lässt viele diesen vergeblichen Kampf noch immer weiterführen.

Der Körper als Wegweiser?

Im Zusammenspiel von Zeit und Körper könnten wir den eigenen Körper auch als Wegweiser zu unseren eigenen verborgenen Zeitvorstellungen auffassen. Wichtig wäre es dann, ihn nicht als ein notwendiges Übel zu begreifen, weder als Hindernis für die unbegrenzte Beschleunigung noch als einen beschämenden Spiegel für den nicht gelingenden Stillstand, sondern als Inbegriff von Balance und Ausgleich, als Basis für eine genussvolle Existenz.

Jemand ist in der Regel viel eher bereit, den eigenen Körper stärker und länger zu drangsalieren, wenn er in seiner Wahrnehmung zu sehr außenorientiert ist und die eigenen körperlichen Symptome gar nicht registriert oder nur als eine Störung empfindet. Im Zusammenhang mit den illusorischen Zeitvorstellungen der Beschleunigung und des Stillstandes schädigen viele Menschen ihren Körper in zweierlei Hinsicht: einmal durch Stoffe, zum Beispiel Aufputsch- und Beruhigungsmittel, zum anderen durch ein bestimmtes Verhalten, das gegen die eigenen Grundbedürfnisse des Körpers verstößt. Zu dieser letzten Form der Schädigung gehören beispielhaft die Arbeitssucht und auch die neuerdings diagnostizierte und in das Verzeichnis der international anerkannten Krankheiten aufgenommene Eilkrankheit.[100] Bei beiden handelt es sich um eine *Prozess*sucht, bei der zwar bestimmte Symptome eindeutig festzustellen sind, die genauen Übergänge von der Arbeitsfreude zur Arbeitssucht und von der Lebendigkeit zur Eilkrankheit jedoch fließend sind.

Prozesssucht bedeutet, dass es sich um eine Sucht nach einem bestimmten Verhalten und nicht nach einer bestimmten Substanz handelt. Julia Cameron beschreibt das so: »Ein Alkoholiker wird nüchtern, wenn er keinen Alkohol mehr trinkt. Ein Arbeitssüchtiger wird nüchtern, wenn er aufhört, *zu viel* zu arbeiten. Die Schwierigkeit besteht darin, dieses Zuviel zu definieren – und hier machen wir uns oft selbst etwas vor [...]«[101]

Auslösende Faktoren der Arbeitssucht sind unter anderem: arbeitssüchtige Persönlichkeiten als prägende Vorbilder, niedriges Selbstwertgefühl, Minderwertigkeitskomplexe, Geltungsdrang, Abgrenzungsschwierigkeiten, Überidentifikation mit der Arbeit und der ständige Adrenalin-Kick. Scheinbare Vorteile der Arbeitssucht sind oberflächlich gesehen: Machtzuwachs, die Entschuldigung eigenen Fehlverhaltens (Rauchen, Trinken, Nervosität, Konzentrationsschwierigkeiten, Unzuverlässigkeit, soziale Ignoranz) mit der Arbeitsbelastung, Verdrängung von Beziehungsängsten und die Hoffnung, von anderen bemitleidet zu werden.[102]

Konsequenterweise müssten inzwischen allerdings auch die Karriere-, Status- oder Ruhmsucht als Prozesskrankheiten angesehen und diagnostiziert werden. Wenn es schwerfällt, für sich selbst die Grenze genau zu ziehen, könnte auch hier die Gesundheitsdefinition der WHO ein entscheidendes Kriterium sein: vollständiges physisches, psychisches und soziales Wohlbefinden. Um das zu erreichen, ist wiederum zweierlei zu beachten: Einmal unsere ›inneren Antreiber‹, auf die wir selbst einen direkten Einfluss haben. Und als ›äußeres‹ Pendant dazu ist überall da direkter oder indirekter Widerstand angebracht, wo in Unternehmen und bei Managern »in der Arbeitssucht eher ein Ziel als ein Problem«[103] gesehen wird.

Körperliche, geistige und emotionale Gesundheit bedeutet immer eine fein ausgewogene Balance von Anspannung und Entspannung, von Konzentration und Offenheit, von Integration und Abwehr. Dabei hat jeder Körper bestimmte Elastizitätsgrenzen – die zwar kurzfristig, aber nicht chronisch übertreten werden dürfen. Umgekehrt kann man sagen, Krankheit ist eine nicht mehr vorhandene Balance auf körperlicher, geistiger, emotionaler oder auch sozialer Ebene. Krankheit deutet auch darauf hin, dass mit der Balance, mit der Synchronisation von Abläufen etwas nicht stimmt. So liegt es nahe, die Krankheit nicht vorsätzlich zu bekämpfen, sondern sie (beziehungsweise den Körper, der von ihr befallen wird) bereits in einem frühen Stadium als einen Wegweiser zu nutzen, um die verlorengegangene zeitliche und körperliche Balance wiederzuerlangen.

Zeit und körperliche Unversehrtheit

Einen Großteil der Verletzungen und Misshandlungen unseres Körpers tun wir uns selbst an, indem wir scheinbar selbstverständlichen Zeitkonzepten, bestimmten Zielen und mentalen Modellen folgen, die für uns selbstzerstörerisch sind. Insofern tragen wir Verantwortung für unseren Körper, unsere Gesundheit und auch für die zeitlichen Modelle, denen wir folgen.

Dies vorausgesetzt, gilt allerdings auch, dass es Rahmenbedingungen gibt, die die körperliche, seelische und psychische Unversehrtheit des Einzelnen akut gefährden. Es wäre zu fragen, inwieweit nicht auch der andauernde äußere Zwang, gegen den eigenen biologischen Rhythmus leben und arbeiten zu müssen, den Tatbestand einer Körperverletzung erfüllt. Die Auswirkungen eines solchen Zeitzwanges sind mindestens ebenso verheerend wie die von physischer und psychischer Gewalt, die ja als eine Verletzung der Integrität, der Würde und der Gesundheit wahrgenommen wird und im Grunde strafbar ist.

In Bezug auf die Zeit ist gerade bei bestimmten Extremsituationen auf tragische Weise zu beobachten, wie mit Schlafentzug, ständigem Aufwecken kurz nach dem Einschlafen, dem Schaffen einer ständigen Anspannungssituation, in der der Körper nicht mehr vollständig entspannen kann (sogenannte Stand-by-Situationen), et cetera Gewalt gegen einen Menschen ausgeübt werden kann, indem sein biologischer Rhythmus und vor allem seine Entspannungsphasen immer wieder gestört werden. (Gerade deshalb werden solche Strategien in verschiedenen Ländern als Folterpraxis angewendet.)

Allerdings ist es heikel, genau zu bestimmen, wo die Grenze zwischen der ›normalen Belastung‹ im Arbeitsalltag und einer ›Körperverletzung‹ durch den andauernden Zwang zu einem Leben gegen den eigenen biologischen Rhythmus verläuft. Doch auch in Bezug auf die Anwendung psychischer Gewalt war es anfangs schwierig, klare Kriterien zu entwickeln. Dort musste ebenfalls berücksichtigt werden, dass Menschen unterschiedlich auf psychische Gewalt reagieren. Diese Gewalt besitzt ebenso wie eine bestimmte Art von zeitlicher Gewalt eine objektiv wahrnehmbare Dimension und eine von der individuellen Disposition abhängige Ebene.

So wie der Arbeitsschutz heute Dimensionen körperlicher Unversehrtheit in den Blick nimmt, ist es keineswegs unmöglich, auch die gesundheitlichen Folgen zu problematisieren, die von einem permanenten Zeitzwang ausgehen. Wenn man genau hinsieht, gibt es bereits solche Zeitregelungen – zumindest in den Bereichen, wo das Nichtbeachten des Biorhythmus direkte Todesfolgen haben kann (Zwangspausen bei LKW-Fahrern oder Abschaffung der 36-Stunden-Dienste bei Ärzten).

Insofern wäre es ebenso möglich – und es gibt auch erste Ansätze dafür – in Unternehmen ein Zeitaudit[104] einzuführen und zu untersuchen, inwieweit die Gestaltung der Arbeitsabläufe auf die biologischen Rhythmen der Mitarbeiter und der Führungskräfte und auf die soziale Vereinbarkeit von Beruf und Familie Rücksicht nimmt. So wie Atemschutzmasken nicht erst eingeführt werden, wenn Leute tot umfallen, sollte ein Zeitaudit nicht erst verbindlich werden, wenn Mitarbeiter auf Grund von Depressionen oder Burnout nicht mehr arbeitsfähig sind. Voraussetzung dafür ist allerdings, die Symptome des eigenen Leidensdrucks überhaupt wahrzunehmen und auszudrücken, statt den von außen vorgegebenen Zeitmodellen in einer Form der Überidentifikation hinterherzulaufen und den eigenen Körper zu ruinieren.

ERZIEHUNG ZUR ZEITKNAPPHEIT

Kinder und Zeit

An unseren eigenen Zeitkonzepten im Erwachsenenalter etwas zu verändern, erscheint oft nicht einfach. Das hängt zum Teil damit zusammen, dass Zeitmodelle bereits relativ früh – schon in der Kindheit – vermittelt werden. So kommt es, dass sie uns später oft selbstverständlich und unhinterfragbar erscheinen, weil sie uns quasi als ›naturgegeben‹ vorkommen. Erst in der Begegnung mit anderen Zeitkulturen wird häufig klar, dass sie keineswegs ›natürlich‹, sondern vor allem kulturell geprägt und anerzogen sind.

Es soll in diesem Kapitel nicht dargestellt werden, wann ein Kind zum Beispiel zeitliche Folgen bewusst erkennt; oder wann es beurteilen kann, ob ein größerer Baum auch immer ein älterer Baum ist; oder wann es bemerkt, dass bei einer gleichlangen Strecke das schnellere Fahrzeug in einer kürzeren Zeit den abgegrenzten Raum durchmisst. Diese und viele andere hervorragende Studien wurden von Jean Piaget unter entwicklungspsychologischen Gesichtspunkten durchgeführt und sind breit rezipiert worden.[105] Es soll hier vor allem beschrieben werden, wie bestimmte Zeitkonzepte als mentale Prägungen ganz selbstverständlich auf uns einwirken, obwohl sie in unterschiedlichen Kulturen jeweils komplett anders beschaffen sind: Vorstellungen von dem, was zu langsam oder zu schnell ist, ob Zeit knapp ist, ob sie ›entsteht‹ oder ›vergeht‹, ob sie linear oder zyklisch ist, ob es auf den Takt oder den Rhythmus des Lebens ankommt und vieles mehr.

Luc Ciompi weist in diesem Zusammenhang darauf hin, dass nicht nur unsere soziokulturellen Zeitkonzepte selbst weitgehend unbewusst sind. Er zeigt auf, »daß neben (bzw. ›hinter‹ oder ›unter‹) den bewußten Zeit- und Raumbegriffen eine ganze Reihe von weitgehend unbewußten Aspekten des Zeit- und Raumerlebens versteckt sind. Physikalische, klimatische, biologische, sozio-kulturelle Rhythmen und Raumerlebnisse prägen sich frühkindlich dem psychischen Funktionssystem offenbar viel tiefer ein, als wir bisher angenommen hatten.«[106]

Die Raumwahrnehmung stand in der Menschheitsentwicklung lange vor der Zeitwahrnehmung. Und so entsteht auch bei jedem Kind zuerst eine räumliche und erst später die zeitliche Orientierung: »Entfernungen sind eine ältere Kategorie der Wirklichkeit als Zeitspannen.«[107] Natürlich machen Kinder von Anfang an Zeiterfahrungen. Das Kind schreit, wenn es Hunger hat, und es dauert eine gewisse Zeit, bis das Bedürfnis des Kindes befriedigt wird. Das Kind wird nach einem starren Takt gestillt, zum Beispiel alle vier Stunden, oder nach seinem eigenen Rhythmus, das heißt, immer wenn es schreit. Es wird sofort oder eben erst nach einer gewissen Zeit auf den Arm genommen.

Beim Integrieren von Raum- und Zeiterfahrungen gibt es jedoch einen relevanten Unterschied, der in der Regel vollkommen unbeachtet bleibt: Raumerfahrungen können direkt als solche erfasst und erfahren werden. Was im Raum vorn oder hinten, was erreichbar oder zu weit weg, was oben oder unten ist, lernt das Kind durch *direkte* Wahrnehmung und nicht durch Erklärung. Zudem gelten in der räumlichen Orientierung bestimmte physikalische Gesetzmäßigkeiten wie zum Beispiel die der Schwerkraft oder der Perspektive: Dinge fallen immer nach unten, die Arme haben nur eine bestimmte Reichweite, ein gewisser Abstand im Raum muss erst überwunden werden, um einen Gegenstand zu erreichen, die Lage eines Gegenstandes im Raum kann nur durch bestimmte Aktionen verändert werden – und so weiter.

Die zeitliche Strukturierung und Rhythmisierung des Lebens ist dagegen keineswegs so festgefügt, gesetzmäßig, klar und nachvollziehbar, wie es die räumliche Strukturierung ist. Die zeitliche Welt und Wirklichkeit unterliegen von Anfang an einer freieren Gestaltung, einer größeren Flexibilität und damit auch einer größeren Willkür. Es gibt keine der Schwerkraft vergleichbaren Gesetzmäßigkeiten, und zeitliche Abstände sind, anders als räumliche Abstände, nicht feststehend, sondern werden von den Eltern oder den Bezugspersonen und von deren individuellen und kulturellen Prägungen definiert oder vorgegeben: wann das Bedürfnis eines Kindes von den Eltern befriedigt wird, wie lange das Kind Aufmerksamkeit bekommt, in welchem Intervall es Zuwendung erhält und so weiter.

Interessanterweise werden die Themen ›Bedürfnisse‹, ›Aufmerksamkeit‹ und ›Zuwendung‹ in der Erziehung zwar sehr häufig unter einem psychologischen oder erziehungstheoretischen Blickwinkel betrachtet, aber nur sehr selten und indirekt unter zeitkulturellen Aspekten wahrgenommen. Dass alle diese Handlungen einer zeitlichen Gestaltung unterliegen, ist leicht zu erkennen. Wie sehr mit diesen Rhythmen aber auch eine unausgesprochene und vor allem unreflektierte Vermittlung von Zeitkonzepten stattfindet, gerät dagegen selten in den Blick. Dabei könnte man zugespitzt sagen: Erziehung ist neben dem Vermitteln der Sprache in der Hauptsache eine Vermittlung von kulturell geprägten, verinnerlichten und weitgehend unterschwellig vorhandenen Zeitkonzepten.

Wann immer es scheinbar um Fragen der Zuwendung, der Aufmerksamkeit, der Ernährung, des Schlafes, der Zuverlässigkeit, der Tagesgestaltung, der Sprache oder der Moral geht, geht es ständig auch um die Vermittlung von Zeitstrukturen. Wann ein Kind aufstehen oder schlafen gehen soll, wann es anfangen kann und wann es aufhören muss zu spielen, wann es essen muss oder darf, wie lange es am Tisch sitzen muss, wann es sein Zimmer aufzuräumen hat, wie lange es auf die Erfüllung eines Wunsches warten muss, welche Aufgaben es in welchem Rhythmus und in welchem Zeitraum zu erfüllen und, später, wann es nach Hause zu kommen hat, unterliegt den Zeitvorstellungen und Zeitkonzepten seines kulturellen und familiären Umfeldes. So sind viele Konflikte zwischen Eltern und Kindern immer auch Zeitstrukturkonflikte, ohne dass sie normalerweise als solche erkannt werden.

Wie Kinder verzeitlicht werden

Obwohl Kinder also von Anfang an Zeiterfahrungen machen, haben sie dennoch lange überhaupt keine Zeitvorstellungen. Diese sind ebenso wie eine bestimmte Sprache nicht angeboren; beide werden erst von der jeweiligen Kultur definiert und vermittelt. Die Vorstellungen von Vergangenheit, Gegenwart und Zukunft, von Tagen, Wochen oder Monaten, ganz zu Schweigen von Zielen, Geschwindigkeit, linearer oder zyklischer Zeit oder der Auffassung, nach der Zeit ›knapp‹ sein kann – das alles wird dem Kind über viele Jahre hinweg vermittelt und regelrecht antrainiert.

Kinder leben unabhängig von diesen Konzepten im gegenwärtigen Moment. Diese selbstverständliche Fähigkeit kommt ihnen erst im Laufe der Jahre abhanden. Daher ist auch verständlich, warum es vielen Menschen in ihrem Erwachsenenleben schwerfällt, im gegenwärtigen Augenblick präsent zu sein, denn diese Fähigkeit muss erst ›wiedererlernt‹ werden. (Dabei ist es jedoch gut zu wissen, dass jeder das schon einmal konnte.) Dieses ›Im-gegenwärtigen-Moment-Leben‹ des Kindes führt übrigens auch dazu, dass die Zeit in der Kindheit viel langsamer ›vergeht‹ als im Erwachsenenalter. In der Kindheit fallen organische, emotionale und mentale Gegenwart noch in jedem Augenblick zusammen.

Erst nach und nach beginnt das Kind Zeitvorstellungen auszuprägen. Aber so »rasch sich die Vorstellung von Vergangenheit, Gegenwart und Zukunft, von kurzen und langen Zeitintervallen auch entwickelt, ist doch selbst am Ende der Vorschulzeit noch kein umfassender, einheitlicher Zeitrahmen vorhanden, sondern ein Flickwerk unkoordinierter Zeitbegriffe.«[108] Es gibt zwar bereits die Begriffe von Vergangenheit und Zukunft, aber die entscheidende Form der Existenz für das Kind ist offensichtlich noch immer die Gegenwart, das Hier und Jetzt. Ein Kind lernt die Wochentage, die Bedeutung der vier Jahreszeiten, es beginnt allmählich, den Begriff ›Monat‹ und auch die Uhrzeit zu verstehen. Dabei muss das Kind ebenfalls lernen, mit den jeweiligen kulturellen Ungereimtheiten und Widersprüchen in Bezug auf die Zeit zurechtzukommen. Es muss begreifen, dass der Tag immer wieder am Morgen anfängt und am Abend aufhört, also wiederkehrend ist, ebenso wie die Jahreszeiten, dass die Uhr im Kreis geht und immer wieder an derselben Stelle ankommt, dass die Zeit aber angeblich trotzdem linear ist und eine Richtung hat. Und wenn das Kind das akzeptiert hat, lernt es schließlich – allerdings erst ein paar Jahre später im Fach Physik –, dass die Zeit gar keine Richtung hat. (Zum Glück für die Eltern weiß das Kind hingegen meistens nicht, dass eine Woche keineswegs immer sieben Tage hat, sondern in anderen Kulturen zwischen vier und zehn Tage lang ist, dass die Wochen mit den Monaten nicht übereinstimmen, die Monate nicht mit dem Sonnenjahr und dass schließlich alle Vorstellungen von der Zeit Konstruktionen und Vergleiche sind, die man so, aber auch ganz anders anstellen kann.)

Unterordnung unter die herrschenden Zeitvorstellungen

Eigentlich könnten die Zeitvorstellungen, die jeder Mensch entwickelt, ihm selbst überlassen werden. Aber Zeitvorstellungen sind nicht einfach so – oder eben anders. Sie dienen letztlich der Veränderung des Verhaltens der einzelnen Mitglieder einer Gruppe oder Gesellschaft: Es geht um die Anpassung an Normen, und die gelingt auch sehr durchgreifend und subtil mit einem feinen Netz von beinahe unsichtbaren Zeitstrukturen. Positiv gesprochen handelt es sich dabei um die Synchronisation von Gruppen und Gesellschaften. Nicht ganz so positiv formuliert, geht es um Unterordnung unter die jeweils herrschenden Zeitkonzepte: »Das Einpflanzen kulturabgeleiteter Zeitnormen ist das wichtigste Sozialisierungsmittel.«[109]

Man kann also sagen, dass gerade in den ersten Jahren der größte Teil der Erziehung der Kinder durch die Eltern davon geprägt ist (unabhängig von der konkreten Vermittlung von bestimmten Zeitvorstellungen), die spontanen und rhythmischen Impulse und Bedürfnisse des Kindes mit dem vorgegebenen Takt der Gesellschaft zu synchronisieren. Schon ein einfaches Beispiel wie eine gemeinsame Mahlzeit kann das verdeutlichen. Das Kind fragt dreimal, wann es etwas zu Essen gibt – aber es ist noch nicht an der Zeit. Dann, wenn das Kind wieder vollkommen ins Spiel vertieft ist, wird es zum Essen gerufen. So treffen täglich oder sogar stündlich bestimmte Takte, Riten, soziale Zeiten auf der einen und die Rhythmen des Kindes auf der anderen Seite aufeinander. Genau an dieser Stelle werden bereits einige grundsätzliche Weichen in Bezug auf den Umgang mit der Zeit in den späteren Jahren gestellt.

Es sollen hier zwei extreme Reaktionen betrachtet werden, um das anschaulich zu machen: Einmal wird in Bezug auf die Essenszeiten (oder auf andere Situationen) der Takt sehr streng und unnachgiebig von den Eltern durchgesetzt. Dann entwickelt sich beim Kind oft Resignation. Diese Resignation dem Takt gegenüber geht mit einer zunehmenden Wahrnehmungsblockade gegenüber den eigenen individuellen Rhythmen und Bedürfnissen einher. Natürlich ist es auch möglich, dass das Kind eine ebenso rigide Antihaltung gegen jede Art von äußerem Takt entwickelt, dass das Kind sich weigert, zum Essen zu gehen, selbst dann, wenn es Hunger hat. Doch auch diese Antihaltung, schon aus Prinzip nicht das zu tun, was verlangt wird, bringt keine größere Selbstwahrnehmung mit sich.

Das entgegengesetzte Extrem bestünde im vollständigen Fehlen von Synchronisation in der Familie oder Gruppe. Das ist für das heranwachsende Kind nicht unbedingt besser; es nimmt dem Kind die Möglichkeit zu lernen, die eigenen Rhythmen, Wünsche und Bedürfnisse mit den Rhythmen, Wünschen und Bedürfnissen anderer abzustimmen und zu synchronisieren. Wenn es dann zu einem späteren Zeitpunkt – zum Beispiel in der Schule – plötzlich mit einem rigiden Takt konfrontiert wird, ist es hilflos und ohne Erfahrung, wie man eigene rhythmische Bedürfnisse mit den Erwartungen anderer in Einklang bringen kann, indem man sie zurückstellt, aufschiebt, kompensiert oder später ausgleicht.

Die Überanpassung an den gesellschaftlichen Takt – mit dem Verlust der Wahrnehmung des eigenen Rhythmus, des eigenen Körpers, der eigenen Wünsche und Bedürfnisse – ist dabei ebenso tragisch wie die Unfähigkeit, sich überhaupt mit anderen synchronisieren zu können. Zu den Prinzipien der mehr oder minder rigiden Unterordnung unter die herrschenden Zeitkonzepte gehören aber nicht nur die Fragen von Takt und Rhythmus. Auch in vielen anderen Bereichen wird die Innensteuerung und Selbststeuerung immer stärker durch eine Außensteuerung ersetzt und werden Dinge, die ursprünglich als zusammengehörig empfunden wurden, auseinandergerissen.

Während beim Spielen des Kindes der Weg (Gegenwart) und das Ziel (Gegenwart) noch nicht getrennt sind, kommt es durch die Erziehung nach und nach zu einer Entwirklichung dieser Form des gegenwärtigen Erlebens. Erreicht wird das durch eine immer intensivere Zielorientierung. Damit gehen später ganz selbstverständlich Phänomene einher wie die ›Zukunftsfixiertheit‹, alle möglichen Formen der Geschwindigkeitsdressur und die Vorstellung von einer ständigen ›Zeitknappheit‹. Etwas nicht im eigenen Rhythmus zu tun, sondern in einem von außen vorgegebenen Takt, ist oft schon lange vor dem Erlernen der Uhrzeit angelegt. In *Zeitnot in der Kindheit und psychische Krankheit*[110] werden die Folgen der zu frühen und zu massiven Zeit- und Zielgerichtetheit und das daraus später oft resultierende Suchtverhalten genauer betrachtet: »Beschleunigung folgt immer dem Prinzip der Steigerung der Dosis und trägt dabei in sich selbst Züge eines Suchtcharakters, auch wenn sie in unserer Kultur als ein Maßstab des Fortschritts angesehen wird. Der Suchtkranke ist damit Protagonist dieses Beschleunigungsprozesses [...]«[111]

Auch Arbeit und Spiel sind beim Kind noch nicht unterschieden. Sie werden erst später durch die Einteilung in scheinbar nützliche und unnütze Tätigkeiten oder Beschäftigungen auseinanderdividiert.

Die nützlichen sollen dann, wenn es geht, immer schneller ausgeführt werden. So werden schon sehr früh Effizienzvorstellungen als ein ›Wert‹ vermittelt. Den Sinn in den Tätigkeiten selbst zu entdecken, wird dagegen nach und nach verlernt.

Durch die Ausrichtung am äußeren Takt geht stufenweise die Fähigkeit verloren, in der Auseinandersetzung mit den einzelnen Tätigkeiten in die Tiefe zu gehen. Die häufige äußere Störung der inneren Prozesse und der Rhythmen des Kindes führt zu einer erlernten Oberflächlichkeit, weil die Dinge irgendwann nur noch mechanisch und ohne innere Beteiligung verrichtet werden. Daraus entwickelt sich die schon beschriebene ›Versäumnisangst‹ als die ständige Hoffnung, anderswo das zu finden, was an innerer Beteiligung in den Tätigkeiten verlorengegangen ist – und weil das nicht funktioniert, erwächst daraus schließlich die Sucht nach immer schnellerer Veränderung.

Während der ersten Lebensjahre sind das Lernen, das Aufnehmen von Informationen und das Anwenden und Umsetzen dieses neu erworbenen Wissens noch auf das engste miteinander verknüpft. Auch hier beginnt allerdings relativ früh die Ausrichtung auf das Sammeln von Informationen um ihrer selbst willen, weitgehend ohne Rückkopplung zum eigenen Verhalten. Perfektioniert wird dieser Prozess vor allem durch die Medien und die Schule.

Dass diese Art der unbewussten Vermittlung von Zeitvorstellungen und Taktvorgaben nicht gerade eine Balance bei den Heranwachsenden hervorbringt, sondern sehr einseitig die Unterordnung unter das Diktat der Zeit fördert (und oft den reflexartigen und zum Teil massiven Protest der Heranwachsenden provoziert), ist nicht ganz zufällig. Die Eltern unterliegen selbst sehr stark dem Takt der Gesellschaft und haben von daher Probleme, diesen Takt mit dem spontanen Rhythmus ihrer Kinder zu vereinbaren. So werden sie durch ihr Verhalten, durch ihr Vorbild oder einfach durch die Weitergabe von äußeren Zwängen zu Vermittlern einer Zeitdressur, die sie selbst bei genauerer Reflexion in dieser Art oft gar nicht befürworten würden. Wie wandelbar bestimmte Erziehungs- und Zeitvorstellungen bei der Kindererziehung trotz alledem in den letzten vierzig Jahren in der Bundesrepublik Deutschland waren, zeigt unter anderem Helga Zeiher auf. »Bis vor knapp vierzig Jahren herrschte die Überzeugung, dass Kinder feste Alltagsrhythmen, insbesondere eine strikte Zeitordnung für Essen und Schlafen brauchten. So wurden Kinder von Geburt an an das fordistische Zeitregime des Industriezeitalters gewöhnt [...] in den späten 60er Jahren [...] glaubte man das Gegenteil: Kinder könnten und sollten ihre Zeit selbst regulieren, ohne Eingriffe von außen [...] in den 70er Jahren, als die Erwerbstätigkeit von Müttern zunehmend als wichtig galt, kam die Idee der ›Qualitätszeit‹ auf. Eine tägliche kurze Phase intensiver Zuwendung sei mehr wert für das Kind als das ständige Zuhausesein der Mutter [...]«[112] Das kann nur heißen: Zeitvorstellungen sind aktiv wandelbar, auch innerhalb einer Kultur – man muss es nur wollen.

Indirekte Methoden der Übermittlung

Selbstverständlich sind Vorbild und Gewöhnung immer Elemente einer effektiven Erziehung. Dennoch gibt es in der Zeiterziehung und in der Vermittlung von Zeitvorstellungen einen deutlichen Unterschied zu anderen Erziehungs- oder Bildungsthemen. Über die meisten dieser Themen kann gesprochen und diskutiert werden: Wenn etwas angeordnet oder gefordert wird, geschieht das mit Hilfe der Sprache und mit Argumenten. Gegen etwas, was gesagt wird, ist Widerspruch prinzipiell möglich. Ob es dabei um Ordnungsvorstellungen oder Interessenkonflikte, um Urlaubsziele oder Geschenke, um Wünsche oder Bedürfnisse geht, ist im Grunde egal.

Zeiterziehung selbst ist dagegen in weiten Teilen sehr unbewusst und geschieht immer in verdeckter Form. Niemand würde zu seinem Kind sagen: »Höre auf, konzentriert in der Gegenwart zu sein.« Und selbst wenn das geschehen würde, könnte man fragen: »Warum eigentlich?« Gesagt wird vielmehr: »Streng dich an, um dieses oder jenes Ziel schneller zu erreichen.« Bestenfalls wird vielleicht noch darüber debattiert, ob dieses Ziel wirklich sinnvoll, zu groß oder zu weit weg ist – aber die Frage der Balance zwischen konzentrierter Gegenwartswahrnehmung und/oder Zukunftsfixierung kommt dabei gar nicht in den Blick, weder bei dem, der diese Aufforderung ausspricht, noch beim Empfänger. So erfolgen die allermeisten Prägungen in der Zeiterziehung nicht direkt, sondern indirekt. Sie werden vermittelt wie unhinterfragbare Selbstverständlichkeiten – und von daher wirken sie später in unserem Leben wie unhinterfragbare Tabus. Einteilungen in nützliche oder unnütze Tätigkeiten, ständige Zielsetzungen, die Dominanz des Taktes über den Rhythmus, das

Verdikt, dass schneller besser ist als langsamer, und vieles mehr wird in Tausenden von Einzelsituationen antrainiert, muss aber niemals direkt angesprochen werden. Deswegen werden die soziokulturellen Zeitkonzepte später auch so selten zum Gegenstand einer intensiven Wahrnehmung und Diskussion gemacht. Zeit, Zeitwahrnehmung und Zeitmodelle ›gehören‹ scheinbar so selbstverständlich zu uns, dass sie uns wie angeboren und nicht wie das Ergebnis aufwendigster Gewöhnungsmaßnahmen erscheinen.

Schule und Fernseher als Taktgeber

Bei der Erziehung zur Dominanz des Taktes gegenüber dem Rhythmus kommt der Schule und dem Fernsehen eine besondere Rolle zu. An diesen beiden Einrichtungen lassen sich die zeitlichen Erziehungsmuster – vollkommen unabhängig von den konkreten Inhalten – gut darstellen.

In der Schule interessiert nicht, wann die Schüler bereit sind zum Lernen oder was eine physiologisch angemessene Zeit wäre, mit dem Unterricht zu beginnen. Begonnen wird, wann es der Takt vorgibt. Ebenso verhält es sich mit den Pausen, die nicht stattfinden, wenn ein Thema zu Ende ist und vielleicht ein neues beginnt. Sie können nicht zwischen Schülern und Lehrer vereinbart oder variiert werden. Auch wenn ein Thema interessant ist, darf es nicht länger behandelt werden, als es der Stundenplan vorgibt – es wird abgebrochen, weil der Takt es so vorsieht. Die Themen, die vermittelt werden, stehen nicht im Zusammenhang und bauen aufeinander auf, sondern folgen in einem abenteuerlichen Wechsel von Stunde zu Stunde. Sinnentleert stehen die abstrakten Inhalte nebeneinander. Eine praktische Anwendung der Erfahrungen kommt selten vor. So wird durch die Schule eine bestimmte Form des ganzheitlichen Lernens erschwert und der innere Bezug zu den Themen eher zerstört als unterstützt. Ergänzt wird das Ganze durch Geschwindigkeitsdressur, Konkurrenz und Vergleich (einmal abgesehen von einer Reihe von alternativen Schulen, die versuchen, genau diesem Trend entgegenzuwirken, die aber nur eine verschwindend kleine Zahl von Schülern erreichen).

Was Jeremy Rifkin über amerikanische Schulen schreibt, ist nicht so weit von deutschen Verhältnissen entfernt: »In unserem Erziehungssystem wird ein Preis darauf gesetzt, wie schnell wir eine Antwort sprechen oder eine Aufgabe lösen können [...] Um mitzukommen, muß man den Stoff schnell aufnehmen und noch schneller abrufen können. Kindern wird im ganzen Land gelehrt, im Klassenzimmer mit der Uhr zu wetteifern [...] Unsere Gesellschaft ist unbeirrt in ihrem Glauben, daß Intelligenz und Geschwindigkeit zusammengehören und daß das kluge Kind immer am schnellsten lernt. Eine der Hauptaufgaben des Lehrers besteht darin, im Klassenzimmer eine Geschwindigkeit und einen Rhythmus einzuführen, der das Tempo in der größeren Welt nachahmt, für die die Kinder vorbereitet werden.«[113] So wird die Schule zu einer Geschwindigkeitsausleseeinrichtung, in der die Individualität des Kindes – zu dem ja auch der eigene Zeitrhythmus gehört – eingedämmt und bekämpft wird.

Natürlich stehen auch die Lehrer unter einem Vermittlungsdruck, in immer kürzerer Zeit immer mehr abstraktes Wissen – in Form von Informationen – in die Köpfe der Kinder zu bringen. Das Ergebnis ist, dass die Kinder immer schneller immer mehr lernen, jedoch immer weniger können – im Sinne einer Anwendung des erlernten Wissens auf ihr eigenes Leben. Denn »Informationen können nicht einfach ›gespeichert‹ werden [...] Sie müssen vielmehr mehrfach verarbeitet werden, und zwar geistig, emotional und praktisch, wenn Menschen nicht nur zu bestimmten Funktionen konditioniert werden, sondern sich an den Informationen auch ›bilden‹ können sollen. Solche Verarbeitungsprozesse erfordern eine ›Pädagogik des Zeitlassens‹.«[114]

Ebenso problematisch für die Zeitsozialisierung ist das Fernsehen. Der Fernseher ist das Taktinstrument der Gesellschaft par excellence. Im Fernsehen hat der Takt vollkommen über den Rhythmus des Lebens gesiegt. Von daher kann man sagen, je früher und umfassender der Fernseher als Sozialisationsmittel eingesetzt wird, umso ›besser‹ für das Lernen der widerspruchslosen Unterordnung unter den Takt. Dieser Takt hat ja nicht nur etwas Abtötendes – den Rhythmus Eliminierendes –, sondern auch etwas Beruhigendes und Sicherheit Vermittelndes, weil im Fernsehen, völlig abgesehen von den konkreten Inhalten, in der zeitlichen Dimension absolut nichts so ist wie im richtigen Leben.

Im Leben bleiben ja – trotz aller Versuche, es nach der Uhr auszurichten und es in Zeitfenster zu zwingen, es einteilbar zu machen und zu vertakten – immer noch rhythmische Elemente erhalten: Das Gespräch nimmt einfach kein Ende; der Zug ist nicht pünktlich;

Menschen werden müde; Projekte dauern länger als geplant; Unternehmungen entwickeln sich in eine andere Richtung, und Pläne werden nicht eingehalten. Das sind eigentlich unhinnehmbare Verstöße gegen den Takt, die mitunter zu ziemlichen Verunsicherungen führen können.

Im Fernsehen jedoch ist alles ganz anders: Der ständige Widerspruch zwischen lebendigem Rhythmus und starrem Takt ist dort aufgelöst, und alles ordnet sich völlig reibungs- und widerspruchslos dem Zeittakt unter, scheinbar wie von selbst und herrlich unkompliziert. Alles, was in der Welt an einem Tag passiert, passt jeden Abend immer wieder genau in die fünfzehn Minuten der Tagesschau. Im Fernsehen ist jedes Gespräch – über die weltpolitisch wichtigsten oder die trivialsten Themen – stets pünktlich zu Ende, genau dann, wann es zu Ende zu sein hat. Und jeder weiß schon vorher, wann das sein wird. Wann passiert einem das schon mal im wirklichen Leben? Jede Serie fängt pünktlich an und ist pünktlich zu Ende. Wer hat mit seinen Lebensdramen schon so viel Glück? Jede Kindersendung ist zu kalkulieren, und jeder Mörder wird gerade fünf Minuten vor der nächsten Sendung gefasst.

So ist die zeitliche Botschaft einer jeden Sendung immer nur eine, dafür immer wiederholte und unbewusst vermittelte: Es gibt keinen Rhythmus, alles richtet sich nach dem Takt – das ganze Leben, die ganze Welt und der Zuschauer natürlich auch. Im Fernsehen gelingt alles, sowohl im individuellen Erleben des Zuschauers wie in der gesellschaftlichen Inszenierung gleichermaßen – und zwar immer zur rechten Zeit. Von daher ist das Fernsehen in zeitlicher Hinsicht ein höchst wirksames Disziplinierungsmittel, um die individuellen Rhythmen von vielen Individuen effektiv gleichzuschalten und einem Takt zu unterwerfen. Und obendrein entsteht neben dieser ›Zeitdressur‹ ein massives Abhängigkeitsverhältnis: »Was die Fernsehsucht betrifft, so zeigen Experimente immer wieder, dass nur die wenigsten Menschen, auch wenn sie es wollen, in der Lage sind, für einige Wochen auf das Fernsehen zu verzichten.«[115]

Zeiterziehung ist also ein höchst komplexer und widersprüchlicher Vorgang. Die Koordination von Abläufen ist in jeder Gesellschaft so wichtig wie im eigenen Körper – bestimmte Dinge müssen gleichzeitig geschehen, andere Dinge dürfen auf keinen Fall gleichzeitig passieren. Wenn sich zwei Leute treffen wollen, müssen sie zur gleichen Zeit am gleichen Ort sein. Zwei Autos sollten dagegen besser nicht gleichzeitig aus verschiedenen Richtungen über eine Kreuzung fahren.

Dennoch können wir gerade an der Zeiterziehung erkennen, wie groß der wirkliche Grad der Freiheit in einer Gesellschaft ist oder wie rigide ihr Zeitregime gehandhabt wird. Wie geht die Gesellschaft mit Verstößen gegen die Zeitsetzungen um? Wie viele Gestaltungszeiträume werden dem Einzelnen ermöglicht? Wie groß ist die Toleranz gegenüber abweichenden Zeitformen, Zeitmodellen und Zeitrhythmen?

Die Unterscheidung von *notwendiger* und *zusätzlicher* Unterdrückung, wie sie Herbert Marcuse in Abgrenzung zu Freuds Konstruktion des Lust- und Realitätsprinzips formuliert hat[116], hat hier nichts von ihrer Aktualität verloren. Notwendige Unterdrückung, um eine Synchronisation in der Gesellschaft zu ermöglichen, und zusätzliche Unterdrückung, um Herrschaft und Macht auszuüben, gehen bei der Zeiterziehung allenthalben fließend ineinander über.

EIN ANDERER UMGANG MIT DER ZEIT

ZEITGRENZEN UND DIE TIEFENDIMENSION DER ZEIT

Freiheit der Zeit gegenüber

Wie gezeigt wurde, werden Zeitvorstellungen bereits früh vermittelt und wirken später wie unhinterfragbare Tabus; kulturelle Prägungen, Erziehung, Medien und Werbung führen zu einem in sich geschlossenen Verblendungszusammenhang. Insofern scheint es schwierig, den beinahe unsichtbaren Zeitkonzepten und ihren Konsequenzen mit einiger Aussicht auf Erfolg zu entgehen. Dennoch kann sich unsere Wahrnehmung der Zeit sehr plötzlich ändern. Spontan geschieht das in existentiellen Situationen: nachdem jemand einen Unfall hatte, dem Tode nahe war oder fast einen geliebten Menschen verloren hätte. In solchen Zusammenhängen lösen sich viele der sonst für selbstverständlich gehaltenen Zeitkonzepte auf. Man kann beobachten, dass diese Menschen auf einmal wirklich im Augenblick leben und sich selbst und andere viel intensiver wahrnehmen: Jeder Handgriff, jede Bewegung wird auf einmal sehr konzentriert und aufmerksam ausgeführt, und noch dazu strahlen sie dabei eine Klarheit und Ruhe aus, die Außenstehende sofort bemerken.

Wie kommt dieser unvermittelte Wandel im Umgang mit der Zeit zustande? Warum gelingt es, ohne jede Übung, ohne die Lektüre von Zeitbüchern, ganz anders mit sich und der Zeit umzugehen? Wie werden die Gewohnheiten und die Zeitmuster, die ein Leben lang präsent waren, so spontan überwunden? Diese Situationen zeigen beispielhaft, dass es Auswege aus den kulturell vermittelten Zeitkonventionen gibt, dass ein anderer Umgang mit der Zeit nicht nur intellektuell vorstellbar, sondern auch individuell lebbar ist – und das nicht nur nach existentiell erschütternden Situationen.

Wenn wir diese Freiheit in unserem täglichen Leben bewusst zurückgewinnen wollen, gelingt das jedoch nicht allein durch gute Vorsätze, Ratschläge oder allein mit Hilfe der Willenskraft (das ist einer der Gründe, warum Zeitmanagement- und Ratgeberbücher selten funktionieren), sondern nur durch das schrittweise Aufdecken von im Hintergrund vorhandenen Zeitkonzepten und deren

Wandlung. Kein Problem lässt sich auf der gleichen Ebene lösen, auf der es aufgetreten ist.

Was kann Freiheit in Bezug auf eingefahrene Zeitkonzepte nun genau heißen? Es könnte bedeuten, der Ereigniszeit im Gegensatz zur Uhrzeit wieder mehr Geltung zu verschaffen, zwischen der äußeren und der inneren zeitlichen Freiheit genauer zu unterscheiden, die Kunst der Muße und des Müßiggangs wieder zu pflegen, Momente der Zeitlosigkeit gezielt herbeizuführen und zu genießen sowie eine Balance im Ablauf des täglichen Lebens zu finden. Es könnte heißen, mit einer kreativen Selbstzentriertheit den unterschiedlichen zeitlichen Einflüssen, Anforderungen und Begrenzungen zu begegnen und sich gegen alle möglichen Übergriffe auf die eigene Zeit ideenreich und phantasievoll zur Wehr zu setzen. Wesentlich ist dabei vor allem, sich die innere Erlaubnis zu geben, mit der Zeit und den Zeitkonzepten spielerisch umzugehen, zu experimentieren und zu beobachten, wie es uns damit ergeht.

Zu dieser Freiheit gehört auch, uns nicht selbst zu täuschen, sondern genau wahrzunehmen, was in unserem Leben in Bezug auf die Zeit im Moment wirklich geschieht. Es kann aufschlussreich sein, anderen und vor allem sich selbst genau zuzuhören, wenn wir über die Zeit oder über zeitliche Bezüge sprechen, und dieses Sprechen gegebenenfalls zu korrigieren, vor allem bei der Benutzung von Wörtern der Beschleunigung und der Geschwindigkeitsfixierung: ›sofort‹, ›gleich‹, ›so schnell wie möglich‹, ›ich muss noch rasch‹ et cetera, die allesamt dazu verführen, Dinge schnell zu erledigen, statt sie intensiv und achtsam zu tun, und die uns selbst und andere unter ›Zeitdruck‹ (genauer: unter ›Handlungsdruck‹) setzen.

Eine andere Möglichkeit, mit eingefahrenen Zeitmustern umzugehen, ist, eine bewusste ›Zeitinventur‹ zu machen – in Analogie zu unserem Umgang mit Räumen: Ein Raum kann *aufgeräumt* werden, wenn in ihm zu vieles vorhanden oder zu sehr durcheinandergeraten ist. Danach sind die Dinge anders angeordnet, besser in Beziehung zueinander gebracht oder entfernt worden. In der deutschen Sprache gibt es kein vergleichbares Wort in Bezug auf die Zeit. Doch auch hier kann man mit Wittgenstein sagen: »Die Grenzen meiner Sprache bedeuten die Grenzen meiner Welt.«[117]

Was wir nicht sagen können, können wir auch nicht denken, und was wir nicht denken können, können wir auch nicht umsetzen. Dabei wäre es genauso hilfreich, in Analogie zum Aufräumen – *aufzuzeiten*: unsere eigenen Zeitabläufe, Rhythmen und zeitlichen Bezüge neu zu ordnen oder in ein anderes Verhältnis zueinander zu setzen und dabei einige überholte, unbrauchbare oder krankmachende Zeitvorstellungen zu entfernen.

Auf der mentalen Ebene könnte uns eine Selbstbefragung zu mehr innerer Freiheit der Zeit gegenüber zurückführen: Wie kommt es, dass wir oft zu viel, aber selten zu wenig zu tun haben? Wodurch tragen wir dazu bei, die Menge der Ziele, Arbeiten, Aufgaben zu erweitern, statt sie zu reduzieren? Wie gehen wir mit unerwarteten Pausen oder Wartezeiten um? Geben sie uns ein Gefühl von Befreiung, oder geht mit ihnen eher die Angst einher, plötzlich ›nichts‹ mehr zu tun zu haben? Fühlen wir uns gestresst, wenn wir plötzlich allein sind und Zeit für uns haben? Empfinden wir unsere Zeitrahmen für Aufgaben, Tätigkeiten und Abläufe als inspirierend oder als beengend – und welchen Einfluss haben wir darauf? Auch hier ist es möglich, durch geschicktes Fragen von der oberflächlichen Ebene unserer alltäglichen Zeitwahrnehmung auf die ›darunter‹ oder ›dahinter‹ liegende Tiefendimension der unbewussten Prägungen und Zeitvorstellungen zu gelangen.

Zeit und Zeitgrenzen

Es wurde schon beschrieben, dass hinter dem ›Kampf gegen die Zeit‹ bei genauerer Betrachtung der Versuch steht, die Begrenzung des eigenen Lebens zu überwinden. An dem Umgang mit dieser einen absoluten Grenze des Lebens lässt sich aber auch Wesentliches über unseren Umgang mit Grenzen überhaupt erkennen. Alle unsere sogenannten ›Zeitprobleme‹ haben – bis in die alltäglichsten Situationen hinein – bei genauerer Untersuchung immer mit einem Grenz- oder Abgrenzungsproblem zu tun.

Auffallenderweise wird in der westlichen Kultur fast ausschließlich der einengende Aspekt von Grenzen gesehen und betont. Es gilt als ›selbstverständlich‹, Grenzen jeweils ausdehnen und überwinden zu wollen: besser, schneller, weiter, höher. Dabei wird oft vernachlässigt oder ganz unterschlagen, dass Grenzen äußerst sinnvoll und zugleich notwendige Voraussetzung dafür sind, dass innerhalb der jeweiligen Begrenzung überhaupt etwas geschehen kann. Die Wände eines Hauses sind eine ›Grenze‹, egal wie groß das Haus ist. Durch sie erhält das Haus seine Gestalt. Man kann diese Grenze verändern, versetzen, ihr ein anderes Aussehen geben. Aber ohne Grenze gäbe es kein Haus mehr. Das gilt für alle Bereiche des Lebens – und im materiellen Bereich ist das sofort offensichtlich: von der Teetasse bis zur Landesgrenze, ohne Grenze kein Inhalt. Gleiches trifft auch auf den menschlichen Köper zu: Das Einatmen findet seine Grenze beim Ausatmen und umgekehrt, die Anstrengung in der Ruhe, die Bewegung im Schlaf, die Wachheit in der Müdigkeit. Grenzen sind also konstitutiv und haben keineswegs nur einschränkende und verhindernde Aspekte.

Was auf der räumlich-körperlichen Ebene leicht nachzuvollziehen ist, gilt ebenso auf der zeitlichen Ebene, nur wirken sich die Grenzen hier anders aus. In einem Haus läuft man bei der Leugnung der Grenze gegebenenfalls gegen eine Wand, das Leugnen zeitlicher Begrenzungen hat dagegen scheinbar keine so rabiaten Folgen. Zeitgrenzen sind bis zu einem bestimmten Punkt ›dehnbar‹, es gibt hier – anders als im materiellen Bereichen oder in räumlichen Bezügen – nicht sofort so harte, eindeutige und unmissverständliche ›Grenzerfahrungen‹. Die Auswirkungen von Grenzübertretungen zeitlicher Art stellen sich oft erst mit einer gewissen Verzögerung, dann aber mit genau der gleichen Massivität ein: ob als Erschöpfung, Burnout und Krankheit auf der individuellen Ebene, ob als demographischer Wandel auf der gesellschaftlichen Ebene (Unvereinbarkeit von Arbeit und Familie) oder ob als Klimawandel auf globaler Ebene (Rohstoffe werden schneller verbraucht, als sie sich regenerieren können). Auch die Leugnung der zeitlichen Begrenzung des eigenen individuellen Lebens scheint anfangs unproblematisch, dabei gehen damit ebenfalls eine ganze Reihe von Konsequenzen einher: »Anstatt das Bewusstsein, dass wir leiden und sterben müssen, zu einem der stärksten Antriebe für das Leben, zur Grundlage für die menschliche Solidarität und zu einer Erfahrung werden zu lassen, ohne die der Freude und Begeisterung Intensität und Tiefe fehlt, sieht sich der Mensch gezwungen diese Erfahrung zu verdrängen [...] Dies ist eine Quelle für die *mangelnde Tiefe* anderer Erfahrungen, für die Ruhelosigkeit unseres Lebens [...]«[118]

Zeitgrenzen rechtzeitig zu erkennen oder sie auch bewusst zu errichten, ist unter diesen Umständen ein Zeichen von Souveränität; sich selbst gegen zeitliche Übergriffe zu verteidigen eine Voraussetzung dafür, verschiedenen Zeitfallen zu entgehen: von der Versäumnisangst bis zur Informationsflut, von der Geschwindigkeitsbesessenheit bis zur Zukunftsfixiertheit. Da Grenzüberschreitungen im zeitlichen Bereich so offensichtlich nicht zum Ziel führen, wäre es da nicht angebracht, nach anderen Wegen zu suchen?

Achtsamkeit und Tiefe

Es wäre denkbar, mit einer größeren Achtsamkeit und einer Vertiefung unserer Wahrnehmung auf die gegebenen zeitlichen und räumlichen Grenzen zu reagieren, wie das Menschen nach existentiellen Erlebnissen spontan tun, weil sie intuitiv wissen, dass jeder ›Kampf gegen die Zeit‹ so oder so nicht zu gewinnen ist. Deswegen wird der Sinn genau in diesen Situationen nicht mehr in einem fernen ›Später‹ oder ›Anderswo‹, sondern in der Tiefe des Augenblicks gesucht und gefunden. Diese Tiefendimension des Lebens ist aber nicht nur auf die existentiellen Momente des Lebens beschränkt, sondern auch im täglichen Leben zugänglich. Sie kann in unterschiedlichen Bereichen erfahren werden: beim Betrachten eines Bildes, in einem Konzert, bei der Wahrnehmung einer Blume, beim Beobachten eines Sonnenunterganges oder in einem konzentrierten Gespräch. Und selbst bei ganz alltäglichen Dingen wie dem Gehen, Essen, Arbeiten und Autofahren können Achtsamkeit und vertiefte Wahrnehmung des Augenblickes praktiziert werden. Eine solche tägliche Aufmerksamkeit ist sogar die Voraussetzung dafür, überhaupt wirklich lebendig zu sein: »Die erste Freiheit, die wir gewinnen, ist das Freisein von Gedankenlosigkeit und Unachtsamkeit. Wir leben und leben doch nicht. Wir leben wie Tote. So hat es der französische Schriftsteller Albert Camus beschrieben. Wir scheinen lebendig, aber sind es nicht wirklich. Wir tragen unseren eignen Leichnam auf unseren Schultern. Wenn wir uns umschauen, werden wir sehen, dass viele Menschen wirklich so leben – sie sind sich ihrer Lebendigkeit nicht bewusst.«[119] Achtsamkeit und Konzentration auf das, was im Moment vorhanden ist, ist also das genaue Gegenteil dieser Sucht nach Beschleunigung, nur sie kann unserem Leben Lebendigkeit, Tiefe und Sinn geben.

Hier schließt sich der Kreis. Je mehr wir mit der Tiefe des Seins und der Zeit verbunden sind, umso weniger Angst haben wir, etwas zu versäumen, und umso mehr Gelassenheit können wir dadurch gewinnen. Je mehr wir von diesen erfüllten, tiefen Momenten in unserem Leben erfahren oder durch Achtsamkeit hervorbringen, umso weniger werden wir das Gefühl haben, etwas zu ›verpassen‹. Wenn uns der Augenblick gegenwärtig ist, ist uns auch das Leben gegenwärtig. Wer jeden Augenblick tief wahrnimmt und lebt, der wird auch im Nachhinein nichts bereuen – und wer nichts bereut, dem erscheint auch der Tod nicht mehr als eine unerträgliche Zumutung.

Mit Montaigne könnte man zusammenfassend sagen: »Wenn ihr das Leben recht genossen habt, so seyd ihr dessen satt. Geht also vergnügt aus demselben. Habt ihr euch dasselbe nicht zu Nutze zu machen gewußt: was schadet es euch, daß ihr es verlohren habt? Weswegen wollt ihr es noch länger haben?«[120]

Tiefendimension von Zeit

So wie sich das Leben nicht nur an der sichtbaren Oberfläche abspielt, sondern in jedem Moment mit einer Tiefendimension verbunden ist, die man wahrnehmen oder ignorieren kann, so könnten wir uns auch die Zeit selbst (beziehungsweise das Modell, das wir uns von der Zeit machen) nicht nur linear-eindimensional vorstellen, wie wir es normalerweise tun, sondern sie jeweils auch in ihrer ›Tiefendimension‹ betrachten und dadurch zu einem anderen Verhältnis in Bezug auf Zeit und Leben kommen. Auch für diese Überlegung können wir eine ganze Reihe von Anregungen und Hinweisen finden.

Da ist zum Beispiel die schon von den alten Griechen eingeführte Unterscheidung von Kairos und Kronos.[121] Während der letztere in Bezug zu der gleichförmig ablaufenden und gemessenen Zeit steht, deutet der Kairos auf diese Tiefendimension von Zeit hin. Es sind damit Momente in der Zeit gemeint, die nicht berechnet, nicht vorhergesehen und nicht geplant werden können. Aber in diesen Momenten des Kairos ist, metaphorisch gesprochen, ›die Zeit reif‹, es ist der ›rechte Moment‹, um etwas zu tun oder zu unternehmen, es handelt sich um einen ›entscheidenden Augenblick‹.

Auch geschichtsphilosophisch gibt es solche bestimmten Momente und Konstellationen, in denen plötzlich unerwartete Gestaltungs- und Veränderungsmöglichkeiten auftreten, die entweder ergriffen oder verpasst werden. Und in der theologischen Diskussion schließlich bezeichnet der Kairos den Moment, in dem etwas, was lange erwartet wurde, endlich in Erfüllung geht und eine andere Dimension von Leben ermöglicht.

Interessant ist bei diesen philosophischen, geschichtlichen und theologischen Vorstellungen des Kairos Folgendes: »Er wird nicht durch objektive Beobachtung erfasst, sondern in existentieller Beteiligung. Das bedeutet noch nicht, dass Beobachtung und Analyse ausgeschaltet sind, sie dienen der Objektivierung des Erlebnisses und der Klärung und Bereicherung [...] Aber sie können das Erlebnis des *kairos* nicht hervorrufen.«[122]

Als mit der ›Tiefendimension von Zeit‹ verbunden könnte man auch bestimmte ›die Zeiten überdauernde Kunstwerke‹ bezeichnen. Egal ob es sich dabei um Pyramiden, griechische Tempel, klassische Skulpturen oder Gemälde handelt: Auch für sie gilt, dass die an der Oberfläche gemessene Zeit, die zwischen der Entstehung des Kunstwerkes und seiner Rezeption liegt, als unwesentlich oder vernachlässigbar erscheint. Diese Kunstwerke sind auf eine bestimmte Art ›zeitlos‹ (obwohl sie natürlich zu einem bestimmten Zeitpunkt entstanden sind), und die Begegnung mit ihnen kann uns selbst die Erfahrung existentieller, zeitlicher Tiefenverbundenheit ermöglichen.

Auch Friedrich Schillers Aufforderung, »die Zeit in der Zeit aufzuheben«, lässt sich als eine Konzeption der Tiefendimension der Zeit interpretieren. Der Gedanke taucht auf im Zusammenhang mit der Abgrenzung des ›Spieltriebes‹ vom ›Formtrieb‹ und vom ›sinnlichen Trieb‹: »der Spieltrieb also würde dahin gerichtet sein, die Zeit in der Zeit aufzuheben, Werden mit absolutem Sein, Veränderung mit Identität zu vereinbaren.«[123] Diese schöpferische ›Aufhebung‹ der Zeit bedeutet wohl eben dies: nicht zu versuchen, Zeitgrenzen zu überschreiten oder einzureißen, sich nicht am Kronos zu orientieren, sondern eine Form der Zeitlosigkeit zu erreichen, die mit dem Modell der Tiefendimension von Zeit korrespondiert.

Nicht zuletzt wird heute auch in der abendländischen Theologie mit dem Konzept der ›Tiefendimension der Zeit‹ argumentiert. Das ›Ewige‹ wird hier keineswegs mehr mit der Endlosigkeit des Lebens (nach dem Tod) gleichgesetzt, sondern steht für eine andere Dimension des Lebens im Hier und Heute. Paul Tillich hat in seinen Reden und Schriften oft ausgeführt, dass es eine Tiefendimension der Existenz eines jeden Menschen gebe – »es gibt eine Ewigkeit jenseits der (messbaren) Zeit« hier in diesem Leben.[124] In seinen Schriften *Das Ewige im Jetzt*, *In der Tiefe ist Wahrheit* und *Das*

Neue Sein entwickelt er diese Gedanken weiter und überträgt sie auf verschiedene Lebenszusammenhänge.

Alle diese hier angeführten Ansätze zielen darauf ab, das eigene Leben nicht nur auf der Oberflächenebene der gemessenen Zeit zu betrachten, nicht nur die Jahre zu zählen, die wir hier auf der Erde ›vorhanden‹ sind – sondern uns stärker auf die Zeiten und die Momente zu konzentrieren, in denen wir wirklich präsent sind, in der wir achtsam die Gegenwart, den Ort und uns selbst wahrnehmen und mit der Tiefendimension von Zeit und Leben verbunden sind. Das kann uns zu einem völlig anderen Umgang mit der Zeit, mit unseren Zeitmodellen und mit uns selbst führen. Entscheidend ist dann auf einmal nicht mehr die quantitative Ausdehnung der gelebten Jahre, sondern eher die Frage, wie oft wir mit dieser Tiefendimension der Zeit und des Lebens, mit dem ›Zeitlosen‹ und von daher auch mit dem ›Ewigen‹ verbunden waren. Oder, um es mit Montaigne zuzuspitzen: »Der Nutzen des Lebens kommt nicht auf desselben Dauer, sondern auf den Gebrauch an. Mancher, der kurze Zeit gelebt hat, hat lange gelebt. Macht euch dazu gefaßt, so lange ihr noch am Leben seyd. Es beruht auf euerm Willen, nicht auf der Anzahl der Jahre, die ihr gelebt habt.«[125]

ANKOMMEN, MUSSE UND MÜSSIGGANG

Zeit, Raum, Geschwindigkeit und die Tiefendimension des Ortes

Auch Orte und Landschaften, Dörfer und Städte besitzen neben ihrer Oberflächenstruktur eine Tiefendimension, die wir entdecken können, wenn wir aufmerksam genug sind. Außerdem können wir nicht nur den jeweiligen Ort an sich wahrnehmen, sondern vor allem uns selbst an dem Ort und uns selbst in Beziehung zu dem entsprechenden Ort. Städte, Landschaften und Orte haben darüber hinaus einen bestimmten Rhythmus, der von ihnen vorgegeben wird, den wir aufnehmen oder dem wir uns (allerdings nur mit einer gewissen Anstrengung) entziehen können.

So wie wir in der zeitlichen Dimension die Gegenwart und die Tiefendimension von Zeit verpassen können, so können wir auch den jeweiligen Raum oder Ort ›versäumen‹, wenn wir ihn nicht wirklich in seiner zeitlichen und räumlichen Tiefendimension zur Kenntnis nehmen, wenn wir uns nicht in Beziehung setzen zu dem, was in uns selbst und an diesem Ort geschieht. Es ist inzwischen schwer zu entscheiden, ob das Nichtwahrnehmen des jeweiligen Ortes in seiner Tiefendimension der Ausgangspunkt für die große Sehnsucht nach immer mehr Mobilität ist oder ob die ungeheure Mobilität ihrerseits das Nichtwahrnehmen von Orten begünstigt. Wahrscheinlich bedingen sie sich gegenseitig. Als Goethe sich auf seine erste italienische Reise begibt, bricht er am 3. September in Karlsbad auf und erreicht Venedig am 28. September – was aus heutiger Sicht ein recht entspanntes Reisetempo ist –, dennoch ist er sich des Zwiespalts zwischen Zeitersparnis und Wahrnehmungsverlust sehr bewusst: »Die Postillions fuhren, daß einem Sehen und Hören verging; und so leid es mir that, diese herrlichen Gegenden mit der entsetzlichsten Schnelle und bei Nacht wie im Fluge zu durchreisen, so freute es mich doch innerlich, daß ein günstiger Wind hinter mir herblies und mich meinen Wünschen zujagte.«[126]

Das Wissen darum, dass jede Art von ›Zeitersparnis‹ mit einem Raumschwund und einem Erfahrungsverlust einhergeht, scheint uns in unserer Kultur inzwischen weitgehend abhandengekommen zu sein. Der »Zeitgewinn als das Radikal aller Wünsche auf Erweiterung und Zugewinn an Lebensrealität«[127] ist zum beherrschenden Gedanken geworden. Nicht zuletzt gilt das für den Reisenden.

Das *Unterwegssein* an sich, ob nun von einer Stadt zur anderen oder von einem Kontinent zum anderen, ist für viele zu einem reinen ›Zeitverlust‹ geworden, denn: »Gewinnträchtig im Sinne der Buchhaltung des Lebens sind nur *Ankünfte*. Die Erreichung des Ziels ist realitätshaltig, der Weg dahin ist lediglich Mittel zum Zweck, ein störendes Dazwischen. Beschleunigung der Fortbewegung ist notwendig, um mehr Ankünfte herauszuschinden, das jedenfalls ist die Spekulation.«[128]

Ohne diese lästige Distanz, die zwischen zwei Orten liegt, könnten wir – so die Hoffnung – immer gleich zur Sache kommen. So wird der durchmessene Raum zu einem Hindernis und ist nicht mehr länger eine Erfahrungsmöglichkeit. Warum sollten wir einem Hindernis besondere Aufmerksamkeit zukommen lassen? Das hat allerdings zur Folge, dass die Besonderheiten des Raumes, seine Struktur und erst recht natürlich seine Tiefendimension ›verschwinden‹.

Aber auch die Ankünfte an den erstrebten Orten sind, wenn wir sie genauer betrachten, nicht mehr wirklich ›realitätshaltig‹: »Beschleunigung sollte das Leben zu einer lückenlosen Folge von Spitzenereignissen machen und das unergiebige Dazwischen ausschalten. Statt dessen werden die Ziele durch den Wegfall der Wege zu Nichtigkeiten, kaum noch der Rede wert [...] Der Lohn für die gigantische Beschleunigung ist denkbar mager: eine unbemerkte Ankunft, ein Nichtziel, ein Eintreffen als Routineangelegenheit. Die *Unmerklichkeit der Ankunft* hat es in sich. Sie bestärkt die Neigung, die Differenz des Ankunftsorts im Vergleich zum Herkunftsort zu unterschlagen.«[129]

Das führt zu einem Verlust der Tiefendimension, sowohl der Orte, an denen wir uns befinden, der Gegenden, die wir durchreisen, als auch der Orte, die wir dann erreichen. Außerdem befindet sich der moderne Reisende in einem andauernden Dilemma, in einer ›hektisch-paradoxen‹ Situation, die Günter Anders so beschreibt: »Einerseits sind wir ungeduldig, weil Mittel und Wege ›dauern‹, also Zeit in Anspruch nehmen, andererseits aber ertragen wir es nicht, am Ziele [...] wirklich anzukommen, da durch diesen Aufenthalt diejenige

Zeit, die für die Zurücklegung von Wegen verwendet werden könnte, erst recht vergeudet zu werden scheint.«[130]

Ein Zustand, der uns nun vollends als Verlierer sowohl der Zeit als auch des Ortes zurücklässt. Aber dieser Zustand, dass weder das Unterwegssein realitätshaltig ist noch die Ankunft, ist nicht zwangsläufig – er kann von beiden Seiten her verändert werden. Es gilt, sowohl beim Unterwegssein als auch bei der Ankunft mit der Tiefendimension von Raum und Zeit verbunden zu sein und zu bleiben. Die stillschweigende Voraussetzung für jedes ›Ankommen‹ an einem entfernten Ort ist allerdings (einmal mehr) das Ankommen im Hier und Jetzt. Nur wenn der jeweilige Ort der eigenen Existenz in seiner Besonderheit und Tiefendimension wahrgenommen wird, gibt es die Chance, auch andere Orte in ihrer Besonderheit und Tiefendimension wahrzunehmen – und umgekehrt.

Unterwegssein und Angekommensein

Wenn wir vom ›Unterwegssein‹ und ›Ankommen‹ sprechen, assoziieren wir damit oft eine weitere oder kürzere Reise, manchmal noch den Weg von unserem Zuhause bis zur Arbeit. Aber wir müssen diesen Zustand der ›Abwesenheit‹ trotz Anwesenheit noch etwas genauer betrachten, ihn nicht nur auf der Makroebene von Reisen beobachten, sondern auch auf der Mikroebene unserer Bewegungen und Handlungen. Wir sind ja jeden Tag ständig ›unterwegs‹, ob von der Küche ins Bad, von einem Büro in ein anderes oder von einem Geschäft zum nächsten. Wann sind wir eigentlich irgendwo angekommen? Wie unterscheidet sich überhaupt das mentale Modell des ›Unterwegsseins‹ vom ›Angekommensein‹? Wenn wir genauer hinsehen, ist oft der ganze Tag vom Aufstehen bis zum Schlafengehen ein ständiges ›Unterwegssein‹, das wiederum verbunden ist mit einer bestimmten Form der ›Abwesenheit‹.

Wenn wir uns dagegen Momente des Angekommenseins in unserem Leben vergegenwärtigen (ob in einer Berghütte nach einer beschwerlichen Bergwanderung, auf dem Sessel in einem Konzertsaal oder beim Betreten der eigenen Wohnung nach einer langen Reise), können wir beobachten, dass sie mit einem Wohlbefinden und einer gewissen Ruhe einhergehen. Dabei gibt es fünf verschiedene Dimensionen dieses ›Angekommenseins‹: eine mentale, emotionale, körperliche, zeitliche und eine räumliche. Erst wenn diese fünf verschiedenen Elemente vorhanden sind, können wir wirklich von einem ›Angekommensein‹ sprechen. Auf der *mentalen* Ebene gehört dazu, dass wir frei sind von Zweifel, Zwiespalt, Sorgen und Bedenken (und dass wir dem Angekommensein überhaupt einen Wert zumessen); auf der *emotionalen* Ebene gehört dazu, dass wir loslassen und entspannen (den Moment genießen); auf der *körperlichen* Ebene gehört dazu, dass wir tief durchatmen, den Boden, den Sitz, die Lehne wirklich berühren (und dabei auch den eigenen Körper wahrnehmen); auf der *zeitlichen* Ebene sind wir wirklich im gegenwärtigen Moment (die Uhrzeit ist nicht dominant); und auf der *räumlichen* Ebene schließlich nehmen wir den Ort, die Umgebung, den Raum aufmerksam wahr.

Wenn dieser Zustand des ›Angekommenseins‹ diese bestimmbaren Qualitäten hat und prinzipiell für uns möglich ist, könnte man weiterfragen, was uns eigentlich daran hindert, diesen Zustand auch im täglichen Leben öfter zu erfahren. Schließlich entscheiden wir selbst darüber, ob wir jeweils Angekommene sind oder nicht. Voraussetzung dafür ist natürlich, dass wir uns überhaupt ›erlauben‹, anzukommen – so ähnlich wie sich jemand erlaubt, festzulegen, was für ihn Gegenwart ist und was Vergangenheit. Letztlich können wir in jedem Raum, an jedem Platz, in jedem Büro, wo immer wir auch sind – Angekommene sein.

Wir können sogar noch einen Schritt weiter gehen. Selbst beim ›Unterwegssein‹, beim Gehen auf einem Weg von hier nach dort, auf einem Sitzplatz im Zug, sogar auf einem Autositz beim Warten vor der roten Ampel kann man angekommen sein – in allen fünf beschriebenen Dimensionen. Aus einer solchen Haltung heraus ist es dann auch leicht, an einem neuen Ort wirklich anzukommen und nicht erneut die Ankunft zu versäumen.

Es bedarf sicher einiger Übung, dieses ›Angekommensein‹ im täglichen Leben zu erfahren, einfach deshalb, weil die Modelle der herrschenden Zeitkultur alle in Richtung eines ständigen ›Weiter‹ wirken, zum nächsten Ziel, zur nächsten Aufgabe, zur nächsten Aktivität. Aber wenn wir einmal für ein paar Stunden in der Nähe eines Menschen gewesen sind, der diese Präsenz, dieses Angekommensein und diese Aufmerksamkeit für die Tiefendimension des Lebens für sich erlangt hat, können wir wahrnehmen, wie wohltuend und entspannend sich dieses Verhalten nicht nur auf ihn selbst, sondern auf die gesamte Umgebung auswirkt.

Muße und Müßiggang

Auch die Muße und der Müßiggang hängen auf eine bestimmte Art mit der Zeit und mit dem Ort zusammen. Umgangssprachlich wird das Wort Muße ja oft als ein Synonym für freie Zeit benutzt.[131] Doch wenn wir nicht arbeiten oder tätig sein müssen, aber innerlich unruhig und sorgenvoll sind, haben wir noch lange keine Muße, und jemand, der mit sich, der Zeit und dem Ort, an dem er sich befindet, nichts anzufangen weiß und sich daher langweilt, hat natürlich ebenfalls keine Muße. Muße ist nur vorhanden, wenn freie Zeit mit einer inneren Ruhe und Gelassenheit einhergeht, und diese innere Ruhe setzt einiges voraus. Einmal die Freiheit – zumindest für einen gewissen Zeitraum – von äußerer Bedrängnis, notwendigen Beschäftigungen und Tätigkeiten. Zum anderen die innere Klarheit, uns nicht sofort die nächste Beschäftigung oder Ablenkung zu suchen. Muße ist von daher eher ein bestimmter Zustand der Seele oder der Psyche und nicht so sehr ein Zeitmaß. Voraussetzung dafür ist wiederum eine bestimmte Geisteshaltung – nämlich die Muße überhaupt als einen wünschenswerten Zustand im eigenen Leben zu etablieren. Die zeitliche Ausdehnung dieser Mußezeiten kann sehr unterschiedlich sein, wichtig ist jedoch, in jedem Fall zwischen dem sogenannten objektiven und dem subjektiven Zeitgefühl zu unterscheiden. Dem Schweizer Psychotherapeuten und Zeitforscher Luc Ciompi zufolge laufen viele Menschen (und nicht nur die Zeitkranken) immer wieder in eine Falle: Sie verwechseln die objektive mit der subjektiven Zeit, denn ihr Handeln geht immer in Richtung Verdichtung der objektiven, ihr Wunsch aber ist die Gewinnung von subjektiver Zeit. »Indem wir in einen Tag möglichst viele Ereignisse aller Art hineinstopfen – und gerade dies ermöglichen ja die angeblich ›zeitsparenden‹ Maschinen! – gewinnen wir in Tat und Wahrheit keineswegs ›erlebte Zeit‹, sondern komprimieren sie bloß, das heißt wir leben gehetzter [...] Gelassenheit und Muße dagegen erlangen wir, wenn wir uns ›Zeit lassen‹, ›Zeit nehmen‹ [...]«[132]

Muße wird zwar häufig ersehnt, aber nur selten erreicht. Es fällt heute vielen schwer, einen Raum, einen Garten oder einen Park einfach auf sich wirken zu lassen, zwecklos, ziellos, innerlich gelöst, ohne in Gedanken oder mit den Emotionen gleich wieder beim morgigen Tag oder beim nächsten Projekt zu sein – und wenn störende oder wegführende Gedanken aufsteigen, sie einfach wieder gehen zu lassen und weiter den Zustand der Muße zu bewahren. Schon Blaise Pascal war das Problem nicht unbekannt: »Sie glauben, aufrichtig nach Ruhe zu streben, und sie streben tatsächlich nur nach rastloser Bewegung. Sie haben einen geheimen Trieb, der sie bewegt, äußerliche Zerstreuung und Beschäftigung zu suchen [...] und sie haben einen weiteren geheimen Trieb [...], der sie erkennen lässt, dass das Glück tatsächlich nur in der Ruhe und nicht im Tumult liegt.«[133]

Insofern bedarf es heute, einige Jahrhunderte nach Pascal, erst recht einiger Voraussetzungen, um überhaupt noch Muße zu erleben. Die wichtigste ist auf jeden Fall, sich nicht nur von äußeren, sondern auch von unbewussten inneren Antriebsmustern zu befreien. Die schon beschriebenen mentalen Modelle ›Versäumnisangst‹, ›Zeit ist Geld‹, ›unendlich viel erleben‹, ›schneller ist besser‹, ›Ziele sind immer vorn‹, ›Zeit vergeht‹ et cetera wirken wie permanente Antreiber selbst in unseren Ruhestunden und verhindern ganz von allein jede Art von Muße. Solange wir uns davon nicht gelöst haben, sind die Versuche, Mußestunden zu erleben, nicht sehr aussichtsreich. Muße geht mit intensiver, aber innerlich gelöster, zweckfreier Begegnung oder Wahrnehmung einher – in der altertümlichen Redewendung »etwas mit Muße tun oder betrachten« ist dieser Bedeutungsgehalt noch lebendig. Insofern hat Muße auch Berührungspunkte mit bestimmten Formen der Meditation.

Unsere Sprache gibt uns noch einen anderen interessanten Hinweis: Muße hat auch etwas mit Müßiggang zu tun. ›Müßiggang‹, ein Wort aus dem Mittelhochdeutschen, war noch bis ins späte Mittelalter ein anzustrebendes Ziel und wird erst an der Schwelle zur Neuzeit, durch Martin Luther und dann später durch die Puritaner, in Misskredit gebracht. Bei Luther heißt es dazu: »Müßiggang ist Sünde wider Gottes Gebot, der hier Arbeit befohlen hat.«[134] Inzwischen ist der Müßiggang auch durch einen häufig strapazierten Satz aus der schwarzen Pädagogik (ungerechterweise aber sehr breitenwirksam) in Verruf geraten: »Wie die meisten meiner Generation bin ich nach dem Sprichwort ›Müßiggang ist aller Laster Anfang‹ erzogen worden«[135], beschreibt Bertrand Russell seine frühe Prägung, und selbst in einschlägigen Wörterbüchern findet man für den Müßiggang nur die abwertenden Synonyme: Untätigkeit, Nichtstun und Faulheit.[136] Wer sich gekonnt davon absetzt, ist Christa Wolf, die eine poetische Variation des Satzes vorschlägt: »Müßiggang ist aller Liebe Anfang.«

Dabei kann sich gerade bei einem wörtlich genommenen ›Müßiggang‹, bei einem aufmerksamen, ziel- und zweckfreien Gehen, sehr leicht eine Stimmung der Gelassenheit ergeben. Voraussetzung dafür ist allerdings, dass wir uns selbst, den eigenen Körper und die Umgebung entspannt wahrnehmen können. Denn man kann natürlich auch spazieren gehen, ohne Muße zu haben, indem man ständig in der Zukunft oder Vergangenheit weilt, sich sorgt, unerledigte Projekte im Kopf hin und her bewegt und dergleichen mehr.

Allerdings ist auch dann Vorsicht geboten, wenn Momente der Muße in einen Zusammenhang von Zweckmäßigkeit gestellt und damit ihres eigentlichen inneren Sinnes beraubt werden. Es ist der kleine, aber feine Unterschied, ob uns beim Müßiggang eine gute Idee kommt – die wir vielleicht sogar notieren und dann wieder in den Zustand der Muße zurückkehren – oder ob wir den Müßiggang einplanen, um dabei auf Ideenjagd zu gehen. Wenn Muße oder Müßiggang nur von Zeit zu Zeit ›inszeniert‹ werden, um danach umso unbewusster und mechanischer im alltäglichen Leben zu funktionieren, so wird das auf Dauer nicht zu einem anderen Umgang mit Zeit und Leben führen können. Muße zu haben bedeutet schließlich nicht zuletzt: »Möglichkeit und zugleich Grundbedingung der Selbstfindung, der kreativen Selbstverwirklichung, des Selbstseins […], ja der Freiheit selbst.«[137]

ZEITLOSIGKEIT, EREIGNISZEIT UND UHRZEIT

Zeitlosigkeit und Glück

Wer unter ständigem ›Zeitdruck‹ leidet, dem kommen Momente von *Zeitlosigkeit* wahrscheinlich paradiesisch, aber unerreichbar vor. Dennoch kennt jeder Momente dieser Zeitlosigkeit: Sie bedeutet in unserem Zusammenhang, die begrenzenden und einengenden Fesseln der Uhrzeit hinter sich zu lassen und auf eine andere Ebene des Wahrnehmens und Empfindens zu gelangen, auf der das mechanische Maß der Uhrzeit keine Rolle mehr spielt. Es ist ein Zustand des ›Über-die-Zeit-Hinausgehens‹, in dem Wissen, dass Zeitmodelle und Zeitvorstellungen als Konventionen zwar auch vorhanden sind, aber unsere Selbstwahrnehmung und unsere mentale und emotionale Präsenz oft einschränken.

Um einen Einwand vorwegzunehmen: Es gibt natürlich krankhafte Zustände von psychischer oder geistiger Verwirrung (wie zum Beispiel in der Schizophrenie), in denen jegliche zeitliche (und oft auch räumliche) Orientierung abhanden gekommen ist. Dort werden die zeitlichen Strukturen und Orientierungen allerdings nicht in einer schöpferischen Weise transzendiert und überwunden, sondern die Betroffenen fallen quasi in einen Zustand der Bewusstlosigkeit und Orientierungslosigkeit ›zurück‹. Auch die durch Rauschmittel, Alkohol, Drogen oder Psychopharmaka hervorgebrachten Formen der Betäubung und der Wahrnehmungseinschränkung gehen eher mit einem Orientierungsverlust als mit der – hier gemeinten – schöpferischen Zeitlosigkeit einher.

Kreative Momente der Zeitlosigkeit werden bewusst herbeigeführt und sind darüber hinaus frei von Zielfixiertheit, Zweckdenken, Ausbeutung oder Effizienzgedanken. Sie sind eher gekennzeichnet von einer Aufhebung der Subjekt-Objekt-Spaltung. In ihnen kommen absichtlich herbeigeführte Konzentration und das Loslassen von Gedanken, Sorgen, Konzepten und Erwartungen zusammen. Wenn dieser – weder ganz aktive noch wirklich passive – Zustand erreicht ist, geht damit auch eine Veränderung in der Wahrnehmung des eigenen Tuns und des eigenen Selbst einher. Das Tun und das

Sein, das Innen und das Außen, das Geben und Nehmen gehen ineinander über. Solche Erfahrungen kann man beim Tanzen machen, wenn der Tänzer und die Tänzerin, der Tanz und die Musik eine Einheit bilden, wenn ununterscheidbar ist, wer führt und wer geführt wird. Aber auch in kreativen Arbeitsphasen oder bei der intensiven Begegnung mit der Natur, beim Wandern im Hochgebirge, in tiefen Wäldern oder bei der Betrachtung des Meeres, in der Meditation oder in der Liebe sind solche Empfindungen möglich.

Wie aber können solche Momente von Zeitlosigkeit öfter erlebt und noch dazu in den täglichen Ablauf des Lebens integriert werden? Hier ist ein psychologischer Ansatz interessant, den der Chicagoer Psychologe Mihaly Csikszentmihalyi entwickelt hat: das Flowkonzept.[138] Csikszentmihalyi stellt ausdrücklich dar, dass die von ihm beschriebenen Flowerfahrungen keineswegs nur schöpferischen, kreativen Berufen oder einer kleinen Gruppe von Menschen in ihrer Freizeit zugänglich oder vorbehalten sind. Im Gegenteil, Flowerfahrungen sind »nicht bloß eine Besonderheit reicher Eliten in Industrienationen. Sie wurden in grundsätzlich gleichen Worten von alten Frauen in Korea geschildert, von Erwachsenen in Thailand und Indien, von Teenagern in Tokio, von Navajo-Hirten, Bauern in den italienischen Alpen und Arbeitern am Fließband in Chicago.«[139] Csikszentmihalyi hat bei seinem Ansatz zwar nicht vordergründig das Erreichen von Zeitlosigkeit im Blick, doch er beschreibt ein bestimmtes mentales Modell und dessen Auswirkungen auf das individuelle Empfinden von Glück, Konzentration und Gelassenheit. Mit diesen Empfindungen geht dann auch ein verändertes Zeitempfinden einher, bis hin zum Erleben von Zeitlosigkeit. In dem Zusammenhang von Zeitlosigkeit und Glück ist hier noch einmal auf die Glücksdefinition des Aristoteles zurückzukommen, um sie an einem bestimmten Punkt zu ergänzen: Glück, so hatte er geschrieben, wird um seiner selbst willen angestrebt, während andere Ziele, wie Gesundheit, Schönheit, Geld oder Macht nur angestrebt werden, weil man hofft, dadurch glücklich zu werden.[140] Ergänzt werden müsste, dass der moderne Mensch des westlichen Kulturkreises auch die ›Zeit‹ ja nicht um ihrer selbst willen ›haben‹ möchte, sondern nur, weil er hofft, wenn er mehr davon hätte, würde er glücklicher sein. Der scheinbare ›Mangel an Zeit‹ wird ja von den meisten Menschen auch als eine Abwesenheit von Glück wahrgenommen. Da

›zeitsparende‹ Maschinen, Geschwindigkeit und Mehrfachtätigkeiten den ›Mangel‹ an Zeit nicht beseitigen können, ist das Konzept der kreativen Zeitlosigkeit, ebenso wie die Vorstellung der Tiefendimension von Zeit, »die Zeit in der Zeit aufzuheben« (Schiller), vielleicht ein aussichtsreicherer Weg.

Im Fluss der Zeit sein

Wenn wir eine Flowerfahrung machen, uns also in einem inneren Zustand des ›Fließens‹ befinden, können wir lange Zeit arbeiten oder uns konzentrieren, ohne zu ermüden – ähnlich wie ein Kind, das selbstvergessen spielt. Wir sind bei einer Sache, nicht abgelenkt, weder über- noch unterfordert. Die Dinge gehen uns leicht von der Hand, die Sache an sich ist wichtig, die Sorgen um das eigene Ego – und das ständige Vergleichen mit anderen – verschwinden. Es entsteht ein Gefühl der Unendlichkeit, nicht im Sinne einer unendlichen Länge, sondern einer tiefen Verbundenheit (Tiefendimension). Insofern fühlt man sich ›außerhalb der Zeit‹ und ›außerhalb seiner selbst‹. Manchmal »vergehen Stunden in Minuten, und gelegentlich dehnen sich ein paar Sekunden scheinbar zu einer Unendlichkeit. Die Uhr ist dann keine Entsprechung für die zeitliche Qualität der Erfahrung mehr.«[141]

Es ist wohl ein lohnendes und auch qualitatives Ziel, solche Situationen von Glück und schöpferischer Zeitlosigkeit in unserem täglichen Leben häufiger zu erleben. Das Empfinden des ›Fließens‹ ist dabei nicht so sehr von den äußeren Umständen, sondern mehr von unseren inneren Strukturen und der Fähigkeit zur Aufmerksamkeit abhängig. Die erste Voraussetzung dafür ist die *Ausrichtung der eigenen Aufmerksamkeit,* also ein Abschirmen gegen Ablenkungen von außen (Zerstreuungen) oder Ablenkungen von innen (Sorgen und Ängste). Des Weiteren ist eine bestimmte *Aktivität* vonnöten, die sich in Balance befinden beziehungsweise immer wieder in eine Balance gebracht werden sollte: weder zu herausfordernd, sonst ruft sie Angst und Überforderung hervor, noch zu unterfordernd, dann entsteht Langeweile. Ein nächster Punkt ist der *Zusammenfluss von Handeln und Bewusstsein.* Wir sind mit unserer Konzentration genau bei dem, was wir tun, und wir tun auch genau das, was wir tun (und nicht noch parallel etwas anderes). Dadurch vertieft sich die Wahrnehmung verschiedener Aspekte der Beschäftigung, und es werden neue Ebenen und Zusammenhänge gefunden und erfahren. *Zwischenschritte und klare Rückmeldungen* sind ebenfalls relevant; diese Rückmeldungen können von anderen Menschen kommen, aber auch von dem Fortgang der Arbeit selbst (ganz egal, ob man einen Text schreibt oder einen Berg erklettert). Wichtig ist, diese Rückmeldungen immer wieder selbst hervorzubringen, weil sonst die weitere *Konzentration auf die Aufgabe* gefährdet ist. Die Konzentration sollte leicht und spielerisch aufrechterhalten werden, wobei sich eine gewisse Paradoxie ergibt: Es gilt, sich einerseits zu konzentrieren und gleichzeitig loszulassen und keine Kontrolle auszuüben. (Ablenkungen müssen einerseits registriert werden, sonst wird die eigene Konzentration gestört, man darf sich andererseits aber nicht zu sehr auf diese Ablenkungen fixieren, sonst bleibt man abgelenkt.) Schließlich ist auch eine gewisse *Selbstvergessenheit* nötig – gemeint ist dabei ein Zustand, wo ›es‹ plötzlich von allein läuft. Man tut genau das Richtige, ohne eine bewusste Anstrengung zu unternehmen, die Konzentration ist nicht mehr mühsam, sondern stellt sich von selbst ein, es geht nicht mehr um das eigene Ego, nicht darum, wie man dabei aussieht oder was die anderen denken – sondern um das selbstvergessene Tun an sich. Diese Augenblicke des Fließens dauern, wenn sie von außen in das gängige Zeitkonzept eingeordnet werden, vielleicht Sekunden, Minuten oder auch Stunden – für denjenigen, der sich in diesem zeitlosen Zustand, in dieser existentiellen Verbundenheit befindet, ist das jedoch nicht ausschlaggebend. Wenn wir diese Strukturelemente beachten, lässt sich ein Zustand der Zeitlosigkeit relativ häufig erreichen, und zwar keineswegs nur in der Freizeit, sondern auch im Arbeits- oder Büroalltag.[142]

Es gibt Mitarbeiter, die nur zehn Minuten Zeit für ein Gespräch haben. Sie vermitteln ihrem Gegenüber aber nicht das Gefühl, dass sie gehetzt oder überarbeitet sind, sich gestört fühlen und mit ihren Gedanken noch im vergangenen Telefonat oder schon beim nächsten Projekt sind. Sie geben ihrem Gesprächspartner von der ersten Sekunde an – die ganzen zehn Minuten hindurch – das Gefühl, sie hätten eine Ewigkeit Zeit. Sie sind offen, präsent und konzentriert, so dass dieses Gespräch sofort eine Klarheit und Tiefe erreicht, die sich sonst normalerweise erst nach einer längeren Zeit einstellt. (Manchmal kann man diese Qualität auch bei alten Handwerksmeistern beobachten: Gerade wird am gegenüberliegenden Haus die Stuckfassade restauriert. Es gibt fünf Arbeiter. Aber nur bei einem von ihnen kann man so etwas wie einen Flowzustand wahrnehmen. Er ist im Verhältnis zu den anderen auffallend langsam. Seine Bewegungen sind gefasst und konzentriert. Er hat eine unglaubliche Genauigkeit im Vorgehen. Er geht nie schnell über das Gerüst, brüllt nicht, und im Gegensatz zu den anderen scheint er auch nie etwas zu vergessen – was er dann noch ›ganz schnell‹ holen müsste.) Es gibt von daher wohl kaum eine Tätigkeit oder einen Arbeitsplatz, an dem diese fließende Erfahrung und damit auch Erlebnisse kreativer Zeitlosigkeit nicht gemacht werden können, wenn die genannten Strukturelemente beachtet werden. Andererseits können viele äußere Voraussetzungen stimmen – wenn die innere Konzentration und Achtsamkeit nicht vorhanden ist, werden diese Erfahrungen nicht möglich sein.

Ereigniszeit und Uhrzeit

Eine andere Chance, dem Diktat der Uhrzeit und verschiedenen Zeitfallen zu entgehen, ist neben der Muße und der Zeitlosigkeit die stärkere Konzentration auf die jeweilige ›Ereigniszeit‹. Sehr viele unserer Zeitkonflikte basieren auf einem Konflikt zwischen Ereigniszeit und Uhrzeit, ohne dass sie als solche erkannt werden. Die Frage wäre, wie die starke Fixierung auf die Uhrzeit und die dadurch entstehenden Kollisionen mit der Ereigniszeit abgemildert werden können.[143]

Vergegenwärtigen wir uns zuerst, dass viele Jahrhunderte und Jahrtausende die Natur oder die menschliche Tätigkeit selbst der Maßstab für die Zeit waren und nicht umgekehrt. Morgen war, wenn die Sonne aufging, Abend war, wenn die Sonne unterging. Es gab keine andere Zeit als die Ereigniszeit, und auch Kalender und Sonnenuhren orientierten sich an ihr: an Erdumdrehung, Sonnenjahr und Mondzyklus. Der entscheidende Unterschied der ›Zeitmessung‹ (genauer: ›Bewegungsmessung‹) mit der Sonnenuhr zur ›Bewegungsmessung‹ mit Hilfe der mechanischen Uhr ist jedoch, dass letztere schrittweise zu einer Abkoppelung von den natürlichen Rhythmen und Ereignissen geführt hat; die Stunden konnten auch dann gemessen werden, wenn die Sonne nicht schien. Nach und nach wurde die ›Zeitmessung‹ unabhängig von der Sonne; man bestimmte Anfang und Ende des Tages und damit auch des Arbeitstages fortan mit Hilfe der Uhr – unabhängig davon, wann die Sonne auf- oder unterging. Die Uhr als eine ›sozial genormte Bewegung‹[144] ersetzte die Ereigniszeit und bewirkt »den Wechsel von flexibler zu fest definierter Stundenlänge. Seit der Antike wurden die Tages- und die Nachtzeit unabhängig von der Jahreszeit in jeweils zwölf Stunden unterteilt. Dadurch waren die zwölf Tagesstunden im Sommer lang und die Nachtstunden kurz, im Winter war es genau umgekehrt. Das ganze Jahr über wechselte die Stundenlänge.«[145]

Das Stundenmaß wurde also durch die Verbreitung der mechanischen Uhr normiert. Die Zeit- oder Bewegungsmessung war nun nicht mehr abhängig von den kosmischen Bewegungen. Die irdischen Ereignisse selbst wurden jetzt mit Hilfe der Uhr gemessen und miteinander verglichen. Doch damit nicht genug, kam es in einem nächsten Schritt zu einer vollkommenen Umkehrung des Prozesses des Messens und Vergleichens: Es wurde jetzt den verschiedenen Ereignissen mit Hilfe der mechanischen Uhr vorgegeben, wie lange sie zu dauern haben. In Verbindung mit der puritanischen ›Zeit-ist-Geld-Ideologie‹ ist diese Dramatik der vollkommenen Umkehrung der ›Zeit- oder Bewegungsmessung‹ in ein ›Zeitdiktat‹ gar nicht hoch genug einzuschätzen. Allerdings ist diese Umkehrung des Verhältnisses für uns heute so selbstverständlich geworden, dass wir sie kaum noch in Frage stellen, und vor allem erkennen wir normalerweise das darin verborgene Konfliktpotential zwischen Ereigniszeit und Uhrzeit nicht ohne weiteres wieder.

Heute ist es die Regel, dass nicht gemessen wird, wie lange ein Ereignis wirklich dauert, sondern dass die Dauer dem Ereignis selbst vorgegeben wird. Es wird nicht gesagt: Diese Arbeit soll getan werden, und wenn sie fertig ist, kann man im Nachhinein messen, wie lange sie gedauert hat. (Das wäre Ereigniszeit.) Es wird vielmehr gesagt, die Arbeit soll in zwei Stunden fertig sein, wobei jedoch offenbleibt, ob diese Arbeit wirklich in den zwei Stunden abzuschließen ist oder ob nicht eher vier Stunden dafür benötigt werden. Wenn sie dennoch in zwei Stunden abgeschlossen werden muss, entsteht Stress, kreative Alternativen können nicht mehr ausprobiert werden, nötige Informationen werden nicht eingeholt und auch Pausen können nicht mehr gemacht werden. Vielleicht wird die Arbeit auf diese Weise wirklich in zwei Stunden fertig, doch die Qualität dieser Arbeit und das Ergebnis lassen wahrscheinlich zu wünschen übrig. Im Umgang mit der Natur und anderen Lebewesen gilt dasselbe: Früher wurde ein Schwein geschlachtet, wenn es zwei Zentner wog. Das konnte je nach Rahmenbedingungen nach einem Jahr oder nach eineinhalb Jahren der Fall sein. Das war Ereigniszeit. Heute wird dem Schwein vorgeschrieben, in fünf Monaten zwei Zentner zu wiegen. Das Schwein wird gedopt, mit Hormonen gespritzt und an der freien Bewegung gehindert, damit das Ereignis innerhalb der vorgeschriebenen Zeit stattfindet.

Dieses Prinzip der Umkehrung gilt heute für viele Projekte, Prozesse und Arbeitsabläufe. Dennoch bleibt das Spannungsverhältnis zwischen der Ereigniszeit und der Uhrzeit erhalten. Einem Ereignis vorzuschreiben, wie lange es zu dauern hat, statt zu beobachten, wie lange es dauert, hat vor allem etwas mit mangelndem Respekt und mit Herrschaft zu tun. Theoretisch kann durch Macht, Profitinteressen oder durch innere Antreiber die Uhrzeit, die einem Ereignis vorgegeben wird, immer weiter verkürzt werden. Das erhöht den Ausbeutungsgrad, vermindert die Qualität und führt in letzter Konsequenz zur Entleerung und Zerstörung des Ereignisses selbst. Denn die Ereigniszeit ›verschwindet‹ ja keineswegs, wenn sie mit Hilfe der Uhrzeit bekämpft, eingedämmt oder verkürzt wird.[146]

So klar es ist, dass viele technologische Prozesse und viele Formen der Arbeitsteilung ein hohes Maß an Synchronisation voraussetzen, die nur mit Hilfe der Uhrzeit zu erreichen ist, wird eben diese Synchronisation immer genau dann nicht erreicht, wenn die in den Ereignissen verborgenen Ereigniszeiten nicht respektiert werden. Dann entpuppen sich die abstrakten Vorgaben, die durch die Uhrzeit und den Kalender gemacht werden, als das, was sie sind: als Phantasie und pures Wunschdenken. Diese uhrzeitdominierten Pläne müssen nicht umsonst immer wieder – oft ganz lautlos, manchmal aber auch ziemlich spektakulär – an die Ereigniszeit angepasst werden (siehe das Beispiel bei der Einführung des Mautsystems in Deutschland). So schlägt die vermeintliche Macht, mit Hilfe der Uhrzeit und beliebiger Vorgaben über die Ereigniszeiten hinwegzugehen, sehr häufig und sehr plötzlich um in Ohnmacht, in Hilflosigkeit und Orientierungsverlust: Die Arbeiten dauern länger als vorgegeben, die Folgearbeiten können nicht ausgeführt werden, die Kalkulationen und Pläne können nicht eingehalten werden und so weiter.

Dieser Konflikt zwischen Uhrzeit und Ereigniszeit wird natürlich nicht nur bei gigantischen Großprojekten ausgefochten, sondern auch in jedem Augenblick der individuellen Existenz. Die Frage ist, wie im Beruf, in der Freizeit und in den sozialen Beziehungen, auf jeder Ebene der sozialen Interaktion der Ereigniszeit wieder ein Vorrang *vor* oder zumindest ein Gleichrang *mit* der Uhrzeit eingeräumt werden kann.

Wenn wir unser tägliches Leben genauer in den Blick nehmen, können wir auch hier feststellen, dass die Uhrzeit keineswegs so vollständig den Sieg über die Ereigniszeit errungen hat, wie es oft den Anschein hat. Es gelingt uns sogar in vielen Situationen, der Ereigniszeit wie selbstverständlich den Vorrang vor der Uhrzeit einzuräumen: Zum Beispiel ist die berühmte Zigarettenpause reine Ereigniszeit – denn die Pause dauert so lange, wie die Zigarette geraucht wird. Auch wenn jemand sagt, er rufe mal kurz an, oder er gehe mal eben zu Kollege X, ist das Ereigniszeit. Es kann mal länger und mal kürzer dauern – je nachdem, über welchen Zeitraum sich dieses Ereignis erstreckt.

Wenn wir der Ereigniszeit in unserem Leben wieder mehr Raum geben und die Dominanz der Uhrzeit etwas zurückdrängen wollen, gilt es, zwei Dinge zu beachten: Einmal, genau zu bestimmen, wo die Ereigniszeit noch immer eine Rolle spielt, und diese Räume dann auszuweiten. Zum anderen müssen wir ein kulturell-mentales Vorurteil über die Ereigniszeit, das größtenteils unterschwellig vermittelt wird, genauer ansehen und wandeln. Gerade in unserer uhrzeitdominierten Kultur herrscht die Vorstellung vor, dass Ereigniszeit absolut unberechenbar ist, ins Chaos führt und deswegen konsequenterweise ›bekämpft‹ werden muss.

Im Gegensatz zu dieser weitverbreiteten Ansicht ist die Dauer eines Ereignisses, auch wenn man ihm Zeit gibt, sich zu entfalten, keineswegs beliebig. Es gibt bei jedem Ereignis (und damit auch bei der ›Ereigniszeit‹) natürliche Grenzen. Wenn diese Grenzen über- oder unterschritten werden, ist das Ereignis nicht mehr das, was es ist. Hier einige Beispiele: Eine Pause muss wenigstens eine Minute dauern, sonst ist es keine Pause, sondern nur eine Kurzunterbrechung. Wenn jemand die Arbeit am selben Tag nicht mehr aufnimmt, ist es keine Pause mehr – sondern ein vorgezogener Feierabend. Das Gleiche gilt für eine Besprechung, die eine Mindestausdehnung hat, sonst ist es keine Besprechung, und eine Höchstausdehnung, sonst wird es eine Tagung. Diese Gesetzmäßigkeit lässt sich in beliebig vielen Zusammenhängen aufzeigen. Das heißt, auch die Ereigniszeit ist nicht ›unbegrenzt‹, sondern hat eine ihr jeweils innewohnende Struktur. Sie hat eine Obergrenze und eine Untergrenze, aber diese sind im Gegensatz zur starren Uhrzeit nicht fest fixiert, sondern flexibel, dehnbar und verkürzbar, je nach Ereignis und Situation. Eine Liedzeile von Reinhard Mey macht den Qualitätsunterschied von Ereigniszeit und Uhrzeit in unserem Zeiterleben deutlich: »Was ich noch zu sagen hätte, dauert eine Zigarette und ein letztes Glas im Steh'n.«[147] Diese Ereigniszeit (eine Zigarette rauchen kann im Extremfall nur eine Minute dauern und dann wird sie weggeworfen, oder sie kann sich ein Viertelstündchen hinziehen, ebenso das Glas im Stehen) ist nicht nur ›flexibler‹ im Vergleich zur starren Uhrzeit, sie hat vor allem eine andere emotionale und sinnliche Qualität. Wenn Mey gesungen hätte: »Was ich noch zu sagen hätte, dauert fünf Minuten dreiunddreißig, und dann muss ich gehen«, wäre von dieser Qualität absolut nichts mehr übrig.

Um genau diesen Unterschied in der sinnlich-emotionalen Qualität der Ereigniszeit (im Gegensatz zur mechanischen Uhrzeit) geht es jedoch. Deswegen ist es auch nicht verkehrt, im alltäglichen Leben ›Pufferzeiten‹ einzubauen, damit, wenn die Ereigniszeit mal wieder mit der Uhrzeit kollidiert (eine Arbeit länger dauert, ein Gespräch eingeschoben werden muss, eine unvorhergesehene Schwierigkeit auftaucht), dem entsprechenden Ereignis dennoch Zeit und Raum gegeben werden kann, sich zu entfalten. Und darüber hinaus sollten wir bei allen Zeitvorgaben grundsätzlich misstrauisch sein (uns selbst und anderen gegenüber) und genauer hinsehen, inwieweit sich Ereigniszeit und vorgegebene oder vorgenommene Uhrzeit entsprechen oder völlig ausschließen. Schließlich können wir genauer untersuchen, bei welchen Tätigkeiten, Begegnungen, sozialen Kontakten und Verabredungen welche Genauigkeit und Exaktheit am Beginn und am Ende zwingend nötig ist. Muss etwas wirklich auf die Sekunde, auf die Minute, auf eine Viertelstunde genau beginnen oder beendet werden? Muss etwas auf den Tag, die Woche oder den Monat genau fertiggestellt sein? Die Antwort dürfte in vielen Fällen lauten: nein. Wenn wir der Ereigniszeit in unserem Leben mehr Raum geben, sind wir weniger gestresst, wir gewinnen Reflexions-, Lese- oder Pausenzeiten, und noch dazu können wir so eine Menge für unsere Gesundheit und unser seelisches Gleichgewicht tun.

BALANCE IN DER BEWEGUNG

Veränderungsgeschwindigkeit und Achtsamkeitstempo

Veränderungen können aus zwei unterschiedlichen Perspektiven betrachtet werden: Zum einen verändern sich die Dinge und Zustände um uns herum (und wir verändern uns selbst aufgrund dieser äußeren Einflüsse), zum anderen sind wir selbst ständig Auslöser und Initiatoren von Veränderungen (bei anderen und bei uns selbst). Auf beide Prozesse haben wir einen Einfluss: Wir können uns äußeren Veränderungen durch ein bestimmtes Verhalten entziehen oder sie verlangsamen, und wir können entscheiden, die Veränderungsgeschwindigkeit, die von uns selbst ausgeht, zu senken.

Umgekehrt lässt sich die Veränderungsgeschwindigkeit auch erhöhen: direkt durch unsere Initiative oder indirekt durch das ungefilterte Aufnehmen der von außen an uns herangetragenen Veränderungen. Solange wir uns vorsätzlich für das eine oder das andere entscheiden, ist das kein Problem. Nur gibt es auch hier einige kulturelle Prägungen und Suggestionen, die eher zu ständig schnellerer Veränderung als zu einer zeitlichen Balance von Veränderung und Beständigkeit führen. Robert Levine bemerkt dazu: »Die anglo-amerikanische Kultur ist süchtig nach schnellen und immer wieder neuen Veränderungen, von der Mode über die Unterhaltung bis zu den Wohnungen und Städten, in denen Menschen gern leben möchten.«[148] Einer solchen Sucht, die inzwischen weite Teile der westlichen Welt erfasst hat und einem gewissen Zwang gleichkommt, müssen wir etwas Eigenständiges entgegensetzen, wenn wir ihr nicht verfallen wollen.

Diese Veränderungssucht, mit der Fokussierung auf das Neue, ist natürlich auch eine Auswirkung des schon früher beschriebenen Zusammenhangs von Geschwindigkeit und Vergessen. Aber hinter dieser Sucht lässt sich darüber hinaus auch eine mehr oder minder unbewusste Unzufriedenheit mit der momentanen Situation entdecken. Von außen wird diese Veränderungssucht in Gang gehalten, indem suggeriert wird, dass das veränderte andere (das oft in der Gestalt des Neuen daherkommt) die Lösung für diese verborgene

Unzufriedenheit mit sich bringen werde. Das Prinzip ist leicht zu durchschauen, denn es gleicht dem Mechanismus, der auch bei der Ziel- und Zukunftsfixierung sowie bei der Versäumnisangst aktiviert wird. Nur wird diesmal nicht vorgegaukelt, das Glück sei ›irgendwo anders‹ zu finden (in der Zukunft oder an einem Ort, an dem man sich gerade nicht befindet), sondern die Veränderung wird in Form von Gegenständen, Moden, Geräten im gegenwärtigen Moment angeboten, zusammen mit dem Versprechen, dass genau diese Neuerung das bringen würde, was unbewusst gesucht wird. Aber natürlich bringt das Veränderte oder das Neue, das von außen auf uns zukommt, selten das, was eigentlich an Glück, Verbundenheit, Zeit oder Gelassenheit vermisst wurde. Im Gegenteil, es kostet uns häufig unsere innere zeitliche Balance, weil wir damit wieder einer verdeckten Beschleunigung folgen. Der Terror der Abwechslung ist selbst zu einer Ideologie geworden, die uns verheißt, dass das andere schon deshalb besser sei, weil es anders und neu ist.

Diese ständig forcierte Veränderungsgeschwindigkeit ruft zwei entgegengesetzte Phänomene gleichzeitig hervor: auf der einen Seite das Gefühl des Getriebenseins und der Überforderung, auf der anderen Seite ein merkwürdiges Gefühl von Stillstand – denn in der Tat ändert sich ja meistens nur die Benutzeroberfläche, dahinter aber bleibt fast alles gleich. Vor allem der Zustand, in dem wir uns selbst in Bezug auf unsere Zeit befinden, ist noch immer der gleiche: ein Gefühl von Überforderung und Gehetztsein.

Wenn wir der Ideologie des immer Neuen dennoch aufsitzen, handeln wir uns außerdem eine ganze Reihe zusätzlicher Probleme ein: Die neuesten Geräte kaufen, heißt mehr zu bezahlen (billiger wird es erst später), sich unbezahlt als Versuchsperson zur Verfügung zu stellen (das Produkt ist nicht ausgereift), das Risiko auf sich zu nehmen, von Rückrufaktionen und Nachbesserungen betroffen zu sein. Das wiederum geht mit persönlichen ›Zeitproblemen‹ einher (die Ware muss zurückbeordert werden, man ruft die – wahrscheinlich – kostenpflichtige Hotline an, bringt Pakete zur Post et cetera), und außerdem trägt man dazu bei, die Produktzyklen zu verkürzen und damit der beschleunigten Veränderung Vorschub zu leisten.

Es ist auch ein Fehler, einfach zu glauben, Konsumgüter und Dienstleistungen würden uns entlasten oder seien wenigstens ›zeitneutral‹. Vielmehr gilt: »Sie tragen ihre eingebaute ›Zeit‹ in sich, die an alle, die sie konsumieren wollen, bestimmte zeitliche Anforderungen stellt.«[149] Erst einmal müssen Bedienungsanleitungen und bestimmte Zugangsbedingungen gelesen, verstanden und befolgt werden, und auch auf andere Weise wird die sogenannte ›Freizeit‹ unter der Hand zu einer verdeckten permanenten Weiterarbeit: »Wo die Konsumgüter ihre eingebaute, vorproduzierte und programmierte Komplexität zur Selbstentfaltung des Benützers in sich tragen, wo jede Sportart ihre eigene Bekleidung, Ausrüstungsgegenstände, Ausübungs- und Anfahrzeiten hat, wo jedes Hobby auf Professionalisierung drängt und mit der Freizeit zugleich ein ›Lebensstil‹ und ein ebensolches Gefühl propagiert wird, wird Konsum zur Mimikry der Produktion und kann nicht viel anders, als den vorgegebenen Zeiten zu folgen.«[150]

Auch in Bezug auf den Konsum, die Veränderung und das Neue ist also ein Zirkelschluss zu erkennen: Wer nicht das, was im Moment vorhanden ist, in seiner Tiefendimension wahrnimmt, wird süchtig nach Veränderung – wer süchtig ist nach Veränderung, hat keine Zeit, den Moment und das Leben im Augenblick in seiner Tiefendimension wahrzunehmen. Die Frage ist, wie eine ›angemessene Veränderungsgeschwindigkeit‹ unter diesen Umständen überhaupt gefunden werden kann.

Grundsätzlich wäre sie gekennzeichnet durch eine Balance von Beständigkeit und Veränderung – aber diese Balance wird sich nur selten von allein einstellen, solange wir dem Zeitgeist und der Umgebungsgeschwindigkeit folgen. Die für uns richtige Veränderungsgeschwindigkeit müssen wir selbst herausfinden und festlegen, und zwar auf jeder Ebene der eigenen Existenz: in der Familie, in sozialen Zusammenhängen, bei der Arbeit und beim Konsum. Sie ist je nach Situation, Ort und Person unterschiedlich. Ein wichtiges Kennzeichen aber könnte ein sogenanntes ›Achtsamkeitstempo‹ sein: Solange es uns gelingt, unsere Achtsamkeit für den Augenblick, die Situation und uns selbst aufrechtzuerhalten – wir also weder gehetzt und getrieben noch gelangweilt sind –, haben wir die richtige Veränderungsgeschwindigkeit. Gehen Veränderungen zu schnell, gelingt es uns nicht mehr, diese Achtsamkeit aufrechtzuerhalten, sind Veränderungen zu langsam, gelingt es uns nicht, die Veränderung überhaupt zu bemerken. Auch hier ist es sinnvoll, zuerst mit den sogenannten kleinen Dingen zu experimentieren und auf die

Veränderungsgeschwindigkeit beim Essen, beim Zuhören, beim Gehen, beim Lesen und beim Sprechen zu achten.

Was die Sucht nach Veränderung durch neue Dinge angeht, kann auch eine Gegenfrage sehr gut helfen, zu einer verlorengegangenen Balance zurückzufinden: Worauf können wir eigentlich alles verzichten, ohne dass uns etwas fehlt? Im Ergebnis müsste dann weniger Zeit aufgebracht werden: für die Arbeit, das Einkaufen, die Gebrauchsanweisungen, das Pflegen, das Aufräumen und Instandhalten – und schließlich auch weniger Zeit für das Entsorgen.

Innere Balance

Die Suggestionen in der westlichen Zeitkultur sind darauf angelegt, uns wirklichen Ausgleich und wirkliches Glück immer erst für die ferne Zukunft zu verheißen. Doch Leben ist Bewegung, und diese Bewegung kommt bis zum Tode nie an ein Ende. Insofern ist es wohl eine Illusion, einzelne Handbewegungen, Arbeiten, Projekte und Pläne schnell zu tun und zugleich zu hoffen, ein Leben mit Konzentration, Achtsamkeit und innerer Balance führen zu können. (Das wäre so, als würde man sagen, man will aufhören zu rauchen, aber erst nach der nächsten Zigarette.)

Balance findet in der Gegenwart statt, und erst wenn sie von Augenblick zu Augenblick, von Stunde zu Stunde vorhanden ist, kann auch in unserem Lebenszusammenhang eine wirkliche Balance entstehen.

Es beginnt mit den sogenannten ›kleinen‹ Aktivitäten, Bewegungen und Handgriffen: Sie bewusst und achtsam wahrnehmen zu können, heißt zuerst einmal die kulturell vermittelte Unterteilung in ›Routineangelegenheiten‹ und ›wesentliche‹ Arbeiten oder Tätigkeiten aufzugeben – und das aus ganz pragmatischen Gründen: Wenn wir es nicht tun, entziehen wir automatisch einem großen – wenn nicht sogar dem größten – Bereich unseres Lebens wie ›selbstverständlich‹ jede bewusste Aufmerksamkeit: Aufstehen oder Hinsetzen, Gehen oder Schreiben, Sprechen oder Essen; in jedem dieser einzelnen Vorgänge ist die Möglichkeit versteckt, sie entweder mit Achtsamkeit und mit Genuss zu tun oder sie eben wie eine Routineangelegenheit, vollkommen unbemerkt, ablaufen zu lassen.

Zur inneren zeitliche Balance gehört darüber hinaus, den beständigen Wechsel von Tun und Lassen, von Handeln und Abwarten, von Anspannung und Entspannung bewusst zu etablieren. Voraussetzung dafür ist, das Nichts-Tun auch als etwas Wertvolles zu betrachten und keineswegs als vergeudete Zeit – wie das schon ausführlicher im Zusammenhang mit der Geschwindigkeitsfixierung beschrieben wurde.

Aus unserer inneren Balance bringen kann uns ziemlich leicht, wenn wir verschiedene Tätigkeiten unbemerkt ineinander übergehen lassen, statt sie klar voneinander abzugrenzen. (Dahinter steht natürlich der Versuch, doch zwei oder mehr Dinge zugleich tun zu wollen.) Auf der strukturellen Ebene bedeutet das zum Beispiel, dass wir jede Tätigkeit wirklich beenden, bevor wir eine neue starten. (Also nicht noch an der E-Mail weiterformulieren, derweil wir schon den Hörer abnehmen, und nicht während des Gesprächs weiter über die E-Mail nachdenken. Umgekehrt: Wenn wir den Hörer aufgelegt haben, nicht noch an das Gespräch denken und schon versuchen, an der E-Mail weiterzuschreiben.) Ein konsequentes Vorgehen zentriert die eigene Energie und hält uns selbst im größten Chaos in der Balance. Noch dazu entsteht nach dem Ende der einen und vor dem Beginn der anderen Tätigkeit immer eine winzige Pause, in der neu entschieden werden kann, was der nächste wesentliche Schritt ist.

Um die innere Balance aufrechtzuerhalten, ist es ebenfalls wichtig, nicht unendlich viele ›offene Vorgänge‹ parallel im Kopf zu haben. Durch das ständige ›Vorwärts, Vorwärts‹ können im täglichen Leben viele Dinge von uns nicht sofort zu einem Abschluss gebracht werden. Halbangefangen, belasten diese unfertigen oder abgebrochenen Vorgänge das Bewusstsein und unsere Wahrnehmungen. (Eines Tages – irgendwann einmal – alle diese Dinge zu beenden und vervollständigen zu können, bleibt ohnehin eine schöne Illusion.)

Die Kunst, in der zeitlichen Balance zu bleiben, besteht darin, die Dinge strukturell jeweils so zu einem Abschluss zu bringen, dass sie für unser Bewusstsein ›vollständig‹ sind, selbst wenn sie noch ›unfertig‹ sind. Wenn zum Beispiel in der Küche schmutziges Geschirr steht, ist die Aufgabe, Geschirr zu spülen, sowohl ›unfertig‹ als auch ›unvollständig‹. Wenn die gleiche Menge Geschirr in einem Geschirrspüler steht, ist die Aufgabe zwar immer noch unfertig, aber die Situation zugleich vollständig. (Es muss erst wieder gehandelt werden, wenn der Geschirrspüler voll ist). Es gilt also genau solche Strukturen zu schaffen, die selbst bei unfertigen Dingen ein Gefühl – vorläufiger – Vollständigkeit schaffen: übersichtliche Hefter, ein

Regal für ungelesene Bücher, eine Hängeregistratur, aus der nur der Vorgang herausgenommen wird, der jeweils bearbeitet wird, und so weiter. So können wir, derweil wir uns auf etwas konzentrieren, nicht durch unfertige Dinge aus der inneren Balance gebracht werden.

Neben diesen mentalen Konzepten, die uns unterstützen können, unsere Balance zu bewahren, gibt es auch eine sehr einfache Möglichkeit, schnell und effektiv die innere Balance wiederzufinden, indem wir die Ebene wechseln und uns auf unsere Atmung konzentrieren. Seit mehr als viertausend Jahren beschäftigen sich verschiedene Hochkulturen nachweislich mit der Erforschung des menschlichen Atems.[151] Der Atem ist deshalb so interessant, weil er zugleich mehrere Verbindungsfunktionen wahrnimmt: Einmal verbindet er uns mit unserer Außenwelt (der Umgebungsluft, dem Sauerstoff der Bäume), und zugleich verbindet er uns (unser Denken und Fühlen) mit unserem Körper.

Der Atem nimmt auch noch in anderer Hinsicht eine Sonderstellung ein. Während andere körperliche Prozesse entweder rein willentlich gesteuert sind (Stehen, Gehen, Laufen) oder überhaupt nicht willentlich beeinflusst werden können (Blutdruck), ist der Atem einerseits spontan (unabhängig von unserer Aufmerksamkeit und unserem Willen), andererseits können wir unseren Atem aber auch willentlich lenken. Sind wir aufgeregt, geht der Atem schneller, sind wir dagegen entspannt, geht der Atem ruhig und gleichmäßig. Umgekehrt können wir durch die bewusste Beeinflussung unseres Atems Prozesse im Körper beeinflussen (Sauerstoffversorgung der Zellen, Herzschlag), und wir können durch tiefes und verlangsamtes Atmen Aufregungen und Angst vermindern oder zurückdrängen. Deswegen wurde schon in der griechischen Kultur der Atem mit der Psyche gleichgesetzt, indem für beide das gleiche Wort *psyche*[152] benutzt wurde.

In Bezug auf unsere innere zeitliche Balance kann uns die Rückbesinnung auf unseren Atem effektiv helfen, die eigene Zentriertheit wiederzufinden. Wenn wir uns auf den eigenen Atem konzentrieren, kommen wir sofort in der Gegenwart an, und wir nehmen darüber hinaus den eigenen Körper wahr. Der eigene Atem ist ein Anzeiger für den eigenen mentalen und emotionalen Zustand, und er gibt uns zugleich die Möglichkeit, diesen zu beeinflussen. Der Atem erinnert uns daran, dass das Leben gerade hier und jetzt stattfindet, und insofern beeinflusst er auch nachhaltig unser momentanes Zeitempfinden.

Unbeständigkeit

Wenn wir eine innere zeitliche Balance auf einer tieferen Ebene erreichen wollen, geht das allerdings auch über den momentanen Augenblick hinaus. Hier wirkt (einmal mehr) ein mentales zeitliches Konzept, das ebenfalls aufgedeckt werden muss, um Balance in einem lebenszeitlichen Zusammenhang möglich zu machen: das vielfach suggerierte, aber irreführende Konzept von der ›Beständigkeit‹.

Gedanken und Ansichten, Gefühle und Beziehungen, Gegenstände und Städte, Situationen und Gesellschaften – und nicht zuletzt die eigene Existenz – sind in einem ständigen Wandel begriffen. Wird diese Einsicht verleugnet oder verdrängt, hat das zweierlei zur Folge: Zum einen wird der momentane Augenblick des Lebens in seiner Unwiederbringlichkeit und Unwiederholbarkeit nicht erfasst und wertgeschätzt, und auf der anderen Seite beeinflusst diese Angst vor der Unbeständigkeit die eigene Existenz und treibt den Einzelnen und ganze Gesellschaften dazu, Sicherheits- und Absicherungsvorkehrungen ins schier Unermessliche wachsen zu lassen – meistens ohne Aussicht auf Erfolg. Es gibt keinen Schutz vor der Unbeständigkeit: Wer versucht, so zu tun, als ob er immer jung bliebe, bemerkt dennoch, dass er älter wird. Wer glaubt, dass er sich an die Dinge, die er einmal gelernt hat, immer erinnern werde, stellt fest, dass er vieles vergisst. Wer hofft, dass er das, was er gekauft hat, für immer behalten könne, registriert, dass Dinge verloren- oder kaputtgehen. Wer zuversichtlich ist, dass er das, was er gespart hat, noch wird ausgeben können, wird plötzlich krank und stirbt.

Aber nicht nur auf der individuellen, auch auf der gesellschaftlichen Ebene wird die Herstellung von Beständigkeit oft als ein ›letztes‹ großes Ziel suggeriert. Es soll die perfekte Sicherheit geschaffen, das ultimative Produkt gegen irgendetwas hergestellt oder das ständige Wachstum endgültig erreicht werden und dergleichen mehr. Was damit einhergeht, ist oft eine bestimmte Form von Überidentifikation mit bestimmten Zuständen, Zielen oder Unternehmungen, mit bestimmten Produktionsformen, Positionen, Tätigkeiten oder Haltungen. Eben diese Überidentifikation ist in jedem Fall ein untrügliches Zeichen der Verdrängung der Einsicht, dass sich alles wandelt und vergänglich ist.

Die Unbeständigkeit wird nun (in der individuellen und in der kulturellen Deutung) oft ›der Zeit‹ angelastet. Die Zeit verändere und zerstöre, sie verhindere Beständigkeit und mache alt und krank. Schon deswegen müsse der Kampf gegen die Zeit aufgenommen werden. Natürlich ›macht‹ die Zeit gar nichts: Es gehört zum Wesen der Dinge, dass sie unbeständig sind; diese Unbeständigkeit kann mit der Uhrzeit oder mit dem Kalender quantifiziert und verglichen werden, aber die Zeit selbst ist doch wohl nicht die Ursache von Veränderung.

In diesem ewigen Kampf gegen die Unbeständigkeit werden allerdings – unter der Hand – viele Dinge und Handlungen (und oft auch das Leben des Einzelnen und ganzer Kulturen) zu einem Mittel zum Zweck. Immer weniger Dinge, Abläufe oder Tätigkeiten haben ihren Sinn noch in sich selbst; das ganze Leben wird zu einem ›Mittel-Universum‹, wie Günter Anders das nannte. Wir leben in einer Welt, in der es *»keine Akte oder Gegenstände mehr gibt, die nicht Mittel* wären, die nicht Mittel sein sollen, deren Zweck nicht darin bestünde, die Produktion oder Wartung weiterer Mittel zu gewährleisten, weiterer Mittel, deren Zweck wiederum darin besteht, weitere Mittel zu erzeugen oder erforderlich zu machen usw.«[153] Was hier als Gesellschaftsanalyse formuliert wird, gilt auch für jeden Einzelnen: Mittel und Zwecke führen nicht zu Sinn, Glück und schon gar nicht zu einer inneren zeitlichen Balance. Der Kampf um die Beständigkeit ist weder ein sinnvolles Ziel, noch führt er zum Glück, weil er immer schon verloren ist. Aussichtsreicher ist es hingegen, in allen Bereichen des eigenen Lebens den Sinn wieder in den Tätigkeiten selbst zu suchen und zu finden und nicht in den scheinbaren Zwecken, für die sie getan werden sollen. Wenn etwas aus sich selbst heraus sinnvoll ist, muss es weder beschleunigt noch konserviert werden.

Die Kunst der inneren Balance und der heiteren Gelassenheit – die ja in ihrem Wortstamm etwas mit dem ›Lassen‹ zu tun hat (mit dem Loslassen und dem Gehenlassen) – besteht also ›nur‹ darin, die Unbeständigkeit wirklich wahrzunehmen und dennoch in der Balance zu bleiben, glücklich zu sein und den gegenwärtigen Augenblick zu genießen. Doch wie kann das gelingen?

Einmal hilft dabei eine mentale Haltung der ›Dankbarkeit für das, was im Moment gerade da ist‹. Man richtet die Aufmerksamkeit auf die positiven Aspekte dessen, was vorhanden ist, statt auf die Aspekte von Abwesenheit oder Mangel. (Denn selbst das, was im Moment alles da ist, müsste ja nicht da sein.) Man stellt nicht erst bestimmte

Ansprüche an das Leben, die erfüllt sein müssen, bevor man sich selbst erlaubt, glücklich zu sein (und man hat auch keine Wünsche, die absolut unerfüllbar sind, wie zum Beispiel den Wunsch nach Beständigkeit). Diese Dankbarkeitshaltung anstelle einer Anspruchshaltung führt außerdem dazu, im Zweifelsfall Dinge, Situationen oder Beziehungen leichter loslassen zu können.

Ein anderes mentales Modell, auf positive Weise mit der Unbeständigkeit umzugehen, ist die Haltung des ›Haben-als-hätte-man-nicht‹. Man benutzt bestimmte Dinge oder bekleidet bestimmte Positionen ohnehin nur für eine gewisse Zeit – also identifiziert man sich besser nicht zu sehr mit ihnen. Womit wir uns nicht identifizieren, das können wir gegebenenfalls auch leichter loslassen. ›Haben-als-hätte-man-nicht‹ heißt also, in einer Grundhaltung der Gelassenheit und des dankbaren Genießens zu sein und gleichzeitig Distanz sowohl zu den Dingen als auch zu bestimmten Positionen und Rollen zu halten.

Für das Glücklichsein und die innere Balance angesichts der Unbeständigkeit des Lebens ist auch eine Haltung unterstützend, die man ›Achtsamkeit statt Sentimentalität‹ nennen könnte. Sie hängt mit der Beobachtung zusammen, dass Zeiten, Situationen, Menschen und Dinge leichter losgelassen werden können, wenn sie wahrgenommen, genossen, erlebt und integriert wurden. Das Gegenteil wäre eine Haltung, alles so lange als selbstverständlich und nicht beachtenswert hinzunehmen, solange es da ist, und den eigentlichen Wert, die Intensität und Schönheit erst dann zu empfinden, wenn alles verschwunden, vergangen oder verloren ist – um dann sentimental zu werden.

Schließlich ist ein weiteres gangbares mentales Modell die Fokussierung auf ›Sinn und Vollständigkeit statt auf Ausdehnung‹. In fast allen Kontexten des Lebens geht es letztlich darum, Dinge, Beziehungen, Situationen zu erfüllen und zu vervollständigen, und nicht darum, sie unendlich auszudehnen, zu fixieren oder zu konservieren. Die Frage lautet nicht, wie lange ein Vorgang dauert, sondern wie sinnstiftend und erfüllend er für uns ist. Das gilt für Kindererziehung, Beziehungen und Feste ebenso wie für Projekte und die ganz großen Lebensaufgaben.

ZEITSOUVERÄNITÄT UND ZEITKULTUR

ZEITWISSEN, ZEITSINN UND ANDERE ZEITKULTUREN

Zeitsouveränität oder Zeitwohlstand

Um die Zeit als eine Lebenskunst zu begreifen und hervorzubringen, bedarf es der Wiedergewinnung einer eigenen ›Zeitsouveränität‹. Die Analysen der auf uns einwirkenden kulturellen Zeitmodelle, ihre Entschärfung, Umwandlung oder Überwindung, wie sie hier bisher dargestellt wurden, sind eine entscheidende Voraussetzung dafür, diese Zeitsouveränität zu erlangen oder wiederzuerlangen. Souveränität, verstanden in ihrer doppelten Bedeutung, einerseits im Sinne von *unbeschränkten Hoheitsrechten* (grundsätzlich hat jeder Mensch unbeschränkte Hoheitsrechte über sein eigenes Leben und seine Lebenszeit – auch wenn es einem öfter so vorkommt, als würden andere über unsere Zeit entscheiden) und andererseits als: *sich einer besonderen Lage oder Aufgabe jederzeit gewachsen zu zeigen.*

Darüber hinaus bedeutet Zeitsouveränität: mit den unterschiedlichsten zeitlichen Herausforderungen im Leben gelassen umzugehen, klare Vorstellungen über unsere kulturellen Zeitmodelle zu haben – und diese bei Bedarf (für sich) wandeln zu können, uns der eigenen individuellen Besonderheiten im Umgang mit der Zeit bewusst zu sein, uns Wissen über die Zeit als existentielle Dimension des Lebens anzueignen, die eigene Selbstzentriertheit zu stärken und, nicht zuletzt, uns Verbündete zu suchen, die die herrschende Zeitkultur ebenfalls (aus ihrer jeweiligen Perspektive) kritisieren und verändern möchten.

Zeitsouveränität betont die Selbstverantwortung für unser Leben und unsere Lebenszeit. Der Begriff bezieht sich auf die Wahrnehmung von Zeit, das Denken und Sprechen über die Zeit und schließlich auf das *Handeln in der Zeit*, so wie dies in den vorangehenden Kapiteln ausgeführt wurde. Im Gegensatz zum sogenannten ›Zeitmanagement‹ unterstellt der Begriff der Zeitsouveränität jedoch nicht, dass man die Zeit selbst ›beherrschen‹ oder ›managen‹ könnte.

Der Begriff der Zeitsouveränität bedeutet aber nicht nur eine Abgrenzung gegenüber dem herkömmlichen ›Zeitmanagement‹, sondern auch gegenüber der Vorstellung eines ›Zeitwohlstandes‹[154], der in der aktuellen Zeitdiskussion eine Rolle spielt: In Analogie zu materiellem Wohlstand ist der Zeitwohlstand innerhalb einer Kultur des (scheinbaren) ›Zeitmangels‹ ein verführerisches ›Ziel‹. Doch legt dieser Begriff genau die Verwechslungen nahe, die es zu vermeiden gilt: So kann materieller Wohlstand wohl erarbeitet oder durch äußere Zuwendung erlangt werden, Zeitwohlstand ist jedoch, im Gegensatz zum materiellen Wohlstand, keine äußere und vor allem keine messbare Größe. (Wer das meint, sitzt unter der Hand wieder der Verwechslung zwischen objektiver und subjektiver Zeit auf. Er verwechselt den sogenannten Zeitwohlstand mit einer bestimmten Anzahl von Stunden. Ein Arbeitsloser muss aber keineswegs im Zeitwohlstand leben, ein produktiver Künstler keineswegs in einem ›Zeitunwohlstand‹.) Eben weil Zeitwohlstand so leicht mit dieser rein äußeren quantitativ messbaren Zeit verwechselt werden kann, ist der Begriff der Zeitsouveränität weit besser geeignet, die qualitativen Unterschiede im Umgang mit der Zeit zu thematisieren und in den Blick zu bekommen – was nicht heißt, dass, wenn erst einmal eine Zeitsouveränität erreicht worden ist, sich nicht im Nachhinein auch ein Gefühl von ›Zeitwohlstand‹ einstellen könnte. Dieser lässt sich aber nicht durch eine generelle Arbeitszeitverkürzung, die bessere Koordinierung von Öffnungszeiten, die Einschränkung der Sonntagsarbeit oder ähnliche äußere Maßnahmen erreichen. Jeder Umgang mit der Zeit hat eine äußere und eine innere Dimension. Der Kernpunkt der Zeitsouveränität ist daher – auch in Abgrenzung zum Zeitmanagement –, die Anschauungen über die Zeitmodelle selbst zu verändern: für sich allein, zusammen mit anderen, in der sogenannten Freizeit, in sozialen Beziehungen und während der Arbeit. Dabei gilt es genau das zu beachten, was über die Grenzen der Zeit, über Achtsamkeit, Muße und Müßiggang, über Flow, Ereigniszeit und Uhrzeit, über Balance und Veränderung und über die Unbeständigkeit im Einzelnen ausgeführt wurde.

Technisches oder existentielles Wissen über die Zeit

Bei der Aneignung von Wissen über die Zeit ist es ratsam, sich die Unterschiede zwischen technisch/technologischem Wissen und existentiellem Wissen in Erinnerung zu rufen. Beide Arten des Wissens unterscheiden sich sowohl in ihrer Struktur, in ihrer Aneignungsweise und in ihren Auswirkungen auf unsere Zeitsouveränität. Das technische Wissen über die Zeit ist kumulativ, nimmt von Generation zu Generation und Jahr für Jahr zu und bezieht sich zum Beispiel auf Kalender, Geschwindigkeitsberechnungen, Atomuhren und Zeitmesstechnologien, kann aber auch auf die Gehirnforschung oder auf psychologische Fragen der Zeitwahrnehmung ausgerichtet sein. Bei diesem Wissen ist es wichtig, jeweils auf dem aktuellen Stand zu sein, weil es schnell altert und weil überholte Kenntnisse unbrauchbar sind. Dieses technisch/technologische Wissen muss man nicht wirklich präsent haben – es reicht zu wissen, wo und wie dieses Wissen von uns abgerufen werden kann, wenn wir es benötigen. Das Einprägen oder Verinnerlichen ist unnötig, und es ist auch relativ egal, welche Personen uns dieses Wissen vermitteln.

Existentielles Wissen hingegen muss keineswegs von Generation zu Generation zunehmen – es kann auch verlorengehen, wenn es nicht erinnert, zur Kenntnis genommen und gelebt wird. Existentielles Wissen veraltet nicht wirklich: Es kann zweitausend Jahre alt und heute absolut gültig sein, wie zum Beispiel die Ausführungen von Aristoteles über das Glück, der Fragestil des Sokrates oder Epikurs Ausführungen über die Lust und die Gemütsruhe.[155] Es geht beim existentiellen Wissen um den Gehalt, die Tragfähigkeit und die Tiefendimension, nicht aber unbedingt um den neuesten Stand. So genügt es in Bezug auf dieses Wissen nicht, lediglich zu registrieren, wer wann und wo einmal etwas über die Zeit oder das Glück geschrieben hat. Existentielles Wissen entfaltet erst dann seinen Sinn, wenn es adaptiert, verinnerlicht und gelebt wird – daher muss man es sich auf eine ganz andere Weise aneignen als technologisches Wissen.

Nicht zuletzt ist existentielles Wissen abhängig von den Personen, die es vermitteln. Sich eine Vorlesung über Glück von einem Menschen anzuhören, der verbiestert und offensichtlich unglücklich ist, wird uns wenig überzeugen, selbst wenn er so manche Einsicht mitzuteilen hat – weil er diese offensichtlich nicht lebt, sondern wie technisches Wissen behandelt. Existentielles Wissen lässt sich schließlich auch nicht mechanisch übertragen oder anwenden: Erst durch Versuch und Irrtum, durch Aneignung und Integration entsteht ein Prozess des existentiellen Verstehens. Und endlich können wir zu existentiellen Einsichten auch ohne äußere Wissensübermittlung kommen, allein durch eigenes Nachdenken, durch Erfahrung oder genaue Beobachtung.

Interessant ist, dass wir uns dem Thema Zeit sowohl auf technische als auch auf eine existentielle Art nähern können. Dass Wissen über die Ganggenauigkeit von Uhren oder die Umlaufgeschwindigkeiten von Planeten unser Verhalten und unseren Umgang mit der eigenen Lebenszeit nicht verändert, muss nicht erwähnt werden, aber selbst wenn es um die Zeit im Zusammenhang mit der eigenen Existenz geht, können wir existentielles Wissen wie technisches Wissen behandeln: hier kurz überfliegen, dort kurz hineinlesen und dann alles in den Bücherschrank einordnen. Schließlich können wir uns sogar der eigenen Lebenszeit auf eine technische und mechanistische Weise nähern, die Fragestellungen würden dann lauten: Wie können die Abläufe meines Lebens optimiert werden? Wie kann Zeit gespart, organisiert, verdichtet oder besser genutzt werden? Dabei wird die Zeit technisch, nicht existentiell verstanden und ein mechanischer Bewegungsablauf mit der subjektiven Zeit verwechselt. Sich einen existentiellen Zugang zum Wissen über die Zeit zu erschließen, heißt also, Einsichten über die Zeit auf das eigene Leben zu beziehen, mit den eigenen Erfahrungen zu vergleichen und dann gegebenenfalls in das eigene Leben zu integrieren.

Schon Epikur und andere Philosophen entwickelten deswegen keine abstrakten Wissenssammlungen oder gar ›Zeitplantechniken‹, sondern gründeten Akademien, in denen sie ihre philosophischen Ideen (als existentielles Wissen) an ihre Schüler weitergaben. Ein Gegensatz zwischen Wissenschaft auf der einen und Lebenskunst auf der anderen Seite, wie er heute als normal angesehen wird, war für sie nicht vorstellbar.

Über die Definition und die Ausbildung eines ›Zeitsinns‹

Wohlwissend, dass die Postulierung, die Untersuchung und die Erforschung eines menschlichen ›Zeitsinns‹ eigentlich fächerübergreifend von Chronobiologen, Medizinern, Psychologen bis hin zu Philosophen und Anthropologen erfolgen müsste, sollen hier doch einige Überlegungen angestellt werden, die auf die Vorstellung und die Beschreibung eines Zeitsinns (in Analogie zum Gleichgewichtssinn) abzielen.

Es gibt in der Lehre von den Sinneswahrnehmungen des Menschen bisher in Bezug auf die zeitliche Koordinierung (Wahrnehmung von parallel stattfindenden Ereignissen, Veränderungen,

Rhythmisierungen innerhalb und außerhalb des Körpers) keine Vorstellung und keine Definitionen von einem menschlichen ›Zeitsinn‹ – und das, obwohl offensichtlich jeder Mensch Zeitwahrnehmungen hat. In der breitgefächerten Zeitdiskussion der Gegenwart spielt der Begriff überhaupt keine Rolle. Wenn er in einzelnen Nachschlagewerken überhaupt erwähnt wird, wird er immer mit der sogenannten ›inneren Uhr‹ gleichgesetzt oder als ein »rhythmisch ablaufender physiologischer Mechanismus, der bei Menschen, Pflanzen und Tieren besteht und nach dem Stoffwechselprozesse, Wachstumsleistungen und Verhaltensweisen festgelegt werden«[156] definiert.

Die Vorstellung von einem ›Zeitsinn‹, der hier vorgeschlagen und diskutiert werden soll, bezieht sich auf eine andere Ebene. Er ist eher zu vergleichen mit dem, was auf der körperlich-räumlichen Ebene ›Gleichgewichtssinn‹ genannt wird.

Natürlich gibt es, um das vorwegzunehmen, kein isoliertes Sinnesorgan im menschlichen Körper für die Zeit. Da ›die Zeit‹, wie in Anlehnung an Norbert Elias schon beschrieben wurde, eine menschliche Erfindung ist, die entsteht, wenn man mit einem bestimmten Konzept verschiedene Bewegungsabläufe miteinander vergleicht, ist schon von daher klar, dass es ein solches isoliertes Sinnesorgan für ›die‹ Zeit nicht geben kann.

Das ist aber kein stichhaltiger Einwand gegen die Definition eines Zeitsinns, denn es gibt im menschlichen Körper neben den Sinneswahrnehmungen, die mit bestimmten Sinnesorganen wahrgenommen werden (Sehen/Augen, Hören/Ohren, Riechen/Nase, Schmecken/Zunge), eine ganze Reihe von anderen Sinnesempfindungen, die eben keinem speziellen Sinnesorgan zugeordnet werden können: zum Beispiel das Temperaturempfinden, das Druckempfinden oder den Schmerz, der schon seit über einhundert Jahren als eine eigene Sinnesempfindung eingeordnet wird, obwohl es auch für ihn kein eigenes Sinnesorgan gibt.[157]

Was nun die zeitlichen Bezüge angeht, besitzen Menschen natürlich die Fähigkeit, das Verhältnis von Veränderungen in der Zeit auf verschiedenen Ebenen und mit ihren Sinnesorganen wahrzunehmen: mit den Augen die Veränderungsgeschwindigkeit von Bildern, mit den Ohren die Veränderung von Geräuschen, mit dem Tastsinn rhythmische Wiederholungen; wir können schnelle oder langsame Veränderungen der Temperatur oder des Drucks wahrnehmen und noch dazu alle möglichen endogenen Reize aus dem Körperinneren wie entstehenden Hunger, aufkommende Nervosität oder schleichende Müdigkeit registrieren. Das heißt, die sinnliche Wahrnehmung von Zeit- und Veränderungsverhältnissen ist erst einmal selbstverständlich gegeben als eine Fähigkeit eines Organismus, bestimmte Reize der Außenwelt (exogene Reize) oder des Körperinnern (endogene Reize) durch besondere Reizempfänger (Rezeptoren) aufzunehmen und zu verarbeiten.

Natürlich nehmen wir dadurch nicht ›die‹ Zeit wahr – aber diese unterschiedlichen (quasi dezentralen) Wahrnehmungen von Veränderungsgeschwindigkeiten, innerer und äußerer Art, könnten (und sollten) durchaus zu einem menschlichen ›Zeitsinn‹ zusammengefasst werden. Dieser ›Zeitsinn‹ hat die dezidierte Aufgabe, Veränderungsprozesse und Veränderungsgeschwindigkeiten innerhalb und außerhalb des Körpers wahrzunehmen, zu sammeln, zu registrieren und zielgerichtet darauf hinzuwirken, einen Zustand von Balance aufrechtzuerhalten oder wiederherzustellen. Klingt das wirklich so ungewohnt? – Es gibt natürlich so etwas wie einen ›Zeitsinn‹ ohnehin in jedem Menschen (und er funktioniert auf eine leicht nachvollziehbare Weise: Der Körper wird müde – man geht schlafen oder trinkt Kaffee; der Blutzuckerspiegel sinkt – es wird gegessen und immer so weiter).

Einen ›Zeitsinn‹, wir er hier vorgeschlagen wird, kann man jedoch – über solche monokausalen Zusammenhänge weit hinausgehend – in seiner hochkomplexen Wirkung und Funktion am ehesten mit unserem (räumlichen) Gleichgewichtssinns vergleichen. Auch die Sinneswahrnehmung des Gleichgewichts kann keinem bestimmten isolierten Organ zugeordnet werden. Das räumliche und statische Gleichgewicht ergibt sich erst aus dem Zusammenwirken von verschiedenen Rezeptoren, die an unterschiedlichen Orten unseres Körpers verteilt sind und zusammenwirken müssen: Augen, Innenohr, Tastsinn, Drucksinn, Gravitationssinn und andere. Dieser Gleichgewichtssinn ermöglicht uns die körperliche Balance und eine bestimmte Orientierung im Raum. Dabei ergibt sich dieser aufrechte und scheinbar ›stabile‹ Mittelpunkt, genauer besehen, durch ein andauerndes, sehr feines Schwanken, ein ständiges Verlieren und Wiederherstellen der Mitte, der Balance, in jeder Sekunde.

Ein ›Zeitsinn‹ hat für unsere zeitliche Balance eine vergleichbare Funktion wie der ›Gleichgewichtssinn‹ für die Balance im Raum.

Er lässt sich ebenfalls keinem speziellen Organ zuordnen, er ist auf unterschiedlichste Rezeptoren im Körper angewiesen, die zusammenwirken müssen. Dennoch gelingt es uns mit Hilfe eines solchen ›Zeitsinns‹ – idealerweise, wenn er gut funktioniert –, aus der Beschleunigung und Verlangsamung, aus der Synchronisation von äußeren und inneren Veränderungen sowie aus der Integration von kurzfristigen und längerfristigen zeitlichen Anforderungen und eigenen Bedürfnissen ein Gleichgewicht und eine Balance auf zeitlicher Ebene herzustellen.

Insofern ist es durchaus an der Zeit, die Sinnenlehre dahingehend zu erweitern, neben dem ›Gleichgewichtssinn‹, der auf der räumlichen Ebene Veränderungen registriert und ausgleicht, auf der zeitlichen Ebene einen ›Zeitsinn‹ zu definieren. Interessant ist, dass dieser ›Zeitsinn‹ – beinahe zufällig – zwar in einem wissenschaftlich-technischen Zusammenhang berücksichtigt, aber gerade in der psychologischen oder anthropologischen Diskussion überhaupt nicht erwähnt wird: »Der Zeitsinn ist etwas, das sich aus dem Zusammenspiel der anderen Wahrnehmungen ergibt, ihr Vergleichssinn sozusagen, eine Art ideelles Gesamtorgan, über das die Dauer oder der Wechsel von Wahrnehmungen bemerkt wird.«[158]

Die Vorteile, einen solchen ›Zeitsinn‹ zu postulieren, ihn in seiner Funktionsweise genauer zu beobachten und in der Folge besser auszubilden und zu schulen, liegen jedoch gerade heute (bei den enormen zeitlichen Anforderungen an jeden Einzelnen) auf der Hand: Jede feinere Ausbildung eines bestimmten Sinnes erlaubt es uns, uns besser in der Umwelt zu orientieren und feinere Nuancen voneinander zu unterscheiden – so, wie das Ohr eines ausgebildeten Musikers Töne, Tonreihen und Tonfolgen viel genauer unterscheiden und bewusster hören, das Auge eines Malers sehr viel feinere Farbnuancen und Unterschiede sehen und ein Akrobat seinen Gleichgewichtssinn ebenfalls auf eine besondere Art trainieren und ausbilden kann.

Erst wenn wir einen ›Zeitsinn‹ definieren (auch hier sind die Grenzen unserer Sprache die Grenzen unserer Welt), wird es überhaupt möglich (und dann auch relativ einfach), unglaublich viele ›verstreute‹ und ›dezentrale‹ Zeit- und Rhythmusempfindungen konzentriert zusammenzuführen und als eine wirkliche (mehr oder minder gefährdete) Einheit wahrzunehmen. Man kommt dann über die vagen Formulierungen und Empfindungen wie ein (oder kein)

›Zeitgefühl‹ zu haben, ›Zeitstress‹ zu empfinden, aus der Balance zu sein (im zeitlichen Sinne), den eigenen Rhythmus zu verlieren, Anspannung und Entspannung zu wenig zu koordinieren, innere und äußere Zeitmuster schwer zu synchronisieren und viele andere schnell hinaus. Nachdem man diese auf unterschiedlichsten Ebenen etablierten Zeitbezüge in einem ›Zeitsinn‹ zentriert hat, kann man damit beginnen, ihn bei sich selbst genauer wahrzunehmen, auszubilden und zu schulen (und man muss damit nicht warten, bis offiziell in medizinischen und psychologischen Wörterbüchern ein Zeitsinn postuliert und definiert wurde).

Anderen Zeitkulturen begegnen

Die eigene Zeitsouveränität und der eigene Zeitsinn können ebenfalls durch die Begegnung mit einer anderen Zeitkultur gestärkt und verfeinert werden. Wer auf eine andere Zeitkultur trifft, kann sich ihr rein analysierend und distanziert oder eben existentiell, bezogen auf die eigene Existenz nähern. Entweder häufen wir Wissen in einem technischen Sinne an, oder wir wagen eine lebendige Auseinandersetzung und stellen unsere eigenen Zeitvorstellungen und unsere eigene Zeitkultur in Frage. Je feiner dabei unser – zumindest unterschwellig vorhandener – ›Zeitsinn‹ ausgeprägt ist, umso genauer können wir andere Zeitkulturen wahrnehmen und die Unterschiede zu unserer eigenen Zeitkultur erkennen, erspüren und benennen.

Interessanterweise sind fast alle Phänomene, die bei der Begegnung von Kulturen normalerweise unter dem Begriff des ›Kulturschocks‹[159] zusammengefasst werden, unter einem bestimmten Blickwinkel ›Zeitschocks‹. Hinter dem Nähe- und Distanzproblem, das in der interkulturellen Kommunikation auftaucht, steht auch die Frage: Wie lange kann ich jemandem direkt in die Augen sehen, ohne unhöflich oder aufdringlich zu werden? Wann kann ich wie nahe an jemanden herangehen? Hinter dem Macht- und Respektproblem steht immer auch die Frage: Wie lange muss ich warten, bis ich einen Termin bekomme (oder andere warten lassen)? Wie viel Zeit räumt der andere mir ein oder ich ihm? Hinter allen möglichen Formen von ›Höflichkeit‹ stehen immer verdeckte ›Zeitstrukturelemente‹: Wann kann ich etwas ansprechen, am Anfang oder am Ende eines Gesprächs? Wie lange werden Höflichkeitsfloskeln ausgetauscht? Wie oft muss ich jemanden getroffen haben, um mit ihm befreundet zu sein? Wann muss ich eine Gegeneinladung aussprechen? Wie schnell muss ich auf eine Anfrage reagieren?

Wenn man sich mit der Wirkungsweise von Kulturen und Kulturunterschieden befasst, kann man mit einigem Erstauen feststellen, dass es noch nicht so lange her ist, dass Begegnungen zwischen den Kulturen vor allem – oder nur – auf der Ebene von Staatsmännern, Diplomaten, Forschungsreisenden und Händlern stattfanden. Dagegen gibt es aufgrund unserer Kommunikationsmöglichkeiten und unserer Mobilität heute in Westeuropa kaum jemanden, der nicht fremde Kulturen und damit auch andere Zeitauffassungen oder Zeitmodelle kennengelernt hat oder zumindest kennenlernen könnte. Dafür muss man nicht einmal in ferne Länder reisen – mit asiatischen, afrikanischen oder lateinamerikanischen Zeitvorstellungen kommen wir allein schon deshalb in Berührung, weil Menschen aus diesen Kulturen in unserer Umgebung leben oder weil wir in internationalen Unternehmen mit Menschen aus diesen Kulturen zusammenarbeiten. Nicht zuletzt sind Bücher und Berichte über andere Zeitkulturen für jeden leicht zugänglich. Doch die Frage ist natürlich auch hier, ob dieses Wissen überhaupt gesucht und für wertvoll erachtet wird, um den blinden Fleck in Bezug auf unsere eigene Zeitkultur aufzudecken. Voraussetzung für eine konstruktive Begegnung mit anderen Zeitkulturen ist auf jeden Fall, die eigenen Zeitvorstellungen nicht als selbstverständlich und schon gar nicht als die einzig ›wahren‹ anzusehen. Jede Zeitkultur hat offensichtlich ihre Stärken und ihre Schwächen. Insofern kann es auch nützlich sein, uns von diesen Zeitkulturen einen Spiegel vorhalten zu lassen.

Inspirationen durch andere Zeitvorstellungen

Zeitunterschiede zwischen individualistischen und kollektivistischen Kulturen

Auffallend ist im interkulturellen Vergleich, dass eine starke Vereinzelung und Individualisierung von Menschen zu einer größeren Beschleunigung in der Gesellschaft führt. Im Gegensatz dazu verstärkt eine Gesellschaft, die mehr am Wert von sozialen Beziehungen orientiert ist, die Impulse der Verlangsamung. Harry Triandis hat festgestellt, »dass individualistische Kulturen im Vergleich zu kollektivistischen mehr Wert auf Leistung als auf Zusammengehörigkeit legen.«[160] Robert Levine bestätigte diesen Zusammenhang in seinen Studien über die Zeit, die er in 31 Ländern in Bezug auf die Geschwindigkeit durchführte. »Diese Konzentration auf die Leistung [in individualistischen Kulturen] führt normalerweise zu einer Zeit-ist-Geld-Einstellung, die wiederum in den Zwang mündet, jeden Augenblick irgendwie zu nutzen. In Kulturen, in denen soziale Beziehungen Vorrang haben, findet sich auch eine entspanntere Haltung der Zeit gegenüber.«[161]

Interessant ist in diesem Zusammenhang, dass eine ganze Reihe wirtschaftlicher, mentaler und kommunikativer Probleme, die bei der deutsch-deutschen Wiedervereinigung aufgetreten sind (und noch immer auftreten), darauf zurückzuführen sind, dass in Ost und West anders mit der Zeit umgegangen wurde. Die eher an der Gemeinschaft und der Gruppe orientierten Wertevorstellungen des Ostens gingen mit einer zwangloseren und unbefangeneren Haltung der Zeit gegenüber einher. Die mehr am Individuum, der Einzelleistung, der Abgrenzung und der Konkurrenz orientierten Wertevorstellungen der westlichen Gesellschaft haben dagegen eine größere Beschleunigung mit sich gebracht. Auch hier zeigte sich deutlich, dass mentale Modelle und gesellschaftliche Werte jeweils einen starken Einfluss auf den Umgang mit Zeit haben.[162]

Geschwindigkeit und Zeitlosigkeit

Deutliche Unterschiede lassen sich auch zwischen europäischen und japanischen Zeitvorstellungen aufdecken. Im Rahmen der Beobachtung, dass in Japan, trotz eines zum Teil enormen Arbeitstempos, viel weniger Menschen an Herz-Kreislauf-Erkrankungen sterben als in vergleichbaren westlichen Industrieländern, stieß man dort auf interessante Zusammenhänge. Die große Geschwindigkeit ist nämlich in Japan in andere kulturelle Rahmenvorstellungen eingebettet: »Das Herzstück der kulturellen Werte Japans ist eine tiefe und zwingende Ausrichtung auf das Wohl des Kollektivs. Die Arbeitssucht japanischen Stils unterscheidet sich grundlegend von der in den westlichen Ländern.«[163] Das hat vor allem damit zu tun, dass die Japaner ein völlig anderes Bild von Wettbewerb, Konkurrenz, Selbstbewusstsein und Aggression haben. Deutlich wurde das unter anderem, als ein amerikanischer Fragebogen ins Japanische übersetzt werden sollte. Die bestmögliche Übersetzung für die Frage

»Mögen Sie Wettbewerb an Ihrem Arbeitsplatz?« war: »Mögen Sie Unhöflichkeit an Ihrem Arbeitsplatz?«[164] Auch das Wort ›aggressiv‹ hat im Japanischen eine ausschließlich feindliche und bösartige Konnotation. Die Japaner sind schnell, lassen sich aber dennoch nicht von der Uhr tyrannisieren. Der Schriftsteller Pico Lyer schreibt über die Japaner: Sie »bündeln ihre Zeit und verwandeln dann das holprige Chaos aufeinanderfolgender Augenblicke in eine Elegie, so schön wie ein Kunstwerk.« Sie sind Meister der Langsamkeit ebenso wie der Schnelligkeit: »So vieles in Japan ist als Ort des Rückzugs aus der Zeit angelegt, als Weg, die Zeit anzuhalten, aus ihr herauszutreten.«[165] Interessant ist, in welcher Weise sich Geschwindigkeit und Zeitlosigkeit bei den Japanern miteinander verbinden und sich gerade nicht – wie man aufgrund unserer eigenen kulturellen Prägungen annehmen könnte – gegenseitig ausschließen.

Kulturen, die nach der Ereigniszeit leben

Anthropologen liefern viele Berichte und Beschreibungen von Kulturen, die nach der Ereigniszeit leben. Egal, ob es dabei um die Micmac-Indianer in Ostkanada geht oder um Menschen auf Madagaskar, um Mexikaner oder Nigerianer – grundlegend ist dabei immer, dass nicht die Uhr, sondern die Tätigkeiten, die Ereignisse selbst die Zeitmesser sind. Zeitangaben sind zum Beispiel: *bis der Reis kocht; bis eine Heuschrecke gebraten ist; wir stehen auf, wenn am Morgen die Adern auf der Haut zu sehen sind.* Das alles sind keineswegs nur Umschreibungen für exakte Zeiteinheiten – das Entscheidende ist, dass diese Zeitangaben ein Element des Unberechenbaren, des Vagen und des Fließenden in den Umgang mit der Zeit ins Spiel bringen. Zum anderen wird die Zeit dabei nie abstrakt verstanden, sondern immer mit einer bestimmten sinnlichen Qualität verbunden. Weiterhin ist kennzeichnend, dass die Abläufe und die Veränderungen im sozialen Bereich im gegenseitigen Einverständnis geschehen und nicht einseitig an der Uhrzeit orientiert sind. Ein Beispiel dafür wäre der Übergang und der Wechsel von Versammlungszeit, Gebetszeit, Gesangszeit, Essenszeit und Pausen bei der Totenklage der Micmac-Indianer: Wenn die Gruppe meint, dass es jetzt ›an der Zeit‹ sei, zum nächsten Teil überzugehen, dann ist es Zeit. Aber diese Zeit ist von Mal zu Mal höchst unterschiedlich.[166] Mit dieser Orientierung an den Ereignissen statt an der abstrakten Zeitmessung verschwindet natürlich auch – quasi automatisch – ein Wort wie *Zeitverschwendung*. Diese kann in Kulturen der Ereigniszeit gar nicht sinnvoll gedacht werden. Wie kann man Zeit verschwenden? Wenn man irgendetwas nicht tut, tut man dafür etwas anderes. Mit der Ereigniszeit geht immer eine größere Aufmerksamkeit einher: für den Einzelnen selbst, für die Menschen ringsum und für deren Befindlichkeit. Die einzelnen Ereignisse, Gespräche oder Begegnungen folgen stärker ihrem innewohnenden Rhythmus, werden dadurch harmonischer, und außerdem lässt der ›Zeitdruck‹, der eigentlich ein ›Planungs- und Erfüllungsdruck‹ ist, enorm nach.

Wie Zeitvorstellungen mit der Sprache variieren

Im Vergleich mit anderen Zeitkulturen lässt sich gut feststellen, wie sehr sich Zeitvorstellungen in der Sprache widerspiegeln und wie umgekehrt die Sprache nur bestimmte Auffassungen von Zeit ›zulässt‹. »Die Sioux zum Beispiel haben kein einzelnes Wort für ›Zeit‹, ›spät‹, oder ›warten‹.«[167] Von daher können sie ›Warten‹ als einen eigenen Zustand gar nicht benennen. Die Hopi behandeln die Zeit eher wie Adverbien und nicht wie Substantive. Sie können zum Beispiel nicht sagen, dass der Sommer heiß ist, weil Sommer und heiß dasselbe Wort sind.

Umgekehrt können wir uns in Bezug auf unsere Zeitkultur fragen, warum ›die Zeit‹ im Deutschen ausgerechnet mit einem Substantiv bezeichnet und ausgedrückt wird und nicht mit einem Verb oder einem Adjektiv. Unmöglich wäre das nicht – das inzwischen ungebräuchliche mittelhochdeutsche Wort ›zeitigen‹ (*zitigen* – ›hervorbringen, reifen lassen‹[168]) würde in vielen Zusammenhängen ganz andere Assoziationen im Umgang mit der Zeit und dem Leben auslösen und viele Verwirrungen im Zeitverständnis vermeiden helfen: »Er hat *zeitigen* gespart« – ein solcher Satz würde schon beim Sprechen den Widersinn des Versuchs des ›Zeitsparens‹ deutlich werden lassen. Das Gleiche gilt sinngemäß für ›zeitigen verlieren‹ oder ›zeitigen vertrödeln‹. Allein dadurch, dass die Zeit im Deutschen als Substantiv gebraucht wird, fällt die Widersprüchlichkeit des eigenen Sprechens über die Zeit als einem Ding in unserer Zeitkultur und in unserem täglichen Umgang mit der Zeit kaum auf.

Eine sehr erhellende Überraschung erlebte auch ein Anthropologe, als er versuchte, einen Fragebogen ins Spanische zu übersetzen. Es ging darin um die Wartetoleranz in Mexiko. Er fragte danach, wann die Testpersonen jemanden zu einer Verabredung *erwarteten*, wie lange sie *hofften*, dass die Person doch noch käme, und wie lange sie faktisch auf sie *warteten*. Dabei stellte sich heraus, dass im Spanischen alle drei Wörter ›erwarten‹, ›hoffen‹ und ›warten‹ mit *esperar* übersetzt werden und somit das Gleiche bedeuten. Somit kann im spanischen Sprachraum das ›Warten‹ niemals eine so negative Assoziation und so negative Gefühle auslösen wie im Deutschen, denn das *Warten* ist ja mit dem *Hoffen* und dem *Erwarten*, die eher positive Assoziationen auslösen, identisch. Ebenso interessant ist die folgende Beobachtung über die Zeitvorstellungen im arabischen Raum: »Viele arabische Kulturen rund um das Mittelmeer kennen nur drei Zeitzustände: gar keine Zeit, jetzt (wobei die Dauer variiert) und ewig (zu lange).«[169] Mit Einheimischen dieser Kultur darüber zu verhandeln, was vielleicht *lange* dauert – aber gerade noch akzeptabel ist – und was *zu lange* dauert, also unakzeptabel ist, stellt allein schon deshalb ein vergebliches Unterfangen dar, weil es dafür überhaupt keine sprachliche Differenzierung gibt. Alle diese Zusammenhänge machen erneut deutlich, dass die Sprache, das Denken und das Empfinden von Zeit sehr eng miteinander verbunden sind. Veränderungen in einem der drei Bereiche führen jeweils zu Veränderungen in den beiden anderen; das gilt zwischen den Kulturen genauso wie innerhalb der eigenen Kultur.

Mit der Zeitperspektive verändert sich das Handeln

Wenn eine Gesellschaft nur in der Gegenwart lebt und die Konsequenzen des eigenen Handelns für zukünftige Generationen außer acht lässt, hat das ebenfalls mit Zeit und zeitlichen Vorstellungen zu tun. Interessant ist dabei ein Vergleich anglo-europäischer Vorstellungen von Vergangenheit und Zukunft mit den Zeitperspektiven eines von den nordamerikanischen Einwanderern beinahe ausgerotteten Volkes, der Irokesen: »Wenn die Irokesen Entscheidungen treffen, tun sie das immer in dem Gedanken, ihre Ahnen zu ehren und ihre ungeborenen Nachkommen zu nähren. Sie fragen: Wie entspricht diese Entscheidung, die wir heute treffen, den Lehren unserer Großeltern und den Sehnsüchten unserer Enkel. Die Irokesen sind einzigartig unter den Kulturen, weil sie einen spezifischen Zeitrahmen für die Zukunft in alle Entscheidungen institutionell integriert haben.«[170] Von einem Häuptling der Irokesen wird dieser Prozess wie folgt beschrieben: »Wir schauen voraus, wie es eine unserer ersten Aufgaben als Häuptlinge ist, um sicherzustellen, dass jede Entscheidung, die wir treffen, zum Wohlergehen der siebenten künftigen Generation passt, und das ist die Basis, auf der wir im Rat Entscheidungen treffen.«[171] Es wäre sehr interessant, sich zu fragen, was unsere Urgroßeltern zu unserem heute gepflegten Lebensstil sagen würden. Mit welchem Respekt, mit welcher Dankbarkeit und mit welcher Intensität würden sie bestimmte Dinge wahrnehmen, die wir für selbstverständlich halten und kaum noch würdigen? Und umgekehrt: Was würde es wohl für das Verhalten eines jeden Einzelnen und erst recht für das Verhalten der politischen und wirtschaftlichen Eliten in den westlichen Industriestaaten bedeuten, wenn jede Entscheidung und alle Handlungsweisen daran überprüft würden, wie sie sich in der siebten Generation der Enkelkinder auswirken werden? Die ›siebte Generation‹ – das löst andere innere Bilder und Empfindungen aus als ein abstraktes Wort wie ›Zukunft‹ oder noch abstraktere Jahreszahlen. Die sogenannte ferne Vergangenheit und die ferne Zukunft in den Blick zu nehmen, um die eigene Situation besser verstehen und einordnen zu können und um Maßstäbe für das eigene Handeln zu bekommen, könnte da vielleicht eine Anregung sein.

Die Kunst, die Zeit zu dehnen

Die Kunst, die Zeit zu dehnen, ist für einige andere Kulturen so selbstverständlich wie das Auto für den Westeuropäer. Eine der grundlegenden Übungen im Buddhismus ist es, das Hier und Jetzt so intensiv wahrzunehmen, dass die Zeit nicht nur gedehnt wird, sondern ›stehenbleibt‹. Man könnte sagen, dass der, der so lebt, von Moment zu Moment mit der Tiefendimension der Zeit, mit der Ewigkeit verbunden ist. Er hat das Wesen der Unbeständigkeit so tief erfasst, dass ihn die Veränderungen des Lebens nicht mehr in Furcht versetzen und er von der Zeit befreit ist – Zeit verstanden als ein Gradmesser für Veränderungen. Dieser Umgang mit Zeit hat im Zen-Buddhismus vor allem im Zusammenhang mit dem Schwertkampf zu beachtlichen Phänomenen geführt. Diese ›Dehnung der Handlungen des Gegners‹ – die quasi ein extremes Training des ›Zeitsinns‹ bedeutet – erlaubt es den Schwertkämpfern, das Agieren des Gegners genau wahrzunehmen und entsprechend darauf zu reagieren. Diese und ähnliche Techniken liegen heute gar nicht mehr so fern, wie sie auf den ersten Blick erscheinen: Sie spielen im westeuropäischen Hochleistungssport längst eine wichtige Rolle.

Konflikte mit anderen Zeitkulturen vermeiden

Da »jede Kultur glaubt, sie selbst lebe im wahren Raum und der wahren Zeit, und jedes andere Raum- und Zeitverständnis sei entweder eine Annäherung an die eigene Auffassung oder eine Pervertierung derselben«[172], sind Missverständnisse vorprogrammiert, wenn Menschen aus verschiedenen Zeitkulturen aufeinandertreffen.

Bei einem Studienaufenthalt oder bei einer längeren Reise bemerkt man bald, dass Zeitvorstellungen, Zeitkonzepte und Zeitstrukturen wie eine komplexe Geheimsprache wirken – weil sie auf Gesten, Erwartungshaltungen und unausgesprochenen Voraussetzungen basieren, die dem Außenstehenden unbekannt sind. Dazu kommt, dass sich Menschen innerhalb einer Zeitkultur durchaus unterschiedlich verhalten können, denn obwohl jeder der ›mentalen Programmierung‹ durch seine Kultur unterliegt, hat er dennoch gleichzeitig die individuelle Freiheit, ›anders‹ mit der Zeit umzugehen. Aber es gibt einige Dimensionen, die man in Bezug auf fremde Zeitkulturen besonders beachten sollte, um Chaos und Konflikte zu vermeiden und die Feinheiten der anderen Kultur leichter zu verstehen.[173]

Wichtig ist es zunächst einmal, Verabredungszeiten *richtig zu interpretieren.* Ist man überhaupt verabredet? Oder war die Einladung nur eine Floskel? Heißt ›pünktlich‹ auf die Minute genau, mindestens eine Viertelstunde später, oder heißt es, im Laufe von ein, zwei Stunden nach der verabredeten Zeit einzutreffen? Ein weiterer Stolperstein ist die *Trennlinie zwischen Arbeitszeit und sozialer Zeit* oder auch zwischen öffentlicher Zeit und privater Zeit. Wird in der Arbeitszeit Privates besprochen? Und wenn ja, wie intensiv? Wird in der Freizeit über Arbeit gesprochen oder ist das ein Tabu? Was wird überhaupt als ›Arbeit‹ definiert – und was als ›Freizeit‹? Wann kann man anrufen und wann nicht? Die *Regeln des Wartespiels* sollten unbedingt erfragt werden. Wenn die Mehrheit in einer Kultur glaubt, dass Zeit Geld ist, werden die Warteregeln anders aussehen als wenn die Vorstellung herrscht, dass Zeit im Überfluss vorhanden ist. Trotzdem gibt es immer eine Reihe von Regeln, wer wie lange auf wen wartet (oder eben nicht wartet). Auch die ›Art des Wartens‹ ist nicht unerheblich: Kann man später wieder zurückkommen, oder muss man die ganze Zeit vor Ort bleiben, um sein Interesse zu signalisieren? Muss man sich hinten anstellen und in der Schlange stehen oder gibt es andere Regeln? Sehr herausfordernd ist auch, wenn in der fremden Zeitkultur *Nichtstun, Pausen, Schweigen* oder *Untätigkeit* vollkommen anders interpretiert werden. Wird ständiges Beschäftigtsein in dieser Kultur wirklich bewundert oder eher bemitleidet? Ist Nichtstun wirklich eine Zeitverschwendung? Oder ist fortwährende Aktivität die eigentliche Zeitverschwendung? Gibt es in dieser Kultur überhaupt ein Wort für Zeitverschwendung? Auch die *akzeptierten Reihenfolgen und Abgrenzungen* können sehr verschieden geartet sein: Was geht vor? Erst die Arbeit und dann das Vergnügen oder umgekehrt? Sollte man mittags lange schlafen oder besser gar nicht? Erst Teetrinken und dann über Geschäfte sprechen oder umgekehrt? Wie lange ist man bekannt, wann ist man befreundet, und wann ist man ein Paar? Eine besondere Herausforderung ist es, wenn sich jemand mit einer uhrzeitfixierten Zeit-ist-Geld-Einstellung plötzlich in einer Kultur wiederfindet, die sich nach der Ereigniszeit richtet. Auch hier gilt es, zuerst einmal nach den Spielregeln zu fragen und sie dann nach und nach zu lernen. Dabei ist zu beachten, dass dort Ereignisse, spontane Gespräche, überraschende Besuche keine Störungen sind, sondern immer den Vorrang vor der abstrakten Uhrzeit und den geplanten Verabredungen haben.

Der Dialog mit anderen Zeitkulturen kann sich so im besten Fall als ein Korrektiv zu den eigenen unbewussten Zeitvorstellungen erweisen und einen mit der Gewissheit erfüllen, dass es auch anders geht. Das übergeordnete Ziel sollte es aber dennoch sein, eine eigene individuelle Zeitsouveränität zu entwickeln, die es uns erlaubt, unsere Lebenszeit als eigene, von uns selbst mitgestaltete Zeit wahrzunehmen – und zwar unabhängig davon, in welcher Kultur wir aufgewachsen sind oder gerade leben.

SELBSTZENTRIERTHEIT UND ZEITSOUVERÄNITÄT

Aus der Mitte handeln

Es sollen hier drei Dimensionen von Zeitsouveränität betrachtet werden. Einmal das Hervorbringen einer individuellen Zeitsouveränität überhaupt, dann muss geklärt werden, inwieweit diese Zeitsouveränität innerhalb der herrschenden Zeitkultur gelebt werden kann, und schließlich stellt sich die Frage, inwieweit man mit Hilfe der eigenen Zeitsouveränität gemeinsam mit anderen einen Beitrag dazu leisten kann, eine andere *Zeitkultur* zu schaffen.

Zuerst müssen wir hinterfragen, ob es wirklich gelingen kann, sich mit Hilfe von existentiellen Einsichten und einem ausgeprägten ›Zeitsinn‹, mit Hilfe von Selbstreflexion und Anregungen aus anderen Zeitkulturen, mit Hilfe einer vertieften Wahrnehmung und Selbstwahrnehmung gegen die kulturellen Programmierungen, die von außen kommenden Beeinflussungen und Manipulationen, gegen die tagtägliche Beschleunigung und die sogenannten ›Sachzwänge‹ effektiv zur Wehr zu setzen. Bei der Beantwortung dieser Frage gibt es zwei entgegengesetzte Positionen, die beide schwierig sind: Auf der einen Seite könnten wir mit der Einstellung ›Erkenntnis ist alles‹ die Macht von Zeitvorstellungen, Zeitkonzepten, Zeitdiktaten und gesellschaftlichen Zwängen unterschätzen und deswegen bei einer Veränderung unseres eigenen Umgangs mit der Zeit scheitern. Auf der anderen Seite besteht die Gefahr, dass wir die angelernten Zeitkonzepte und Zeitvorstellungen in ihrer Macht und Durchschlagskraft überschätzen und schon von vornherein resignieren.

Hinter diesem Problem verbirgt sich der alte Determinismus-Indeterminismus-Streit. Natürlich sind wir weder von äußeren Prägungen und uns umgebenden Einflüssen ganz frei, noch sind wir umgekehrt ein Spielball der uns umgebenden Kräfte und Beeinflussungen. Wir haben eine Selbstzentriertheit, und genau auf die kommt es an, wenn wir unsere Zeitsouveränität erhalten oder neu hervorbringen möchten. Die Summe aller Einflüsse, die auf uns einwirken – von der Erziehung bis zur Werbung, von der Gewohnheit bis zur Manipulation – formt unser Verhalten nicht bis zur Vorhersehbarkeit. Wir haben die Fähigkeit und die Möglichkeit, die auf uns einwirkenden Ideen, Vorstellungen und Manipulationen jeweils zu verstärken oder abzuschwächen, zu neutralisieren oder auch ganz abzuwehren – und zwar mit Hilfe unserer ›kreativen Selbstzentriertheit‹.[174] Jahrelange Beeinflussungen können wir mit einer Handbewegung wegwischen, und angeregt durch eine flüchtige Idee, eine kurze Begegnung, können wir unserem Leben eine ganz andere Richtung geben. Selbst eine alltägliche Aufforderung zur Beschleunigung kann zum Beispiel durch das eigene Verhalten überboten werden (Verblüffen durch noch mehr Beschleunigung); sie kann neutralisiert werden (die alte Geschwindigkeit wird beibehalten); oder sie kann ausgebremst werden (durch bewusste Verlangsamung). Eine unabwendbare Beschleunigung kann von uns bei nächster Gelegenheit durch eine bewusste Verzögerung ausgeglichen werden. Das setzt jedoch voraus, dass unser ›Zeitsinn‹ geschärft ist, dass wir unsere eigene ›Wohlfühlgeschwindigkeit‹ kennen und wir uns der eigenen Macht bewusst sind, auf Einflüsse von außen durch Verstärkung, Neutralisierung oder Abwehr zu reagieren und so unsere Zeitsouveränität zu erhalten.

Natürlich kann die Selbstwahrnehmung und kreative Selbstzentriertheit durch ständige Ablenkung, andauernde Anspannung oder permanente Fokussierung auf die Außenwelt eingeschränkt sein. Dann befinden wir uns in einem Teufelskreis: Erst kommt es zu einer Schwächung der Selbstzentriertheit; diese bewirkt, dass uns Manipulationen und äußere Einwirkungen ungefiltert und mit voller Wucht treffen können, was wiederum die eigene Selbstzentriertheit untergräbt. Dadurch können neuerliche Übergriffe nur schlecht neutralisiert und nicht so geschickt abgewehrt werden (zumal sie oft auf innere mentale Antreiber treffen). Am Ende eines solchen Prozesses steht schließlich eine ›außengesteuerte Persönlichkeit‹[175], die sich äußeren Zeitvorgaben und Beschleunigungszwängen hilflos ausgeliefert fühlt.

Die kreative Selbstzentriertheit, wie sie hier verstanden wird, kann dem jedoch flexibel entgegenwirken. Die Funktionsweise lässt sich gut mit unserem Immunsystem vergleichen, das ebenfalls Übergriffe von außen und innen effektiv abzuwehren hat. Das Immunsystem muss regelmäßig gestärkt werden, damit es seine Aufgaben erfüllen kann; ist es erst einmal geschwächt, ist es nicht mehr in der Lage, Übergriffe effektiv zu bekämpfen. Aber auch das Umgekehrte gilt: Reagiert ein Immunsystem zu stark, selbst bei relativ kleinen Irritationen, führt das zu Allergien, und der Körper kommt aus der Balance; schlimmstenfalls kann das Immunsystem sogar Teile des eigenen Körpers angreifen und eine Selbstzerstörung einleiten. Nur ein Immunsystem, das intakt und zugleich flexibel ist, kann das eigene System effektiv in der Balance halten. In Analogie dazu sollte auch unsere Selbstzentriertheit durch Rückzug und Besinnung regelmäßig gestärkt werden. Eine zu schwache Abwehr gegenüber äußeren (und inneren) Zeitkonzepten und Zeitvorgaben führt zu einer Schwächung der Selbstzentriertheit und ebenfalls zu allen möglichen Erkrankungen: Stress, Schlaflosigkeit, Eilkrankheit, Burnout oder Herzinfarkt. Bestimmte zeitliche Übergriffe sollten daher bereits möglichst frühzeitig und sehr energisch zurückgewiesen werden. (Je länger gewartet wird, umso schwieriger wird die Abwehr.) Andere zeitliche Forderungen sollten einfach toleriert werden – keine Überreaktion bei kleinen oder seltenen Übergriffen. Aber auf keinen Fall sollten zerstörerische Zeitforderungen gegen den eigenen Körper durchgesetzt werden.

Selbstzentriertheit und Multitemporalität

Zu einer Zeitsouveränität, zur Zeit als Lebenskunst gehört neben der kreativen Selbstzentriertheit in Bezug auf die Zeit auch die Entwicklung einer bestimmten Multitemporalität[176], die notwendig ist, um einerseits die eigene Zeitsouveränität aufrechtzuerhalten und andererseits dennoch innerhalb der herrschenden Zeitkultur handlungsfähig zu bleiben. Das Gegenteil der Multitemporalität ist eine meist unreflektiert vorhandene ›Monotemporalität‹, das heißt ein immer gleiches und beinahe zwanghaftes Verhalten im Umgang mit der Zeit sowie eine Überanpassung an vorgegebene Leitbilder und Strukturen. ›Multitemporalität‹ soll hier nicht nur verstanden werden als die Möglichkeit, in unterschiedlichen sozialen Situationen unterschiedlich schnell oder langsam zu sein, sondern insgesamt sehr differenziert mit Zeit und Zeitvorstellungen umgehen zu können: Die Balance von Ereigniszeit und Uhrzeit, von Veränderung und Wiederholung, von Zeitorientierung und Zeitlosigkeit gehört dazu, ebenso die Fähigkeit, die Oberflächenstruktur und die Tiefendimension von

Zeit zu erfassen, Überidentifikationen zu vermeiden oder Sinnfragen, die hinter Zeitfragen versteckt sind, zu erspüren. Zur Multitemporalität gehört, bestimmte Vorgaben, kulturelle Prägungen und soziale Zwänge auf ihre Sinnhaftigkeit und ihre zeitlichen Auswirkungen hin zu hinterfragen – und die eigenen Reaktionsmuster entsprechend variieren zu können. Sie bedeutet, mit äußeren zeitlichen Anforderungen spielerisch und kreativ umzugehen, Lücken, die sich ergeben, auszunutzen, Widersprüche in den Zeitvorstellungen aufzudecken und die zeitlichen Auswirkungen von Entscheidungen jeweils mitzubedenken.

Im Zusammenhang von kreativer Selbstzentriertheit, Zeitsouveränität und Multitemporalität können wir erkennen, dass Stress und Zeitmangel nicht wirklich von außen hervorgebracht werden können, sondern immer (auch) selbstgemacht sind. Natürlich wird durch äußere Impulse etwas in uns angerührt, das uns veranlassen kann, uns selbst Stress zu machen, aber man kann trotzdem nicht sagen, dass Stressimpulse von außen ›zwangsläufig‹ zu einem gestressten Verhalten oder zu einem inneren Stress führen. Das belegen nicht nur zahlreiche Studien[177], sondern davon können wir uns auch selbst überzeugen, wenn wir sehen, wie unterschiedlich Menschen in gleichen oder vergleichbaren Situationen mit Anforderungen von außen umgehen.

Aus der Perspektive der Zeitsouveränität ist es wenig sinnvoll, sich aus der inneren zeitlichen Balance bringen zu lassen: nicht durch Manipulation oder Druck, nicht durch Lob oder Belohnung. Denn wem ist eigentlich damit geholfen, wenn wir unsere zeitliche Balance und damit unsere Zeitsouveränität verlieren? Kurzfristig ist damit meist anderen geholfen (man überarbeitet sich für andere), mittelfristig ist weder anderen noch einem selbst geholfen (man wird krank oder verliert die Motivation), langfristig ist man selbst der oder die Leidtragende (gesundheitliche Folgeschäden, chronische Erkrankungen, Ersatz durch jemand anderes sind oft die Folgen). Auch sogenannte ›Motivationsstrategien‹ dienen häufig nicht dazu, Dinge oder Tätigkeiten konzentriert und mit innerer Beteiligung zu tun, sondern sollen einen lediglich durch viel Geld oder übermäßige Verantwortung, durch soziale Kontrolle oder fragwürdigen Wettbewerb aus der zeitlichen Balance bringen und damit unsere Zeitsouveränität untergraben.

Besser oder einzigartig?

Unsere Zeitsouveränität und kreative Selbstzentriertheit kann ebenso durch andere, scheinbar unverdächtige Leitbilder oder Verhaltensmuster beeinträchtigt werden. Ein selten hinterfragtes Leitbild, das häufig zum ›Leid-Bild‹ wird, ist die Vorstellung, es gehe in verschiedenen sozialen Situationen, vielleicht sogar im Leben überhaupt, darum, besser zu sein als andere – und wenn es geht, sogar der oder die Beste. Dieses Modell forciert einseitig das Konkurrenzdenken auf Kosten von Solidarität und Gemeinschaft und ist darüber hinaus eine geniale *Anleitung zum Unglücklichsein.*[178] Der Beste oder die Beste kann schließlich immer nur einer oder eine sein. Allein das Ansinnen, der Beste sein zu wollen, ist also eine extreme Form der Außensteuerung, die mit einem permanenten Zeitdruck einhergeht, der aber eigentlich ein selbstgemachter ›Vergleichsdruck‹ ist. Was würde aber passieren, wenn wir die Vorstellung des ›Besten‹ durch die Vorstellung des ›Einzigartigen‹ ersetzen würden? Wenn wir eine besondere Mischung von Fähigkeiten, Fertigkeiten, Erkenntnissen und Verhaltensweisen entwickeln und auf diese Art unverwechselbar und nicht austauschbar sind? Das Modell der Einzigartigkeit gibt der persönlichen Entwicklung und Entfaltung Raum, ohne unter der Hand aus den meisten Situationen im Leben einen Wettlauf zu machen – verbunden mit den bekannten zeitlichen Konsequenzen.

Ein anderes ›Leid-Bild‹ ist die weitverbreitete Ansicht, es sei ein Lebensziel, auf einer imaginären Karriereleiter möglichst weit nach ›oben‹ zu kommen. Diese Vorstellung und die damit einhergehenden Anstrengungen können einen für Jahre oder Jahrzehnte vollkommen aus der zeitlichen Balance bringen und die eigene Zeitsouveränität untergraben. Auch diese Vorstellung gleicht eher einer Einbahnstraße zum Unglücklichsein. Das Ergebnis dieser Anstrengungen ist mit dem ›Peterprinzip‹[179] bereits grundlegend beschrieben worden: Man wird weiterbefördert bis zum Stadium der eigenen Inkompetenz, und das ist oft ein Zustand der vollkommenen (eben auch zeitlichen) Überforderung. Auf diesem Posten bleibt man dann, zum eigenen Unglück und zu dem der anderen, sitzen. Aus der Perspektive der Zeitsouveränität und der Lebenskunst ist die Vorstellung von ›Karriere‹ und ›Karriereleiter‹ selbst eine extreme Außensteuerung. Als zentrierender und souveräner erweist sich das Bestreben, eine für einen selbst angemessene Position zu erlangen, die es erlaubt, die eigenen Fähigkeiten einzubringen, einen optimalen Beitrag für eine Institution, ein Unternehmen oder die Gesellschaft zu leisten und gleichzeitig Zeit für Muße und den Genuss des Lebens zu haben.

Zeitqualitäten

Wenn wir keine Worte für bestimmte Zustände oder Zusammenhänge haben, können wir diese nur unklar bedenken, fühlen oder uns vorstellen. Insofern ist es hilfreich, für den Umgang mit der Zeit und für bestimmte Zeitqualitäten neue Bezeichnungen zu erfinden oder wiederzuentdecken: ›Zeitsouveränität‹, ›Multitemporalität‹ oder ›kreative Selbstzentriertheit‹ sind solche Versuche, Wörter zu finden für Zusammenhänge, die uns normalerweise verdeckt bleiben. Wir können aber auch bereits vorhandene Wörter aus anderen Bereichen unseres Lebens auf die Zeit und unsere Zeitvorstellungen übertragen und für unseren täglichen Umgang mit der Zeit nutzbar machen.

In der Musik ist es seit Jahrhunderten selbstverständlich, bestimmten Zeit- und Tempoangaben eine emotionale Qualität zuzuschreiben und das entsprechende Musikstück auf diese Weise zu interpretieren. Doch warum sollte das auf die Zeit in der Musik beschränkt bleiben? Es wäre ebenso möglich, bestimmten Stunden, Aufgaben, Tagen oder dem Zusammensein mit anderen Menschen eine eigene *Zeitqualität* zuzuordnen. Dafür ist es wichtig, sich solche Zeitqualitäten zu vergegenwärtigen oder neu zu schaffen. Unsere erlebte Zeit muss schließlich nicht mechanistisch, technizistisch, grau oder eintönig sein. Zeitqualitäten hängen mit Geschwindigkeit (Oberfläche) und Achtsamkeit (Tiefe) zusammen, können aber durchaus auch etwas mit Farbe oder Musik zu tun haben: Je nach Tätigkeit und Anforderungen kann es sinnvoll sein, mehrmals am Tag nicht nur von einer Geschwindigkeit zu einer anderen, sondern ebenfalls von einer Zeitqualität zu einer anderen zu wechseln. Wenn wir mehrere Gespräche hintereinander führen, kann es sein, dass je nach Inhalt und Gesprächspartner diese erlebte Zeitqualität stark variiert: Geschwindigkeit, Tiefe, Färbung, Stimmigkeit und Sinnstruktur. Das können wir ignorieren und einfach darüber hinweggehen, wir können uns von anderen bestimmen lassen und jeweils auf die Vorgaben des Gegenübers reagieren, wir haben aber genauso die Möglichkeit, diese Zeitqualitäten selbst vorzugeben. Das setzt jedoch voraus, solche Zeitqualitäten empfinden und benennen zu können. Wie wäre es zum Beispiel mit folgendem Tagesablauf: morgens mit einem *Allegro* (heiter beschwingt) aufstehen, dann zur Arbeit mit einem *Allegro vivace* (schnell und heiter), ein Problem lösen mit einem *Furioso* (stürmisch voran), danach ein bewusstes *Lento* (langsam) einlegen, an einem Konzept arbeiten mit einem *Allegro con spirito* (heiter und mit Geist), mit einem *Andante* (voranschreitend) in die Mittagspause gehen, mit einem *Allegretto grazioso* (verspielt und mit Grazie) ein Gespräch mit einem netten Kollegen oder einer netten Kollegin führen, schließlich mit einem *Grave* (schwer, getragen) ein Problem zur Kenntnis nehmen und regeln, anschließend mit einem *Presto* (schnell) noch ein paar E-Mails schreiben und dann mit einem *Allegro* (heiter beschwingt) in den Feierabend gehen?

Es ist ebenfalls möglich und für einen eher visuellen Menschen vielleicht naheliegender, bestimmte Stunden des Tages, diverse Aufgaben oder Abläufe und das Zusammensein mit anderen Menschen nicht mit musikalischen Zeitangaben zu verbinden, sondern eher mit verschiedenen Farben, die für ihn jeweils mit einer bestimmten Qualität einhergehen wie ›kalt‹, ›warm‹, ›anregend‹ oder ›beruhigend‹. Noch eine andere Möglichkeit, um Zeitqualitäten zu kreieren, ist, bestimmte Stunden jeweils mit einem Symbol zu verbinden, das für uns selbst eine bestimmte Lebens- oder Zeitqualität ausdrückt. Wenn wir erst einmal anfangen, damit zu experimentieren, können wir schnell bemerken, wie sich unsere emotionalen und mentalen Haltungen verändern und wie wieder ein anderer Zugang zur Zeit möglich wird.

ZEITSOUVERÄNITÄT UND HERRSCHENDE ZEITKULTUR

Neue Zeiterfahrungen mitteilen

Zeiterfahrungen werden immer von einzelnen Menschen gemacht, und jede Veränderung im Umgang mit der Zeit fängt bei uns selbst an. Zugleich sind wir aber Teil eines uns umgebenden sozialen Systems, einer Zeitkultur, in der ganz bestimmte Zeitvorstellungen herrschen. Eingebunden in diese Zusammenhänge, werden wir von diesen geprägt und wirken gleichzeitig verändernd auf dieses Umfeld ein. Bei diesem Prozess ist es wesentlich, nicht nur die eigenen Vorstellungen von der Zeit bewusst hervorzubringen, auszuformen und gegen Übergriffe zu verteidigen, sondern ebenso die Vorstellungen anderer Menschen im Umgang mit ›ihrer‹ Zeit zu respektieren. Wenn beides gelingen soll, brauchen wir den Dialog mit anderen, nicht nur über die jeweiligen konkreten Zeitgestaltungen, sondern vor allem über die dahinterliegenden Zeitvorstellungen, Werte, Wünsche und Bedürfnisse.

Wenn wir beginnen, anders mit der Zeit umzugehen und vor allem anders ›in‹ der Zeit zu sein, hat das direkte und indirekte Auswirkungen auf Familienmitglieder, Arbeitskollegen und Freundschaften, auf uns umgebende Abläufe und Strukturen, auf unseren Umgang mit Informationen, Zielen und dem Konsum. Die eigene Veränderung zu mehr Zeitsouveränität kann dabei, egal wie positiv wir sie selber wahrnehmen, auf andere durchaus verunsichernd wirken – daher ist es angebracht und hilfreich, neue Zeiterfahrungen direkt mitzuteilen und uns nicht einfach nur anders zu verhalten. Die dahinterliegenden Zusammenhänge unserer Veränderung zu erklären, kann helfen, bei anderen Verständnis für uns zu schaffen.

Ein veränderter Umgang mit der Zeit berührt ganz verschiedene Lebensbereiche – nicht nur an der Oberfläche. Hinter Zeitfragen stehen Sinnfragen, Zeitfragen hängen zusammen mit Versäumnisängsten und Sicherheitsbedürfnissen, mit inneren oder äußeren Zielen und Wünschen, mit dem eigenen Körper, mit Hoffnungen und Wahrnehmungsstrukturen. Deshalb ist es manchmal nicht einfach, mit anderen über unsere eigenen Zeitkonzepte zu sprechen. Es ist vergleichsweise leichter, sich über die Aufteilung eines Raumes – zum Beispiel eines Zimmers – mit anderen zu einigen als sich über einen gemeinsamen zeitlichen Rhythmus zu verständigen. Es ist leichter, sich räumlich voneinander abzugrenzen als bei seinem zeitlichen Rhythmus zu bleiben, wenn der andere einen anderen Rhythmus hat. Der Raum ist greifbar, sichtbar und von daher leicht verhandelbar, die Zeit dagegen ist abstrakt, und die Zeitmodelle sind fast immer nur indirekt sichtbar – für uns selbst und für die anderen. Dennoch bedeutet eine größere Zeitsouveränität und Multitemporalität am Ende für alle Beteiligten einen Zugewinn an Lebensqualität.

Zeitsouveränität in der Partnerschaft

Der Bereich von Partnerschaft und Familie kann ein wichtiges Wahrnehmungs-, Erfahrungs- und Experimentierfeld für unseren Umgang mit der Zeit sein. Von unserem Partner oder unserer Partnerin können wir ein direktes und sehr genaues Feedback bekommen, wir können sie gewinnen, uns in Veränderungsprozessen zu unterstützen, und umgekehrt können wir ihnen bei der Erlangung von Zeitsouveränität beistehen. Verlässliche soziale Beziehungen können helfen, dem Beschleunigungswahn der herrschenden Zeitkultur entgegenzuwirken. Mindestens ebenso wichtig ist es jedoch, Zeitsouveränität gemeinsam als Paar hervorzubringen und zu bewahren. Diese Zeitsouveränität – hier verstanden als eine Balance in der Beziehung – ist ebenfalls nicht allein durch Absprachen oder Zeitplantechniken zu erreichen, sondern nur dadurch, dass die kulturell vermittelten Zeitmuster und mentalen Modelle gemeinsam aufgedeckt werden, damit sie nicht ungewollt auf die Beziehung durchschlagen. Auch als Beziehung ist es unmöglich, unendlich viel in endlicher Zeit zu erleben – selbst wenn jeder jeden Abend etwas anderes macht und man sich über das Erlebte austauscht. Versäumnisangst kann innerhalb und außerhalb der Beziehung für alle Beteiligten zu einer ständigen Unzufriedenheit führen, egal, was getan wird. Einer besseren Zukunft hinterherzulaufen oder die Vergangenheit – als die Beziehung begann – zu idealisieren, kann die Wahrnehmung dessen, was jeweils im Hier und Jetzt passiert, sehr einschränken. Wenn die Vorstellung, dass schneller besser sei als langsamer, auf die Beziehung durchschlägt, besteht die Gefahr, dass die Geschwindigkeit innerhalb und außerhalb der Beziehung ständig forciert und Muße irgendwann nur noch als ›tote‹ Zeit empfunden wird. Durch nichts anderes schließlich können Muße und Liebe, Verständnis und Geduld, Zuhören und Zuwendung nachhaltiger zerstört werden als durch den fatalen Irrtum, dass Zeit Geld sei. Da in Beziehungen und in Familien nichts produziert wird, sind sie aus einer Zeit-ist-Geld-Perspektive gesehen eine reine und geradezu ungeheuerliche Zeit- und Geldvernichtungseinrichtung.

Die Zeitsouveränität von Beziehungen ist durch die Übernahme von gesellschaftlich vermittelten mentalen Zeitmodellen also genauso gefährdet wie der Einzelne, und daher ist es unerlässlich, sich gegenüber zerstörerischen mentalen Zeitmodellen von außen abzugrenzen und ›Zeitsouveränität‹ auch auf der Ebene der Paarbeziehung bewusst zu definieren. Das genaue Maß an Ruhe und Muße, an Austausch und gemeinsamer Aktivität, an Nähe und Distanz, an Teilhabe und Abgrenzung muss immer wieder neu thematisiert werden. Da hinter Zeitfragen immer auch Sinnfragen stehen, können sich viele Streits an dem Umgang mit der Zeit entzünden, obwohl eigentlich etwas anderes dahinter steckt. Wenn es scheinbar Zeitprobleme in Beziehungen gibt, sollten die dahinterstehenden Probleme und Dimensionen des Leidensdrucks betrachtet werden: Stimmt die Struktur von Abläufen und die Reihenfolge, in der bestimmte Dinge getan werden? Wie ist es mit der Dauer von Prozessen? Sind sie zu lang oder zu kurz? Ist die Planung innerhalb der Beziehung zu chaotisch oder zu einengend? Gibt es Raum für Ereigniszeit? Werden wichtige Dinge in dem richtigen Rhythmus wiederholt – zu häufig oder zu selten? Ist die Synchronisation zwischen den Beteiligten angemessen, gibt es eine Überanpassung, oder fehlt die Synchronisation vollkommen? Welche zeitlichen Perspektiven hat das Paar im Blick? Wann ist ein Thema aus der Vergangenheit für die Beziehung abgeschlossen? Was ist die Zukunft und was ist die Gegenwart der Beziehung?

Eine Beziehung verändert sich ständig und geht, wie alles Leben, nach einer gewissen Zeit zu Ende; diese Wahrnehmung der Unbeständigkeit ist eine entscheidende Vorraussetzung für die Präsenz des Paares im Augenblick. Darüber hinaus sind in zweierlei Richtung bewusste Grenzen zu setzen: Einmal muss sich die Beziehung klar nach außen abgrenzen (können), aber zugleich ist die zeitliche Abgrenzung der Einzelnen innerhalb der Beziehung wesentlich. Zur Zeitsouveränität gehört, sich *seine Zeit* zu nehmen und dem anderen *seine* Zeit zu lassen, Mußezeiten zu erleben (nicht nur Zeiten der äußeren, sondern auch der inneren Ruhe und Gelassenheit), zeitlose Momente zu kreieren und Momente des Flows zu erleben. Zeitsouveränität in der Partnerschaft heißt, der Ereigniszeit Raum zu geben, statt sich von der Uhrzeit bestimmen zu lassen, eine Balance in der Bewegung zu finden, statt zu hoffen, die Balance irgendwann in der Zukunft zu erreichen. Und auch für die Beziehung ist ein Konzept der Tiefe und der Vollständigkeit von Situationen dem (ohnehin vergeblichen) Versuch der grenzenlosen Ausdehnung vorzuziehen.

Zeitsouveränität und Arbeit

Die größte Herausforderung aber liegt wahrscheinlich darin, die eigene Zeitsouveränität in Arbeitszusammenhängen zu bewahren, ob als Gewerblicher, Angestellter, Führungskraft, Selbständiger oder als Freiberufler. An keiner anderen Stelle in der Gesellschaft wird über ökonomische und betriebswirtschaftliche Zusammenhänge ein größerer zeitlicher Anpassungsdruck auf den Einzelnen ausgeübt als in Arbeitsprozessen. Dennoch ist es zu kurz gegriffen, wenn wir das Problem der Beschleunigung und des Stresses in diesen äußeren Umständen suchen: Einmal, weil dadurch das Problem und die Lösungsansätze an die äußeren Umstände delegiert werden – diese Umstände aber oft nicht direkt und schon gar nicht kurzfristig zu verändern sind. Zweitens manövriert man sich dadurch selbst in eine Position der Ohnmacht, die wie eine sich selbst erfüllende Prophezeiung wirkt und beinahe zwangsläufig zu einer Grundhaltung des Klagens und der Resignation führt. Wie im Zusammenhang mit der ›kreativen Selbstzentriertheit‹ bereits dargestellt, kann mit dem Beschleunigungsimpuls, der von außen und von innen kommen kann, durchaus sehr unterschiedlich umgegangen werden; er kann überboten, übernommen oder unterlaufen werden. In beruflichen Zusammenhängen kann in der Abwehr von Beschleunigungsimpulsen darauf verwiesen werden, dass es auf die Resultate ankommt und nicht auf die Geschwindigkeit. Aber selbst wenn die äußere Geschwindigkeit in einem Unternehmen rigide durchgesetzt wird, bleibt es dennoch eine Frage der Souveränität und der inneren Entscheidung, ob wir während des Arbeitsprozesses bei dem sind, was wir gerade tun, oder in Gedanken bereits bei einer anderen Tätigkeit. Niemand kann uns vorschreiben, was wir während der Arbeit zu denken, wie wir zu atmen haben, ob wir uns als ›unterwegs‹ oder als ›angekommen‹ definieren. Ohnehin basiert die Effizienz von Produktionsabläufen, wie schon gezeigt wurde, nicht auf Höchstgeschwindigkeit, sondern auf einer ›angemessenen‹ Geschwindigkeit und einer gelungenen Synchronisation, verbunden mit der Beachtung unterschiedlicher Eigenzeiten. Insofern kann eine richtig verstandene Zeitsouveränität des einzelnen Mitarbeiters sich gewinnbringender für das Unternehmen auswirken als eine bedingungslose Anpassung an äußere Geschwindigkeitsvorgaben, die der Qualität der einzelnen Arbeiten nicht gerecht wird.

Übermäßige Beschleunigung ist immer ein Zeichen für verdeckte andere Probleme. Schon um diesen Teufelskreis zu durchbrechen, kann es ein wichtiger Beitrag sein, dass wir in Arbeitszusammenhängen unsere Zeitsouveränität einbringen und sie gegen Widerstände behaupten. Zeitsouveränität heißt in diesem Sinne, sich weder unreflektiert der Beschleunigung hinzugeben noch einfach nur zu verlangsamen. Sie bedeutet, die innere Haltung, den Rhythmus, die Qualität, den Umfang und nicht zuletzt die angemessene Geschwindigkeit bei jeder Tätigkeit für sich zu bestimmen und diese anderen Mitarbeitern angemessen zu kommunizieren.

Interessant ist auch die langjährige Beobachtung[180], dass Mitarbeiter und Führungskräfte, die über eine größere Zeitsouveränität verfügen, längerfristig mehr Respekt genießen, bessere Chancen der Selbstentwicklung haben und mehr Anerkennung bekommen als Mitarbeiter, die zwar an der Oberfläche selbst unrealistische Zeitvorgaben und übermäßige Beschleunigung widerspruchslos akzeptieren, aber durch Fehleinschätzungen, mangelnde Abgrenzung, durch zwangsläufig entstehende Fehler und geringe Kreativität weniger effizient sind und sich durch Stress und Überlastung außerdem oft selbst schädigen.

Schließlich kann die eigene Zeitsouveränität dadurch sehr effektiv verteidigt werden, dass wir uns vor Überidentifikationen hüten und uns bewusst bleibt, dass auch in Arbeitszusammenhängen alles der Unbeständigkeit unterliegt: Die größten Unternehmen oder die interessantesten Projekte, die neuesten Produkte oder der eigene Arbeitsplatz – alles ist unbeständig.

Die Zeitsouveränität des Einzelnen und Erfordernisse von Unternehmen könnten schon heute sehr viel besser miteinander in Einklang gebracht werden. Der Schaden, der Unternehmen und letztlich jedem einzelnen Mitarbeiter durch Überschleunigung entsteht, ist mittlerweile so enorm, dass es nur eine Frage der Zeit ist – im wahrsten Sinne des Wortes –, bis es hier zu einem Umdenken im größeren Stil kommen wird. Es wird sich in der Zeitgestaltung etwas wiederholen, was in Bezug auf den Arbeits- und den Umweltschutz inzwischen weitgehend zu einer Normalität geworden ist: Die Folgekosten werden zukünftig mit einzukalkulieren sein. Insofern werden Unternehmen in Zukunft nicht nur auf ihre Umweltverträglichkeit, ihren Energie- und Ressourcenverbrauch, ihren Arbeitsschutz und die Qualität ihrer Produkte hin untersucht und zertifiziert werden, sondern auch in Bezug auf die Qualität der zeitlichen Gestaltung von Arbeitsprozessen, wie das ansatzweise schon geschieht.[181]

Die Frage ist im Moment eher, nach welchen Kriterien Arbeitsabläufe und die Strukturierung der Arbeitsplätze in zeitlicher Hinsicht beurteilt und wie Mindeststandards definiert werden können. Einige Kriterien dafür liegen auf der Hand: Inwieweit entsprechen Arbeitsplätze arbeitsmedizinischen und psychologischen Kenntnissen? Kann die Länge von Tages-, Wochen-, Jahres- und Lebensarbeitszeit vom Arbeitnehmer mitbestimmt werden? Können Pausenrhythmus und biologischer Rhythmus synchronisiert werden? Stimmen Arbeitstempo, Qualität und Komplexität der Arbeit überein? Können Handlungsstränge abgeschlossen werden? Können auch Führungskräfte Teilzeit arbeiten? Lassen sich Arbeit in dem entsprechenden Unternehmen und Familienleben miteinander vereinbaren?

Für die Zeitsouveränität des Einzelnen gilt jedoch auch, dass es nicht sinnvoll ist, darauf zu warten, bis solche exzellenten Arbeitsplätze und Rahmenbedingen überall hergestellt sind. Zeitsouveränität, wie sie hier definiert wurde, kann zwar dankbar solche äußeren Veränderungen hinnehmen und auf Verbesserungen in der äußeren Zeitgestaltung und Zeitstrukturierung hinwirken, aber dennoch kann eine Zeitsouveränität letztlich nicht von außen ›verordnet‹ oder ›zugeteilt‹ werden.

AUF DEM WEG ZU EINER NEUEN ZEITKULTUR

Zeitsouveränität und gesellschaftliche Veränderung

Zeitsouveränität hat nicht nur eine individuelle, partnerschaftliche und berufliche, sondern auch eine gesellschaftliche und politische Dimension. Sie kann uns helfen, direkt oder indirekt eine kreative Widerständigkeit gegen die Beschleunigungstendenzen der herrschenden Zeitkultur mit ihren teilweise diktatorischen Zügen zu entwickeln. Die eigene Zeitsouveränität ist ständig gefährdet: einerseits durch die bereits verinnerlichten Elemente der uns umgebenden Zeitkultur, andererseits durch die äußere Beeinflussung und die Kräfte, die in Richtung einer weiteren Beschleunigung wirken.

Unsere Aufmerksamkeit muss daher sowohl nach innen als auch nach außen gerichtet sein. Die Veränderungen, die durch uns eingeleitet werden, sind erst einmal leise und scheinbar unspektakulär: Wir freunden uns mit der Endlichkeit des eigenen Lebens an, sind im jeweiligen Augenblick präsent, nehmen die Schönheit und die Tiefendimension des gegenwärtigen Augenblicks wahr, werden zurückhaltender, was unsere Arbeitssucht und unseren Konsum angeht, und das alles kann sich auf unser Umfeld, auf unsere Beziehungen, unsere Arbeits- und Lebenszusammenhänge auswirken. Aus dieser Haltung der Zeitsouveränität heraus können wir dann aber auch die Ideologie der Geschwindigkeit in ihren verschiedenen Dimensionen selbst aufdecken; wir können uns Gleichgesinnte suchen, die ebenfalls auf eine individuelle Zeitsouveränität oder auf eine Veränderung der herrschenden Zeitkultur in Teilaspekten oder in ihrer Gesamtheit hinarbeiten. Dabei ist zu bedenken, dass die diffizilen Formen der Repression, wie sie über Zeitkonzepte und über Zeitdiktate (und über ökonomische Rahmenbedingungen) gewollt oder ungewollt ausgeübt werden, auf der Gegenseite auch sehr kreative und vielschichtige Formen des Widerstandes benötigen, um diese Repressionen zu benennen, zu unterlaufen und außer Kraft zu setzen.

Eine wirklich tiefgreifende gesellschaftliche Veränderung im Umgang mit der Zeit und der Beschleunigung wird wohl eher der Logik der sexuellen, ökologischen und der frauenemanzipatorischen gesellschaftlichen Veränderungsprozesse folgen und wahrscheinlich erst im Laufe von einigen Jahrzehnten umfassender zu verwirklichen sein. Dennoch lassen sich aus der Perspektive der Zeitsouveränität, als einer Form der Lebenskunst, schon heute eine ganze Reihe von Ansätzen, Gruppen und Initiativen beobachten, die sehr unterschiedliche pädagogische, ökologische, ökonomische oder politische Konzepte verfolgen, die ebenfalls in Richtung von mehr Zeitsouveränität oder sogar einer neuen Zeitkultur wirken. Diese können einerseits direkt oder indirekt unterstützt werden, und andererseits können wir uns von ihnen verschiedene Anregungen holen. Kennzeichnend ist für die meisten, dass sie jeweils in einem bestimmten Bereich des Lebens oder der Gesellschaft auf Qualität, Sinn, Tiefe, Eigenzeit, Nachhaltigkeit und Entschleunigung ausgerichtet sind. Interessant ist allerdings auch, dass sich eine ganze Reihe dieser Akteure, Initiativen und Bewegungen von ihrem Selbstverständnis her noch keineswegs als Teil eines übergreifenden Gesamtzusammenhanges verstehen. Viele arbeiten an ihrem jeweiligen Spezialthema und nehmen dabei kaum wahr, dass sie neben ihrer speziellen inhaltlichen Ausrichtung ebenfalls Bestandteil einer kultur- und gesellschaftsverändernden Bewegung in Richtung auf eine ›neue Zeitkultur‹ sind. Erst wenn das der Fall ist, kann und wird es auch zu einer intensiveren Vernetzung und stärkeren Durchschlagskraft dieser verschiedenen Ansätze kommen.

Indirekte Ansätze für eine neue Zeitkultur

In Richtung auf eine neue Zeitkultur wirken bereits heute pädagogische und psychologische Ansätze sowie *alternative Erziehungskonzepte* für die Frühphase der kindlichen Entwicklung: Indem die Rhythmen und Bedürfnisse der Kinder stärker respektiert werden, wird dadurch eine entscheidende Grundlage geschaffen, auf der sich später eine vertiefte Selbstwahrnehmung und eine größere Zeitsouveränität entwickeln können. Auch eine ganze Reihe von unterschiedlichen *reformpädagogischen Ansätzen*, die vor allem die Lernzyklen, Lernformen und Eigenzeiten von Kindern stärker berücksichtigen und so die Kreativität und Selbstbestimmung von Kindern von früh an stärken, sind diesem Ansatz zuzurechnen.[182]

Chronobiologen und Chronomediziner haben inzwischen die sehr komplexen inneren Abläufe und Rhythmen des menschlichen Körpers erforscht und beschrieben.[183] Diese Erkenntnisse können wir uns aneignen und ihnen mehr Einfluss auf die Arbeitszeitgestaltung, die Erziehung, die Gesundheit, die Vorsorge und die Lebensführung zukommen lassen. *Betriebsärzte, Arbeitspsychologen* und Verantwortliche für die Arbeitssicherheit, die auf eine stärkere Beachtung des biologischen Rhythmus drängen, um Havarien und Katastrophen zu vermeiden – die oft durch Überlastung und Übermüdung entstehen (Harrisburg, Exxon Valdez) –, sind in diesem Zusammenhang ebenso potentielle Unterstützer. Das Gleiche gilt schließlich auch für *Coachs, Berater und Trainer*, die statt Karriereleitern eher die Leben-Zeit-Balance von ihren Klienten im Blick haben.

Vergegenwärtigen können wir uns auch, dass viele Initiativen, die scheinbar gar nichts mit Entschleunigung oder Nachhaltigkeit zu tun haben, die Zeitsouveränität des Einzelnen befördern und zu einer neuen Zeitkultur beitragen können: Die Hospizbewegung[184] zum Beispiel, die dafür sorgt, dass das Altwerden und das Sterben nicht aus dem Bewusstsein der Gesellschaft verdrängt und tabuisiert, sondern wieder reintegriert werden. Damit hat sie Auswirkungen auf den Umgang mit unserer Zeit und unseren Zeitkonzepten im individuellen Leben, aber auch in der Gesellschaft und in der öffentlichen Diskussion insgesamt.

Erwähnt werden können hier ebenfalls *Unternehmen*, die aus sehr unterschiedlichen Motiven beispielhaft die Vereinbarkeit von Beruf und Familie ermöglichen, die offen sind für Teilzeitarbeit, für flexible Pausengestaltung und kreative Ruhephasen. (Auch *Selbständige*, die nicht der Arbeitssucht verfallen, sondern Elemente der freieren Zeitgestaltung bewusst zu leben verstehen und ihre Erfahrungen an andere weitergeben, leisten damit einen eigenen Beitrag.)

Schließlich gibt es eine ganze Reihe von Menschen, die schon heute bewusst *alternativen Lebensentwürfen* folgen und so einen unspektakulären individuellen Widerstand gegen die Beschleunigung leisten, indem sie Selbstbeschränkung im Konsum, beim Reisen, beim Ressourcenverbrauch praktizieren und allein oder mit anderen in Gemeinschaft ein *kontemplatives Leben* des Rückzugs, der Einkehr, der Gewaltlosigkeit und des fairen Ausgleichs leben. Dies schließt durchaus auch die *Teile der Kirchen* mit ein, die den Sonntag als einen Tag der Ruhe, der Muße und der Besinnung vor der Vermarktung zu schützen versuchen. (Natürlich ist damit noch nichts über die Qualität der am

Sonntag verbrachten Zeit gesagt. Aber überhaupt die Möglichkeit zu haben, einen Tag aus dem Hamsterrad von Produktion und Konsum auszusteigen, sich mit anderen verabreden zu können, weil diese auch an diesem Tag frei haben, ist aus der Perspektive einer neuen Zeitkultur äußerst wertvoll und absolut bewahrenswert.)

Gruppen, Initiativen und Bewegungen, die eine neue Zeitkultur direkt befördern

Eine Übersicht über diejenigen Gruppen, die direkt auf die Etablierung einer neuen Zeitkultur abzielen, könnte beginnen mit der *biologisch-ökologischen Landwirtschaft.* Sie basiert auf der Beachtung der Eigenzeiten der Natur, nicht auf maximaler Ausbeutung und Manipulation, und bringt nicht nur gesunde Lebensmittel hervor, sondern stärkt zugleich die Balance der natürlichen Zusammenhänge. *Naturschutzverbände* wiederum schaffen oder erhalten Reservate, wo zusammenhängende Biotope als sich selbst regulierende Kreisläufe bewahrt werden, in denen der angeschlagenen Natur wieder Zeit und Raum für die Regeneration gegeben wird und die wir selber aufsuchen können. *Umweltschutzorganisationen* wirken ebenso in Richtung eines anderen Umgangs mit der Zeit und dem Leben, indem sie den zerstörerischen und selbstzerstörerischen Aspekt des zu schnellen Ressourcenverbrauchs einklagen.

Darüber hinaus existieren eine ganze Reihe von speziellen Vereinigungen und Initiativen, die sich die Entschleunigung der Lebenszusammenhänge direkt zum Ziel gesetzt haben. Zu nennen wären da beispielhaft die *Slow-Food-Bewegung,* die in Italien gegründet wurde und inzwischen mehr als 70.000 Mitglieder in 42 Ländern hat. Im Slow-Food-Manifest heißt es unter anderem: »Es geht darum, das Geruhsame, Sinnliche gegen die universelle Bedrohung des ›fast life‹ zu verteidigen. Gegen diejenigen [...], die die Effizienz mit Hektik verwechseln, setzen wir den Bazillus des Genusses und der Gemütlichkeit.«[185]

Auch zu erwähnen wäre der 1990 in Klagenfurt gegründete *Verein zur Verzögerung der Zeit,* der inzwischen über 1000 Mitglieder vor allem in Österreich, Deutschland und der Schweiz hat und regelmäßig Symposien, Seminare und Workshops zu den Themen ›Zeit und Arbeit‹, ›Zeit und Kultur‹, ›Zeit und Organisation‹, ›Zeit und Bildung‹ veranstaltet. Er hat Regionalgruppen in verschiedenen Städten, gibt in Abständen die Zeitschrift ZEIT*presse* heraus und tritt auch immer wieder mit spektakulären ›paradoxen Interventionen‹ an die Öffentlichkeit.[186]

Ein ähnliches Anliegen vertritt die 2002 gegründete *Deutsche Gesellschaft für Zeitpolitik*. Ihr Ziel ist es, dahingehend zu wirken, dass Zeit (Zeitgestaltungen und Zeitordnungen) als ein eigenes Politikfeld etabliert wird: »Wir werden Fragen, Analysen und Empfehlungen vorlegen zu einer gerechteren Zeitordnung, zur Förderung von größerem Zeitwohlstand, zu einer Zeitkultur der Toleranz und Vielfalt und zur Berücksichtigung der Naturverträglichkeit in gesellschaftlichen Zeitordnungen.«[187]

In einem noch größeren internationalen Zusammenhang agiert schließlich das *globalisierungskritische Netzwerk* Attac – in seinem Namen ist ja bereits die Entschleunigung der Finanzmärkte als ein langfristiges Ziel enthalten.[188] Attac wurde 1998 in Frankreich gegründet und hat inzwischen über 60.000 Mitglieder in über 30 Ländern (allein in Deutschland arbeiten über 70 Attac-Gruppen). Attac kritisiert die herrschende Form der Globalisierung mit ihren ungebremsten Beschleunigungstendenzen und ihrer Monetarisierung, formuliert aber auch: »Wir wollen eine Globalisierung für alle. Wir wollen eine Globalisierung von Gerechtigkeit, umweltgerechtem Verhalten und Demokratie.«[189]

Alle genannten Ansätze und Initiativen zielen zuletzt auf eine andere Zeitkultur in einem umfassenden Sinne ab. Dennoch führen diese Veränderungen von äußeren Strukturen in der Gesellschaft keineswegs automatisch zu mehr ›Zeitsouveränität‹ für das Individuum – wenn die unbewusst vorhandenen Haltungen im Umgang mit der Zeit nicht gewandelt werden. Dieser innere Prozess einer existentiellen Erkenntnis und eines veränderten Verhaltens ist einfach durch nichts zu ersetzen. Umgekehrt kann der Einzelne allerdings über seine konkreten Verhaltensweisen auf die jeweiligen ökonomischen und gesellschaftlichen Rahmenbedingungen zurückwirken. Die Entscheidung, die eigenen Kinder anders zu erziehen, den eigenen biologischen Rhythmus stärker zu akzeptieren, entspannter mit dem Wissen um die Endlichkeit und den eigenen Tod umzugehen, ressourcenschonender zu leben oder Produkte der biologischen Landwirtschaft zu kaufen, beeinflussen jeweils bestimmte äußere Strukturen, Einrichtungen und nicht zuletzt auch ökonomische Prozesse.

Ausblick

Wie könnten nun die Zukunft der Zeitsouveränität des Einzelnen und wie die Chancen für eine neue Zeitkultur im Allgemeinen aussehen? Die politischen Rahmenbedingungen für Veränderungen in beiden Bereichen sind durchaus (noch) gegeben. Es gibt, zumindest in demokratisch regierten Ländern, die Möglichkeit, die eigene Zeitsouveränität nicht nur individuell zu entwickeln und zu leben, sondern sich ebenso in den obengenannten Vereinigungen und Initiativen zu engagieren und damit Einfluss auf die Politik selbst zu nehmen. Es gibt auch (noch) einen gesellschaftlichen Konsens, dass die Zeit in politischen Entscheidungsprozessen sehr anders und deutlich langsamer verläuft als in wirtschaftlichen und ökonomischen Zusammenhängen. Diese »Eigenzeiten von demokratischen Willensbildungsprozessen«[190] gilt es nicht nur zu verteidigen, sondern auszubauen. Demokratien zeichnen sich schließlich durch eine zeitliche Verzögerung von Entscheidungen und eine Verbreiterung des Dialogs und der Entscheidungsfindung aus – und genau durch diese Verlangsamung werden noch immer eine Menge krassester ökonomischer und ökologischer Fehlentwicklungen verhindert. Die Politik steht von der Seite der Wirtschaft zwar unter einem ständigen Beschleunigungsdruck, aber je besser sie diesem widersteht, umso besser für die Demokratie und die Balance in den einzelnen Gesellschaften.

Andererseits ist es an der Zeit, so etwas wie eine ökologisch-soziale Zeitpolitik[191] zu formulieren. Ziel von Zeitpolitik müsste es sein, den Schutz von Eigenzeiten beim Umgang mit der natürlichen Umwelt und in der kulturellen und sozialen Mitwelt zu gewährleisten. Sie müsste je nach Schwere der Verletzung der Eigenzeiten entsprechende Maßnahmen ergreifen. »Wichtig ist dabei, sich immer zu vergegenwärtigen, dass durch den Schutz der großen Systeme mit den langen Eigenzeiten die kleineren und kürzer schwingenden Systeme in der Regel immer schon mitgeschützt werden. Klimaschutz bedeutet gleichzeitig Landschaftsschutz, Denkmalschutz, Gesundheitsschutz – umgekehrt gilt das nicht.«[192]

Das qualitativ Neue einer ausdrücklich als eigenes Politikfeld definierten Zeitpolitik wäre es, die unterschiedlichen Politikelemente, die sich (schon heute) jeweils mit Zeitfragen befassen müssen, zu konzentrieren und zu bündeln (Klimaschutz, Umweltschutz, demographischer Wandel, Arbeitszeitregelungen, Rente et cetera). Hier könnte sich auf der politischen Ebene etwas vollziehen, das analog ist zu dem, was auf der individuell-anthropologischen Ebene mit der Definition eines ›Zeitsinns‹ vorgeschlagen wurde.

Im ökonomischen und ökologischen Zusammenhang gibt es außerdem zwei andere Kraftlinien, die beinahe zwangsläufig zu einem anderen Umgang mit der Zeit in der Gesellschaft und bei jedem einzelnen Menschen führen werden und die von daher das Anliegen einer größeren Zeitsouveränität und einer neuen Zeitkultur (ungewollt) unterstützen: Auf der einen Seite ist es die ökologische Krise, die längerfristig zu einem Umdenken führen wird, wie sich das bereits heute abzeichnet. ›Ökologische Krise‹ bedeutet ja aus der Zeitperspektive nichts anderes, als dass die natürlichen Ressourcen in vielen Bereichen schneller verbraucht werden, als sie nachwachsen oder sich regenerieren können. Insofern ist die ökologische Krise von ihrem Wesen her vor allem eine ›Zeitkrise‹; die Daten sind im Einzelnen bekannt. Durch diese ökologische Krise wird gerade den Zeiten, die jetzt oft – aus rein ökonomischer Perspektive – als ›tote Zeit‹ definiert werden, nämlich Zeiten, in denen nicht produziert und nicht konsumiert wird, wieder ihr eigentlicher Sinn und Wert zugestanden werden: als eigentliches Ziel und als die wertvollste und kostbarste Zeit des Lebens, als eine Zeit der individuellen Kommunikation, der Muße und der Achtsamkeit.

Die zweite Kraftlinie, die – ebenso mehr oder weniger ungewollt – in Richtung von mehr Zeitsouveränität wirkt, ist die der Entwicklung und Bewertung der Erwerbsarbeit. Da die Erwerbsarbeit »in derart dramatischem Umfang abnimmt […], ergeben sich im Prinzip für eine Industriegesellschaft drei Möglichkeiten: Sie kann erstens ständig für Ersatzarbeit sorgen. Sie kann zweitens die jeweils freigewordenen Arbeitnehmer aus dem Arbeitsprozess und damit aus dem Netz der Arbeitsteilung gewaltsam ausgrenzen. Oder sie kann drittens die von Jahr zu Jahr eingesparte Arbeit gleichmäßig auf alle verteilen, also die Arbeitszeit allgemein verkürzen.«[193]

Selbst wenn kurzfristig noch weiter auf die Schaffung von Ersatzarbeit und auf gewaltsame strukturelle Ausgrenzung gesetzt wird – der Prozess der Verringerung der notwendigen Arbeitszeit lässt sich dadurch nicht aufhalten. Diese Eigendynamik wird nach und nach zu einer anderen Definition von Arbeit[194] – und von

Zeit – führen und kann dadurch ihrerseits Zeitsouveränität, Muße, Achtsamkeit und Kommunikation befördern.

So greift zuletzt alles ineinander: Die Entwicklung der eigenen individuellen Zeitsouveränität ist nicht nur ein Baustein für die eigene Lebenskunst, sondern zugleich ein Beitrag zu einem emanzipatorischen Gesamtprozess. Gruppen und Initiativen wirken in Richtung einer anderen Zeitkultur, und umgekehrt wirken bestimmte politische und ökonomische Kraftlinien auf eine Veränderung der Zeitkultur zurück.

Die ›Unbeständigkeit aller Dinge‹ gilt nicht zuletzt auch für die jetzt vorhandene und wirksame Zeitkultur selbst. Das, was wir heute noch als ›selbstverständlich‹, als ›festgefügt‹ und beinahe ›unveränderlich‹ wahrnehmen, könnte schon bald mit staunendem Kopfschütteln betrachtet werden: Glaubte wirklich irgendjemand auf dieser Welt einmal – dass Zeit Geld sei?

Damit schließt sich der Kreis. Wie wir gesehen haben, fängt alles mit unserem Denken und unserem Sprechen über die Zeit an. In diesem Sinne: Nehmen und geben wir uns also selbst unsere Zeit zurück.

Anmerkungen

1 ›Kultur‹ und ›kulturell‹ wird hier und nachfolgend immer als eine ›mentale Programmierung‹ von größeren Gruppen verstanden, also in einem Bedeutungszusammenhang, wie ihn die Sozialanthropologie benutzt, und nicht in dem engeren Sinne von Bildung, Kunst und Literatur. Vgl. zur Definition von ›Kultur als mentale Programmierung‹ Geert Hofstede: Lokales Denken, globales Handeln – Kulturen, Zusammenarbeit und Management. München 1997, S. 2–6.

2 Michael Ende: Momo. Stuttgart/Wien 1993, S. 65.

3 Prediger Salomo, Alttestamentliches Buch. Vgl. Rudi Kroeber: Der Prediger. Berlin 1963, S. 83f.: »Alles hat seine Stunde und ein jedes Ding unter dem Himmel seine Zeit [...]«

4 Herakleitos von Ephesos: ›Der Fluß aller Dinge. Fragment 16‹, in: Wilhelm Capelle: Die Vorsokratiker. Stuttgart 1968, S. 132.

5 Aurelius Augustinus: Bekenntnisse. Elftes Buch. Berlin 1961, S. 362.

6 Norbert Elias: Über die Zeit. Frankfurt/M. 1988, S. XVII f.

7 Zu den mentalen Modellen und deren Bedeutung für die Wahrnehmung und Erkenntnistheorie vgl. Paul Watzlawick: Die erfundene Wirklichkeit – Beiträge zum Konstruktivismus. München 1984.

8 J. T. Fraser: Die Zeit – vertraut und fremd. Basel/Boston/Berlin 1988, S. 229.

9 Vgl. Jean-Pierre Blaser: ›Die Zeit in der Physik‹, in: Die Zeit – Dauer und Augenblick. München 1989, S. 1–15.

10 Vgl. Karl Jaspers: Vom Ursprung und Ziel der Geschichte. München 1983.

11 Vgl. Lothar Baier: Volk ohne Zeit. Berlin 1990, S. 20.

12 Vgl. Stephen Covey: Der Weg zum Wesentlichen. Frankfurter/M. 2003, S. 15.

13 Herbert Marcuse: Triebstruktur und Gesellschaft. Frankfurt/M. 1990, S. 233.

14 Vgl. Max Weber: Die protestantische Ethik I. Gütersloh 1981.

15 Enno Neuman: ›Das Zeitmuster der protestantischen Ethik‹, in: Rainer Zoll (Hrsg.): Zerstörung und Wiederaneignung von Zeit. Frankfurt/M. 1988, S. 161.

16 Wobei speziell der Buddhismus die Existenz einer Seele und demzufolge auch eine Seelenwanderung bestreitet. Vgl. dazu: Milindapanha. Bern/München/Wien 1998, S. 99 ff.

17 Horst Eberhart Richter: ›Vom Umgang mit der Angst‹, in: Sich der Krise stellen. Hamburg 1981, S. 142.

18 Günter Scharf: ›Zeit und Kapitalismus‹, in: Rainer Zoll (Hrsg.), Zerstörung und Wiederaneignung von Zeit. Frankfurt/M. 1988, S. 143.

19 Karlheinz A. Geißler: Vom Tempo der Welt. Freiburg i. Br. 1999, S. 114.

20 Enno Neuman, a. a. O., S. 167.

21 Klaus-Jochen Schaeffer, Time/system International, zitiert nach Lothar J. Seiwert: Mehr Zeit für das Wesentliche. Landsberg/Lech 1984, S. 9.
22 Michael Young: The Metronomic Society. Natural Rhythms and Human Timetables. London 1988, S. 217.
23 Niklas Luhmann: ›Die Knappheit der Zeit und die Vordringlichkeit des Befristeten‹, in: Verwaltung I, 1968, S. 13.
24 Hans Blumenberg: Lebenszeit und Weltzeit. Frankfurt/M. 1986.
25 Das Konzept der ›inneren Antreiber‹ stammt aus der Transaktionsanalyse. Vgl. Rüdiger Rogoll: Nimm dich, wie du bist – Eine Einführung in die Transaktionsanalyse. Freiburg i. Br. 1980.
26 Helga Nowotny: Eigenzeit. Frankfurt/M. 1993, S. 28.
27 Woody Allen als Joe in: Alle sagen: I Love You.
28 Mehrfachanwesenheit im Sinne einer Allanwesenheit ist interessanterweise eine Gott zugeschriebene Eigenschaft, die in der Theologie unter der Ubiquitätslehre abgehandelt wird.
29 Paul Virilio: Der negative Horizont. Bewegung, Geschwindigkeit, Beschleunigung. München/Wien 1989, S. 129.
30 R. Keyes: Timelock. New York 1991.
31 Ludwig Wittgenstein: The Big Typescript. Wiener Ausgabe, Bd. 11. Wien 2000, zitiert nach der Lizenzausgabe Frankfurt/M. o. J., S. 346.
32 Herkunftswörterbuch. Etymologie der deutschen Sprache. Duden Bd. 7, Mannheim/Wien/Zürich 1989, S. 150.
33 Parmenides: ›Die Lehre vom Seienden (Ontologie) Fragment 8‹, in: Wilhelm Capelle: Die Vorsokratiker. Stuttgart 1968, S. 166.
34 Aurelius Augustinus, a. a. O., Elftes Buch, S. 368.
35 Ebd., S. 364.
36 Georges Schaltenbrand: ›Bewusstsein und Zeit‹, in: Rainer Zoll, a. a. O., S. 37–58, hier S. 39.
37 J. T. Frazer, a. a. O., S. 200.
38 Jorge Luis Borges: Gesammelte Werke 5/II. Essays. München o. J., S. 31.
39 Die Zen-Geschichte ist mündlich überliefert und leicht variiert.
40 O. Fenichel: Psychoanalytische Neurosenlehre. Bd. II. Frankfurt/M./Berlin/Wien 1983, S. 151.
41 Vgl. ausführlicher Luc Ciompi: Außenwelt – Innenwelt – Die Entstehung von Zeit, Raum und psychischen Strukturen. Göttingen 1988, S. 247.
42 Olaf Georg Klein: ›Zukunft gestalten‹. Vortrag gehalten auf der Eurovia-Hauptversammlung in Essen am 05. 03. 2004, Manuskriptfassung.
43 Paul Virilio, a. a. O., S. 40.
44 Vgl. Fritz Reheis: Die Kreativität der Langsamkeit. Darmstadt 1998, S. 1–34. Vor allem die Kapitel: ›Kranke Menschen‹; ›Zerfallende Gesellschaften‹; ›Versiegende Natur‹.
45 Frederick Taylor: The Principles of Scientific Management. New York 1947, S. 235 f.

46 Martin Massow: Gute Arbeit braucht ihre Zeit. München 1998, S. 86.
47 Ebd., S. 28–33.
48 Zitiert nach Jay Griffiths: Slow Motion. Berlin 2002, S. 39.
49 Die Anregung zu dieser Unterscheidung verdanke ich Jeremy Rifkin, der es aber leider bei der bloßen Benennung des Unterschiedes belässt und Effizienz im Folgenden nur als Methode genauer untersucht. Vgl. Jeremy Rifkin: Uhrwerk Universum. München 1988, S. 137–157.
50 In: Zeitpresse. Journal des Vereins zur Verzögerung der Zeit, Klagenfurt, Winter 1998/99.
51 Robert Levine: Eine Landkarte der Zeit – Wie Kulturen mit Zeit umgehen. München 1999, S. 76.
52 Vgl. Laudse [Lao Tse]: Daudedsching. Leipzig 1978.
53 Yin und Yang – »zwei Prinzipien, die nach der klassischen chinesischen Philosphie (seit ca. dem 4. Jahrhundert) alle Stufen des Kosmos bestimmen. Bei diesen beiden Prinzipien handelt es sich um komplementäre Gegensätze: Yin ist das weibliche, dunkle, kalte, passive Prinzip, Yang das männliche, helle, warme, aktive.« Anton Hügli/Poul Lübcke (Hrsg.): Philosophielexikon. Hamburg, 1997, S. 690.
54 Vgl. Olaf Georg Klein: Ihr könnt uns einfach nicht verstehen – Warum Ost- und Westdeutsche aneinander vorbeireden. Frankfurt/M. 2001.
55 Lothar Baier, a. a. O., S. 103.
56 Ebd., S. 29 und S. 51.
57 Dirk Schümer: ›Von der Sehnsucht, die Uhr zu besiegen‹, in: Frankfurter Allgemeine Zeitung, 2. Januar 1999, S. 1–I.
58 Der Begriff wurde geprägt von Sandor Ferenczi: ›Introjektion und Übertragung‹, in: Jahrbuch für psychoanalytische und psychopathologische Forschungen, Bd. 1. Leipzig/Wien 1909, S. 429.
59 Berühmt geworden ist in diesem Zusammenhang die Untersuchung von M. Johoda, P. Lazarsfeld, H. Zeisel: Die Arbeitslosen von Marienthal. Ein soziographischer Versuch über die Wirkungen langdauernder Arbeitslosigkeit. Frankfurt/M. 1975.
60 Vgl. Jay Griffiths, a. a. O., S. 202.
61 Zitiert nach Jay Griffiths, a. a. O., S. 203.
62 Zitiert nach Robert Levine, a. a. O., S. 58.
63 Stefan Klein: Die Glücksformel. Reinbek 2002, S. 232 ff.
64 Eilkrankheit: »Beeinträchtigung der Persönlichkeit, gekennzeichnet vor allem durch eine Interesselosigkeit an Aspekten des Lebens, die nichts mit der Erreichung von Zielen zu tun haben [...] eine intensive Konzentration auf Zahlen, mit einer wachsenden Neigung, das Leben eher nach Quantität als nach Qualität zu bewerten [...] rasende Gedanken, die einander schnell ablösen, allmählich die Fähigkeit untergraben, sich auf etwas Bestimmtes zu konzentrieren, und Schlaflosigkeit verursachen [...] ein Verlust der Fähigkeit, angenehme Erinnerungen zu sammeln, vor allem aufgrund einer Unruhe in Bezug auf kommende Ereignisse und des Nachgrübelns über Vergangenes,

so dass wenig Aufmerksamkeit für die Gegenwart übrig bleibt [...]« Vgl. Robert Levine, a. a. O., S. 53 f.

65 Michel de Montaigne: Essays. Bd. 1. Zürich 1996, S. 127 f.

66 Fritz Reheis, a. a. O., S. 97. Reheis bezieht sich dabei auf Neil Postman.

67 Neil Postman: Wir amüsieren uns zu Tode – Urteilsbildung im Zeitalter der Unterhaltungsindustrie. Frankfurt/M. 1989, S. 185.

68 Jeremy Rifkin, a. a. O., S. 188.

69 Lothar Baier, a. a. O., S. 81.

70 Jürgen von Scheidt: Innenweltverschmutzung. Die verborgenen Aggressionen. Frankfurt/M. 1988.

71 Lothar Baier: Keine Zeit, a. a. O., S. 102.

72 An dieser Stelle setzt auch die ›lokale Zeitpolitik‹ an, die sich seit nunmehr fast zwei Jahrzehnten zum Ziel gesetzt hat, unter anderem Öffnungszeiten, Sprechzeiten, Kinderbetreuungszeiten, Rhythmisierung öffentlicher Verkehrsmittel besser aufeinander abzustimmen und zu koordinieren. Vgl. Ulrich Mückenberger: ›Lokale Zeitpolitik – ein Gespenst geht um in Europa!‹, in: Zeit für Zeitpolitik. Bremen 2003, S. 110–118.

73 Axel Braig/Ulrich Renz: Die Kunst, weniger zu arbeiten. Berlin 2001, S. 74.

74 Deutsche Gesellschaft für Zeitpolitik (Hrsg.): Zeit ist Leben – Manifest der Deutschen Gesellschaft für Zeitpolitik. Bremen 2005, S. 5.

75 Ebd., S. 1–23.

76 Martin Massow, a. a. O., S. 22 f.

77 Gerhard Wahrig: Deutsches Wörterbuch. Gütersloh 1994, S. 1790.

78 Aristoteles: Nikomachische Ethik. Buch III. Berlin 1979, S. 59. (Vgl. auch Buch VI, S. 137.)

79 Vgl. Heinrich Böll: ›Anekdote zur Senkung der Arbeitsmoral‹, in: Mein trauriges Gesicht. Leipzig 1979, S. 182–184.

80 Axel Braig/Ulrich Renz, a. a. O., S. 68.

81 Vgl. ›Wo das Glück wohnt‹, in: Der Spiegel. Nr. 49, 2003, S. 72.

82 Friedrich Kurtzs: Allgemeine Mythologie. Leipzig 1881, S. 170–173.

83 Vanamali Gunturu: Hinduismus – Die große Religion Indiens. München 2000, S. 186–190.

84 Aristoteles, a. a. O., Buch X, Kap. 6, S. 229: »Wir wählen doch, kurz gesagt, alles und jedes als Mittel zum Zweck, nur nicht das Glück, denn das Glück ist Endziel.«

85 V. E. von Gebsattel: ›Zeitbezogenes Zwangsdenken in der Melancholie‹, in: ders., Prolegomena einer medizinischen Anthropologie. Berlin/Göttingen/Heidelberg 1954, S. 2. (Text einer Zwangskranken.)

86 Ein Phänomen, bei dem man unbewusst mit einem bestimmten inneren Konzept an die Wirklichkeit herangeht und genau dadurch das hervorbringt, was man im Innersten erwartet oder befürchtet hat. Vgl. Paul Watzlawick: ›Selbsterfüllende Prophezeiungen‹, in: ders., Die erfundene Wirklichkeit. München 1985, S. 91–110.

87 Karlheinz A. Geißler, a. a. O., S. 72–73.
88 Ebd., S. 13.
89 Norbert Elias, a. a. O., S. VII.
90 Luc Ciompi, a. a. O., S. 309.
91 D.T. Suzuki: Zen and Japanese Culture. New York 1959.
92 Es wäre interessant, an dieser Stelle darauf einzugehen, wie jahrhundertelang versucht wurde, den Sitz ›der inneren Uhr‹ im Menschen zu finden. Dabei fällt auf, dass die mechanistischen Vorstellungen von Takt, Uhr und Zeit jeweils auf den menschlichen Körper übertragen wurden. Dass diese innere Uhr nicht gefunden wurde (und werden kann), liegt in der Natur der Sache. Der Körper ist rhythmisch strukturiert und nicht taktförmig.
93 Beide Konzepte widersprechen allen Einsichten der Chronobiologie. Vgl. dazu auch Jeremy Rifkin: ›Chronobiologie: Die Uhr, nach der wir gehen‹, a. a. O., S. 43–66; Michael Ewers: ›Zeitordnungen des Lebendigen‹, in: Rainer Zoll, a. a. O., S. 59–71; Kenneth Jon Rose: Die menschliche Uhr – Die Rolle der Zeit in unserem Körper. Hamburg 1991.
94 Funkessay Studiozeit: Leben gegen die innere Uhr, Deutschlandfunk, 1. Januar 2004, 20.05 Uhr, Funkmanuskript.
95 Ebd.
96 Ebd.
97 Fritz Reheis, a. a. O., S. 1ff.
98 European Centre for Social Welfare Policy and Research: Welfare in a Civil Society. Wien 1993, S. 286.
99 Weltgesundheitsorganisation: Our Planet, Our Health. Report of the WHO-Comissionon Health and Development. Genf 1992, S. 6.
100 Vgl. Anm. 64.
101 Julia Cameron: Der Weg des Künstlers. München 1996, S. 288.
102 Dabei ist es auch bei dieser Sucht sinnvoll, drei Phasen zu unterscheiden: die Einstiegsphase, die kritische Phase (psychosomatisches Stadium) und die chronische Phase. Vgl. Martin Massow, a. a. O., S. 49–57.
103 Robert Levine, a. a. O., S. 226.
104 Zum Beispiel »hat die gemeinnützige Hertie-Stiftung ein Auditierungsverfahren entwickelt. Auf freiwilliger Basis untersucht eine betriebliche Projektgruppe, an der neben Vertretern der Geschäftsführung auch Beschäftigte und ihre Interessenvertretungen sowie z. B. Gleichstellungsbeauftragte beteiligt sind, unter Anleitung eines externen Beraters (›Auditor‹) betriebliche Probleme der Vereinbarkeit von Beruf und Familie.« Deutsche Gesellschaft für Zeitpolitik, a. a. O., S. 20.
105 Jean Piaget: Die Bildung des Zeitbegriffs beim Kinde. Frankfurt/M. 1974.
106 Luc Ciompi, a. a. O., 247.
107 J.T. Frazer, a. a. O., S. 227.
108 Lawrence Joseph Stone/Joseph Church: Childhood and Adolescence – A Psychology of the Growing Person. New York 1957, S. 184.
109 Jeremy Rifkin, a. a. O., S. 64.

110 Gudrun Sahlender-Wulf/Herbert Wulf: ›Zeitnot‹, in: Zeit für Zeitpolitik, a. a. O., S. 49–57.
111 Ebd., S. 56.
112 Helga Zeiher: ›Zeit für Kinder – Zeit der Kinder‹, in: Zeit für Zeitpolitik, a. a. O., S. 121. Vgl. dazu ausführlicher Helga Zeiher: ›Wohlstand an Zeit und Raum für Kinder‹, in: Dietrich Henckel/Matthias Eberling (Hrsg.): Raumzeitpolitik. Opladen 2002, S. 265–286.
113 Jeremy Rifkin, a. a. O., S. 81.
114 Fritz Reheis, a. a.. O., S. 211.
115 IG Metall (Hrsg.): Das Suchtbuch für die Arbeitswelt. Frankfurt/M. 1992, S. 165.
116 Herbert Marcuse: ›Ursprung des unterdrückten Individuums‹, a. a. O., S. 27–58, hier S. 40 ff.
117 Ludwig Wittgenstein: Tractatus logico-philosophicus. Frankfurt/M. 1982, S. 89.
118 Erich Fromm: Die Furcht vor der Freiheit. München 1990, S. 178.
119 Thich Nhat Hanh: Die Kunst des glücklichen Lebens. Berlin 2001. S. 151.
120 Michel de Montaigne, a. a. O., Bd. 1, S. 127 f.
121 Vgl. Joachim Ritter/Gunter Bien: Historisches Wörterbuch der Philosophie, Darmstadt o. J., S. 1190 f.
122 Paul Tillich: ›Kairos und Keiroi‹, in: ders., Systematische Theologie. Bd. III. Stuttgart 1966, S. 421.
123 Friedrich Schiller: ›Über die Ästhetische Erziehung des Menschen in einer Reihe von Briefen‹, in: ders., Gesammelte Werke. Bd. VIII, Vierzehnter Brief. Berlin 1955, S. 441.
124 Paul Tillich: Das Ewige im Jetzt. Stuttgart 1964, S. 122.
125 Michel de Montaigne, a. a. O., Bd. 1, S. 131.
126 Johann Wolfgang Goethe: Italienische Reise. Werke in 10 Bänden, Bd. IV., Weimar 1958, S. 37.
127 Hans Blumenberg, a. a. O., S. 74.
128 Marianne Gronemeyer: Das Leben als letzte Gelegenheit. Darmstadt 1996, S. 114.
129 Ebd., S. 116.
130 Günter Anders: Die Antiquiertheit des Menschen. Bd. II. München 1995, S. 346.
131 Muße: ›Untätigkeit, freie Zeit, Ruhe‹; nur deutsche Substantivbildung (mittelhochdeutsch: muoze, althochdeusch: muoza). Vgl. Herkunftswörterbuch – Etymologie der deutschen Sprache, a. a. O., S. 475.
132 Luc Ciompi, a. a. O., 309.
133 Blaise Pascal: Gedanken. Leipzig 1987, S. 72.
134 Martin Luther: Kritische Weimarer Ausgabe. Bd. 29. Weimar 1941, S. 442.
135 Bertrand Russell: Lob des Müßiggangs. München 2002, S. 9.
136 Gerhard Wahrig: Deutsches Wörterbuch. Gütersloh 1994, S. 1112.

137 Mayers Großes Taschenlexikon. Bd. 15. Mannheim/Wien/Zürich 1990, 3. Aufl., S. 101.
138 Mihaly Csikszentmihalyi: Flow – Das Geheimnis des Glücks. Stuttgart 1992.
139 Ebd., S. 17.
140 Vgl. Aristoteles, Nicomachische Ethik, a. a. O., S. 229. Vgl. auch Anm. 84.
141 Robert Levine, a. a. O., S. 83. Levine bezieht sich dabei auf Mihaly Csikszentmihalyi.
142 Ausführlicher bei Mihaly Csikszentmihalyi, a. a. O.
143 Robert Levine beschreibt in seinem Buch: Eine Landkarte der Zeit, a. a. O., eine Reihe von Kulturen, die auch heute noch vollständig nach der Ereigniszeit leben.
144 Vgl. Anm. 89 zu Norbert Elias (»sozial normierte Geschehensabläufe mit gleichmäßig wiederkehrenden Ablaufmustern [...]«).
145 Helmut Hallier: Mach langsam, wenn es schnell gehen soll. Freiburg i. Br. 2002, S. 78.
146 Zum Verhältnis von Eigenzeiten, Systemzeiten und Ressourcen vgl. ausführlicher Fritz Reheis, a. a. O., S. 46–60.
147 Reinhard Mey: Gute Nacht Freunde, es wird Zeit für mich zu geh'n. Liedtext.
148 Robert Levine, a. a. O., S. 79.
149 Helga Nowotny, a. a. O., S. 123.
150 Ebd.
151 Vgl. dazu neben der ägyptischen vor allem die indische Hochkultur. Wesentliche Texte über den Atem, seine Wirkung und Beeinflussung sind zu finden in den Upanishaden, einem bedeutenden Teil der indischen Veden. Vgl. Upanishaden. Die Geheimlehre des Veda. Herausgegeben und eingeleitet von Peter Michel, Wiesbaden 2006; Paul Deussen: Sechzig Upanishad's des Veda. Leipzig 1897 – Nachdruck Wiesbaden 2006; Upanishaden – die Geheimlehre der Inder. Übertr. und eingel. von Alfred Hillebrandt. Mit einem Vorwort von Helmuth von Glasenapp. München 1994.
152 Von griech. *psyche* ›Hauch, Atem; Seele (als Träger bewusster Erlebnisse)‹. Vgl. Herkunftswörterbuch – Etymologie der deutschen Sprache, a. a. O., S. 557.
153 Günter Anders, a. a. O., S. 364 f.
154 Martin Held: ›Zeitkompetenz und Zeitpolitik für mehr Zeitwohlstand‹, in: Deutsche Gesellschaft für Zeitpolitik (Hrsg.): Zeit für Zeitpolititk. Bremen 2003, S. 103–109; Jürgen P. Rinderspacher (Hrsg.): Zeitwohlstand - Ein Konzept für einen anderen Wohlstand der Nation. Berlin 2002. Gerhard Scherhorn/Lucia A. Reisch: ›Güterwohlstand und Zeitwohlstand. Ich wäre so gerne Zeitmillionär‹, in: Politische Ökologie 57/58, 1999, S. 52–56.
155 Vgl. Epikur: Briefe Sprüche Werkfragmente. Stuttgart 1980.
156 Meyers Lexikon online unter der Kategorie der Reizphysiologie, http://lexikon.meyers.de/meyers (10.8.2007)

157 Erwähnung des Schmerzsinns bereits in: Mayers Konservationslexikon. Bd. 15. Leipzig und Wien 1897, S. 1052.
158 Peter Gendolla: ›Zwischenzeiten – Zur Kultur und Technik in der Zeit in der Moderne‹. http://www.uni-konstanz.de/paech2002/zdk/beitrg/Gendolla.htm, S. 1. (10.8.2007)
159 Kalvero Oberg: ›Cultural Shock: Adjustment to New Cultural Environments‹, in: Practical Anthroplogy. Bd. 7, 1960, S. 177–182.
160 Harry Triandis: Culture and Social Behavior. New York 1994.
161 Robert Levine, a. a. O., S. 49.
162 Vgl. Olaf Georg Klein: Ihr könnt uns einfach nicht verstehen – Warum Ost- und Westdeutsche aneinander vorbeireden, a. a. O.
163 Robert Levine, a. a. O., S. 231.
164 Ebd., S. 235.
165 Pico Lyer: The Lady and the Monk. New York 1991.
166 Robert Levine, a. a. O., S. 135.
167 Ebd., S. 137.
168 Herkunftswörterbuch – Etymologie der deutschen Sprache, a. a. O., S. 826.
169 Robert Levine, a. a. O., S. 137.
170 Jeremy Rifkin, a. a. O., S. 88f.
171 Ebd., S. 89.
172 L. Mumford: Technics and Civilisation. New York 1963, S. 18.
173 Vgl. ausführlicher dazu Robert Levine, a. a. O., S. 251–265.
174 Ich lehne mich hier an den Begriff des ›zentrierten Selbst‹ von Paul Tillich an, der ihn unter anderem benutzt in: ›Freiheit und Schicksal‹, in: ders., Systematische Theologie. Bd. 1, S. 214–218.
175 Vgl. zu diesem Begriff ›other-directed‹ David Riesman: Die einsame Masse. Hamburg 1972.
176 Ein Begriff, den Robert Levine einführt (aber nur auf das Vermögen beschränkt, unterschiedlich schnell oder langsam sein zu können; der Begriff sollte aber gemäß der hier dargestellten Zusammenhänge in einem viel breiteren Bedeutungsspektrum wahrgenommen werden). Vgl. Robert Levine, a. a. O., S. 283.
177 Vgl. hier: ›Bourn-out & Co. Stressgefühle sind ein inneres Problem‹, in: Tagesspiegel, 14. 08. 2003, S. K1; diese hier eingenommene Haltung stimmt grundsätzlich mit der konstruktivistischen Auffassung überein, dass niemandem sein ›Erleben‹ einer Situation von außen, durch die Situation oder andere Menschen ›aufgezwungen‹ werden kann. – Grundsätzlich ist es natürlich dennoch sinnvoll, Faktoren, die ›stressauslösend‹ sein können, zu minimieren. Vgl. auch R. Schwarzer: Stress, Angst und Handlungsregulation. Stuttgart 2000.
178 Der vielsagende Titel eines Buches von Paul Watzlawick.
179 Laurence J. Peter/Raymond Hull: The Peter Principle. New York 1969.

180 Ca. 400 Coachingklienten von der mittleren Führungsebene bis hin zu Vorständen von Dax-Unternehmen in den letzten 17 Jahren.

181 Vgl. Anm. 104.

182 Ansätze der Reformpädagogik lassen sich schon am Ende des 19. Jahrhunderts belegen: Wichtige Prinzipien sind die größere Selbständigkeit der Schüler, das freie Gespräch, Elemente der Erlebnispädagogik, das Lernen durch Handeln und Erfahrung. Die Reformpädagogik hat in vielfältiger Weise weitergewirkt (vgl. auch den nach 1945 auch in Deutschland wiedergegründeten Weltbund für die Erneuerung in der Erziehung). Wesentliche Richtungen und Vertreter sind unter anderem: Kurt Hahn (Schule Schloß Salem, Erlebnispädagogik), Janusz Korczak (Kindergericht, Kinderrechte), Maria Montessori (Freiarbeit, Jahrgangsmischung), Alexander Sutherland Neill (Summerhill), Cecile Reddie (Erlebnispädagogik), Rudolf Steiner (Waldorfschule).

183 Vgl. u. a. Peter Spork: Das Uhrwerk der Natur. Chronobiologie – Leben mit der Zeit. Reinbek 2004; G. Hildebrand/M. Moser/M. Lehofer: Chronobiologie und Chronomedizin. Stuttgart 1998.

184 Die moderne Hospizbewegung entstand Ende der 1960er Jahre in England und war die Antwort auf eine Gesellschaft, die das Sterben und damit auch die Sterbenden an den äußersten Rand der Gesellschaft drängte. Eines ihrer Hauptziele ist – neben der konkreten Sterbebegleitung – das Sterben wieder als einen wesentlichen und essentiellen Teil des menschlichen Lebens ins öffentliche Bewusstsein zu bringen. Vgl. Leonie Mielke: Sterben und Tod im modernen Wohlfahrtsstaat – dargestellt an der deutschen Hospizbewegung. Berlin 2006; Helmuth Beutel (Hrsg.): Sterben – eine Zeit des Lebens – ein Handbuch der Hospizbewegung. Stuttgart 1993.

185 Zitiert nach dem Faltblatt Slow-Food: Internationale Bewegung zur Wahrung des Rechts auf Genuss. Herausgegeben von Slow Food Schweiz in Zürich. Slow Food gibt vierteljährlich eine in fünf Sprachen erscheinende Zeitschrift heraus: *slow - Zeitschrift des guten Geschmacks und der Kultur.* Ziel der Bewegung ist nicht nur das Genießen des Essens, sondern die Ernährung auf den Ebenen von Natur, Kultur, Gesellschaft und Individuum wieder in ihrer Eigenzeitlichkeit ernst zu nehmen. Deswegen werden Fertigprodukte, Konservierungsmittel, Kühlhäuser und lange Transporte vermieden, ökologische Landwirtschaft, regionale Vermarktung und an den Jahreszeiten orientierte Ernährung bevorzugt.

186 Vgl. Verein zur Verzögerung der Zeit, Fakultät für interdisziplinäre Forschung und Fortbildung der Universität Klagenfurt, Redaktion Zeitpresse, Sterneckstr. 15, A - 9010 Klagenfurt.

187 Zitiert nach dem Faltblatt Deutsche Gesellschaft für Zeitpolitik: Analysen, Ziele, Kompetenzen. Herausgegeben von der Geschäftsstelle der Deutschen Gesellschaft für Zeitpolitik in Berlin. Die Gesellschaft gibt im Internet ca. zweimal pro Jahr ein zeitpolitisches Magazin heraus.

188 Association pur une Taxation des Transactions financières pour l'Aide aux Citoyens (Vereinigung zur Besteuerung von Finanztransaktionen zum Wohle der Bürger). Dieser Vorschlag stammt von dem amerikanischen Wirtschaftsnobelpreisträger James Tobin, der die nach ihm benannte ›Tobinsteuer‹ bereits 1972 vorschlug.

189 Zitiert nach dem Aufruf zum bundesweiten Aktionstag ›Her mit dem schönen Leben – eine andere Welt ist möglich!‹ vom 14. September 2002 in Köln. Dort heißt es auch: »Es ist Zeit aufzustehen. Für eine Politik im Interesse aller Menschen auf dem Planeten und nicht nur im Interesse der Mächtigen, der Reichen, der Banken und Konzerne. Wir lassen uns nicht blenden vom Gerede über ein angebliches ›Ende der Geschichte‹. Die Philosophie vom unbeschränkten Markt ist kein Naturgesetz. Eine andere Politik ist möglich, wenn der politische Wille dazu vorhanden ist.«

190 Fritz Reheis: Entschleunigung – Abschied vom Turbokapitalismus. München 2003, S. 241.

191 Fritz Reheis: ›Zeit lassen. Ein neues Zeitbild für die Politik‹, in: Österreichische Zeitschrift für Politikwissenschaft, 2/1999, S. 213–226.

192 Ebd., S. 237.

193 Fritz Reheis, Kreativität, a. a. O., S. 152.

194 Vgl. Jürgen Kocka/Claus Offe (Hrsg.): Geschichte und Zukunft der Arbeit. Frankfurt/M. 2000; Birger Priddat: Arbeit an der Arbeit – Verschiedene Zukünfte der Arbeit. Marburg 2000.

ZEIT FÜR ... Wirtschaft und Technologie bei Wagenbach

3. Auflage 2007

Umschlaggestaltung Julie August unter Verwendung der Photographie »man with bald head on couch« © Christine Schneider/zefa/Corbis. Gesetzt aus der Sabon und der Futura von Barbara Gomon, Leipzig. Einband- und Vorsatzmaterial von Peyer + Co, Leonberg. Gedruckt auf chlor- und säurefreiem Papier (Alster Werkdruck) und gebunden bei Kösel, Krugzell.
Printed in Germany.

ISBN 978 3 8031 3624 4